述往

述往事，思来者

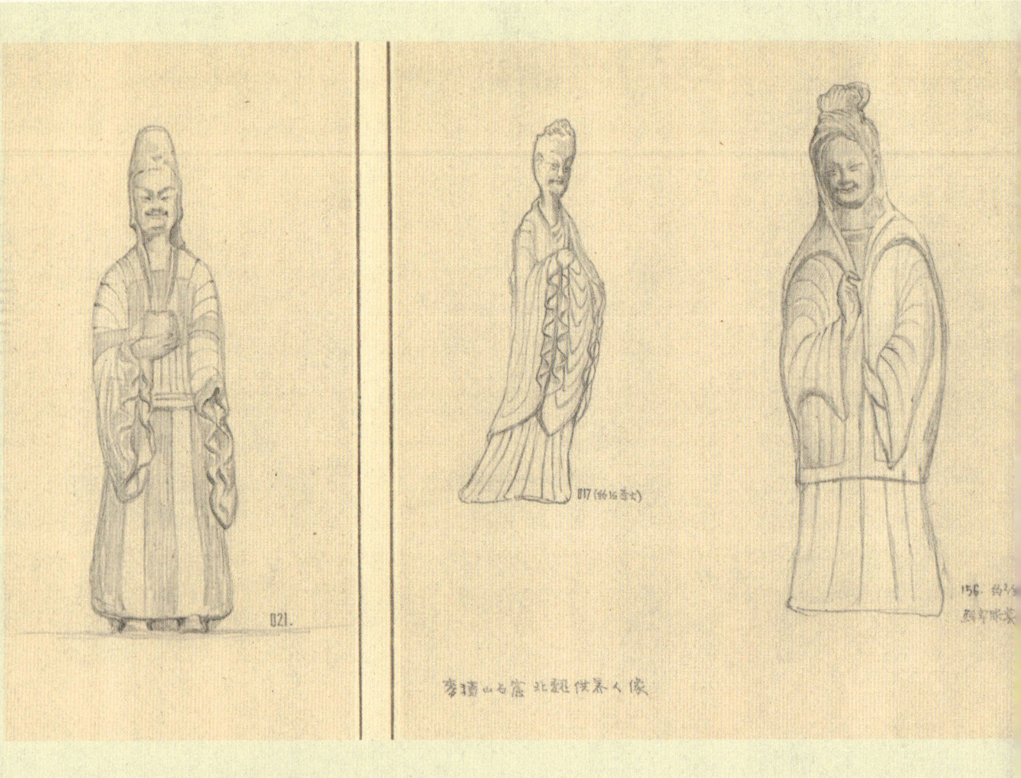

麦积山石窟北魏供养人像 傅熹年绘

北周武帝宇文邕

隋文帝杨坚

隋炀帝游幸江都

隋唐创世记

李亚平 著

北京出版集团
北京出版社

图书在版编目（CIP）数据

隋唐创世记 / 李亚平著. — 北京：北京出版社，2021.4

ISBN 978-7-200-15521-1

Ⅰ. ①隋… Ⅱ. ①李… Ⅲ. ①中国历史—隋唐时代—通俗读物 Ⅳ. ① K240.9

中国版本图书馆 CIP 数据核字（2020）第 055988 号

策　　划　安　东　高立志
责任编辑　王铁英
特约编辑　张　荷
责任印制　陈冬梅
整体设计　鲁明静

隋唐创世记
SUI-TANG CHUANGSHIJI
李亚平　著

出　　版　北京出版集团
　　　　　北京出版社
地　　址　北京北三环中路 6 号
邮　　编　100120
网　　址　www.bph.com.cn
总 发 行　北京出版集团
印　　刷　北京华联印刷有限公司
经　　销　新华书店
开　　本　700 毫米 ×1000 毫米　1/16
印　　张　19
字　　数　221 千字
版　　次　2021 年 4 月第 1 版
印　　次　2021 年 4 月第 1 次印刷
书　　号　ISBN 978-7-200-15521-1
定　　价　69.80 元

目　录

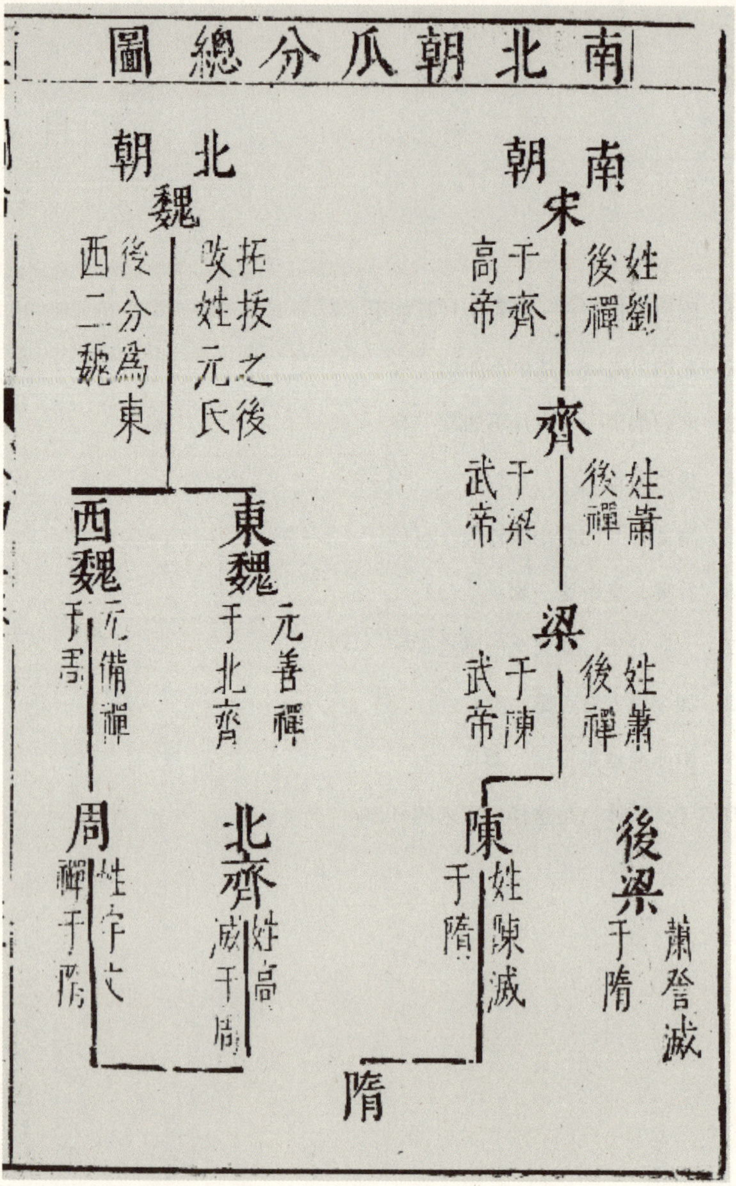

《三才图会·南北朝瓜分总图》

01

隋唐创世记——这帮杂种真能干

公元五三四年，是为北魏永熙三年。早春二月的一个夜晚，高平即今日宁夏固原的一座军营院落里，灯火通明，一群军士们正在大呼小叫地饮酒作乐。

中军大堂中，北魏帝国派遣到关陇地区的远征军将领侯莫陈悦，正在设宴款待另一位远征军将领贺拔岳。大堂里，灯火摇曳，气氛诡秘。酒至半酣，正在向贺拔岳敬酒的侯莫陈悦突然捂着肚子站起来，一脸痛苦地告诉贺拔岳，他肚子疼，需要上厕所。贺拔岳目送侯莫陈悦的背影刚要端起酒杯，一群全副武装的甲士突然冲进营帐，刀剑齐下，当场将贺拔岳杀死。

一群军士冲进院落，贺拔岳带来的将士们正在大块吃肉大碗灌酒，还没来得及放下酒杯，就被砍翻在地。一时间，血流有声。

与中国历史上数不胜数的血腥谋杀比较，表面上看起来，这次凶杀发生在边远地区，似乎只是一个无关大局的、很小很小的事件。若从历史的角度观察，这次事变实际上极其意味深长，在某种意义上甚至可以说，这是一次改变中国历史的谋杀。因为，它直接唤醒了一种极为神秘的历史遗传基因，导致一大批名不见经传的小人物迈上了历史舞台。正是他们，拉开了中国历史上最为激动人心的隋唐大时代的序幕。仔细追寻起来，令中国人深为骄傲的大唐盛世，就需要从这一次谋杀开始谈起，否则我们无法真正弄清那一切的来龙去脉。

这是一个很长很长的故事。

故事开始之前，我们需要先认识三个人：独孤信、杨忠、李虎。

独孤信是南匈奴人，是一个鲜卑化了的匈奴人，或者更准确地说，他是一个既鲜卑化又汉化了的匈奴人。

杨忠是汉人，或者鲜卑人。他有一个鲜卑姓氏——普六茹。在很长一段时间里，他曾经叫普六茹忠，他儿子杨坚叫普六茹坚。他们有可能是汉人与鲜卑人的混血儿，或者至少是高度鲜卑化了的汉人。

李虎是汉人，或者鲜卑人，或者匈奴人、鲜卑人和汉人的混血儿。

千万别小看这三个人，他们和大唐盛世有着令人为之动容的密切关系。请看——

匈奴人独孤信是大隋帝国开国皇帝隋文帝杨坚的岳父，是大隋朝亡国皇帝隋炀帝杨广的亲姥爷；他还是大唐帝国开国皇帝唐高祖李渊的亲外公，是令人无限崇敬的天可汗唐太宗李世民如假包换的嫡亲祖宗——曾姥爷。就是说，杨坚的妻子和李渊的母亲是一对嫡亲姐妹，身上流淌着独孤信南匈奴人的血液。

疑似汉人杨忠曾经是独孤信的部下、战友和亲家，是大隋帝国开国皇帝隋文帝杨坚的父亲，是隋炀帝杨广的爷爷。

这三个人里，李虎的情况最复杂，他的族属至今还是一个很大的问题。事实上，国内外学界都有人坚持认为：大唐皇室李家可以明确追溯出来的最早祖先是李初古拔和李买得。显然，这是鲜卑人的名字。无奈，大唐皇室愣是要把西汉名将飞将军李广拉来当自己的祖宗，虽然叫人毫无办法，却也还不算大唐皇室及其御用文人们特别心智失常；把老子李聃扯来做祖宗，那才真叫搞笑。因为历史上究竟有没有这么个人，时至今日考古学界和历史学家们绞尽脑汁费尽心机都无法确认。可见，英明如大唐盛世的开创者们，也有可能犯一些贻笑大方的低级错误。

就这样，在学术界尚未得出权威结论之前，我们只能称呼李虎是疑似汉人，或者疑似鲜卑人。他是独孤信的同事、战友和亲家，是杨忠的姻亲。李虎是李渊的爷爷，是李世民的曾祖父。他活着时，身份地位和独孤信一样，比杨忠高一级，只不过他不是杨忠的直接领导；死后，杨忠的儿子杨坚当上了大隋帝国的开国皇帝，李虎便成了同在阴间的杨忠的臣子；又过了三十几年，李虎的孙子李渊成了大唐帝国的开国皇帝，李虎和杨忠又成了平起平坐的同级皇帝祖先。

由此算来，大唐开国皇帝唐高祖李渊是大隋亡国皇帝隋炀帝杨广的亲表兄弟，李渊比杨广年长三岁。李世民应该称呼杨广为表叔。杨广是匈奴和汉族的混血儿。李世民的身上则流淌着三个民族的血液：他的独孤姥姥，使他的父亲李渊至少已经有了二分之一的匈奴血统，而他的亲生母亲窦妈妈，不是汉族人姓氏中的那个窦，而是鲜卑族纥豆陵部落的豆，汉化后演变成了汉族的姓氏窦。这样一来，李世民便至少拥有了四分之三非汉族血统。其实，就连剩下的那四分之一，也很可疑，因为李世民的曾祖父李虎所娶的夫人是不是汉家小姐也很难确定。如此算下来，即便大唐皇室的祖先真是汉族人，在这位伟大帝王身上，汉族血统实在是少得可怜，大概连两成都不到。看看宫廷画家们为李世民画的像，或许很难有人能够找出怀疑的理由。

隋唐两代皇室这种错综复杂却又十分清晰的亲属关系，是由匈奴军人独孤信串联起来的。

匈奴老将军独孤信一共生了七个儿子、七个女儿。那七个儿子可以铺陈的事迹不多，大体上就那么回事儿，而那七个女儿中的至少三位，着实可圈可点：

独孤信最大的女儿嫁入宇文家族，做了宇文泰的儿媳妇，后来，宇文泰的这个儿子成了北周的第二任皇帝——北周明帝，此女就成了北周的明敬皇后。

独孤信的老姑娘，嫁给了疑似汉人杨忠的儿子杨坚。有证据显示，这位匈奴女孩儿与自己汉族丈夫之间的爱情可用坚不可摧来形容。这种感情深厚到了如此程度，以至于杨坚成为隋朝开国皇帝之后，许多重大国事决策中都赫然留下了这种深情的印记。直到死后，皇后曾经有过的深情一瞥，仍然令皇帝心思浩渺。独孤皇后在大隋帝国无可挽回的国运中，扮演了极为重要的角色，留下了浓墨重彩的一笔。

独孤信七个女儿中正中间的一位，则成了北周上柱国大将军李虎的儿媳妇。这位独孤家的四姑娘，虽然自己没有做成皇后，却生下了大唐帝国的开国皇帝李渊，等于是间接生下了大唐帝国，成为大唐帝国实至名归的第一位皇太后。

就凭这三个女儿，南匈奴人独孤信已经把中国中世纪的三个伟大王朝和三段伟大历史，揽进了自己怀里。就像民国时代不能不知道宋氏三姐妹一样，南北朝和伟大的隋唐时代也实在是离不开这位匈奴老将军。在那些研究南北朝和隋唐史的皇皇巨著衮衮诸公面前，独孤信似乎被冷落得太久了点儿。这也大体可以理解，因为，不着眼于人的历史，自然不会去下功夫研究人；而不下功夫研究人的历史，对于人还有多少价值？

年轻时，独孤信仪表堂堂，风度翩翩。虽然生活在荒僻的北方边塞，他却甚修边幅，处处与众不同。更兼性情豪迈奔放，倜傥仗义，人称“独孤郎”，是远近小青年们心中的偶像。“郎”是当时的尊称，以下称上、以卑称尊时使用，且带有爱戴之意。史书记载了一个小故事，颇为传神地表现了这位独孤郎的号召力：战乱中，独孤信当上了秦州刺史。据说，他不但勇猛善战，而且在做行政长官时，也廉明公正，深受百姓爱戴。有一天出城打猎，回来时，已是薄暮时分。一向服饰考究的独孤信骑在马上，披着晚霞匆匆进城，于不经意间将帽子斜挂在了头上。谁也没有想到的是，第二天清晨伊始，秦州的男女老少父老乡亲们，争相学着独孤信昨晚的模样，把帽子斜斜地歪戴在头上，人人自我感觉极好。一时间，竟成为当地时尚。

独孤信的祖先是匈奴屠各部落的酋长。独孤、屠各，是同一名称在汉语中的不同音译。魏晋南北朝时，正值中国境内民族大融合之际，屠各部逐渐演变成了鲜卑三十六部之一，在创建北魏政权的过程中居功甚伟。由此，独孤家族跻身北魏贵族之行列。当时，为了捍卫北部边疆，防范柔然骑兵南侵，北魏帝国在塞北地区设置了六大边防军镇。独孤家族就是六镇之一武川镇的边防军官，安家在那里。到独孤信出生时，这个家族在塞外已经驻守半个多世纪了。

六镇，在中国中古史上名气极大，原是为了拱卫京师而设置。它们分别是：位于今天内蒙古乌拉特前旗东南部的沃野镇、内蒙古固阳西南的怀朔镇、内蒙古武川西部的武川镇、内蒙古四子王旗东南部的抚冥镇，位于今日河北尚义西部的柔玄镇和位于今天河北张北北部的怀荒镇。此外，在西北国防前线上，位于今日甘肃、宁夏等地还分布着比如高平镇、仇池镇等，亦属于同一防御体系，人们习惯上泛称“六镇”，或者叫“北镇”。当时人们无论如何也不会想到，这普普通通的国防设置，竟会随着时事的推移，对后来的中国历史产生非同凡响之巨大影响。

北魏的首都最早在平城，即今日的山西大同附近。显而易见，六镇的地位极为重要。因此，派遣到那里去的边防军中高级将领大多是帝国重臣，不是皇室就是亲贵，部队也以鲜卑拓跋部落的战士或中原强宗大族子弟为主，只有最勇敢、最能征善战、最受尊敬的勇士，才会被派到那里去。他们被视为“国之肺腑”，“寄以爪牙”之重托，因此享有一系列政治、经济特权。许多战士经历过这里的风霜雨雪洗礼之后，成为地位崇高的帝国重臣，政治上进步很快。因此，并不是什么人都可以到六镇去的，那里是令人羡慕和向往的地方。

公元四八五年，是为北魏太和九年。这一年，以朝廷正月发布《皇诰》和十月颁布均田令为标志，北魏文明冯太后与孝文帝发起了“太和改制”，是中国历史上一次极其著名的变法革新。这次改革，令北方备受摧残的社会经济得以迅速恢复并长足发展；同时，也使鲜卑人主导并融合了诸多民族的北魏帝国，发生了深刻的变化。

九年后，公元四九四年，即北魏太和十八年，魏孝文帝将帝国首都从平城亦即今日之山西大同附近，迁到了洛阳。这次迁都，是孝文帝改革中最为重要的标志性事件。北魏帝国的政治、经济、文化中心，甚至鲜卑族的众多部落人口也迁移到了中原腹心地带。随后，在魏孝文帝的强力推动下，北魏帝国的上层贵族，进行了一系列堪称大刀阔斧的变革。其中，尤以大力推行汉化最为引人注目。在国家的法令制度之下，强迫某个年龄段以下的鲜卑人不许讲鲜卑语言，不许穿鲜卑服装，不许姓鲜卑姓氏，不许按照鲜卑习俗生活，甚至不许信仰鲜卑人原有之神祇。剧烈的变革，导致整个社会演变得面目全非，几乎所有人都在这种剧变中，承受了不小的心理落差。

随后，迅速发生了许多事先谁也没有想到的情形：

这些生在草原大漠，长在马背，本来极为勇猛的鲜卑骑士们，迁徙到中原腹心地带后，没有了边塞烽火，远离了金戈铁马，他们突然发现，美女的香浓怀抱和美酒的浸泡，竟是如此令人心醉神迷。原来他们以为，只有通过弓箭刀马去厮杀拼抢，获得财富和女人才是天经地义；如今才知道，官场自有颜如玉，官场自有黄金屋。他们的汉族同僚早就发展出了一种极其先进而又完美的途径——只要取得官位和权力，根本就不需要自己动手，财富和女人就会源源不断地流淌到身边来。

享受生活，原来可以是一件如此轻而易举且惬意无比的事情！

从史书记载中，我们可以知道，后来，他们的演变达到了这种程度：其汉化程度有多深，其腐化程度便有多重。以至于汉族官场上所有令人目瞪口呆的腐败丑陋，这里已经是应有尽有，且青出于蓝而胜于蓝，且有过之而无不及。

譬如，魏孝文帝的弟弟高阳王元雍当仁不让地成为京城首富，府上号称奴婢六千。其中，仅面目姣好、精通丝竹歌舞、全方位无条件为王爷服务的女性文艺工作者就有五百多人。皇帝的堂弟河间王元琛也不遑多让。为了和自己的兄弟比富，他家里喂马的槽子都是用白银雕制而成。他们对于西晋末年石崇斗富的故事，十分倾慕，常为没能生活在那个时代而抱憾不已。譬如，就是这位河间王元琛曾经愤愤不平地抱怨说："石崇不过是个普通人等，尚且能够用雕花的柴禾烧火，我是堂堂大魏亲王，难道不该超过他吗？"遂由此道出了一句千古名言："不恨我没见过石崇，恨石崇没见过我。"（《洛阳伽蓝记》）他的富有，还曾经真的把皇帝的亲弟弟元雍，气得告病三天，不愿出门见人。

随着社会的不停演变，当时的官位，已经可以公开买卖。大郡一把手，相当于今天的省、部、军级官职，标价为两千匹绢帛，按照肯定不够精确的购买力标准换算，约合今天人民币一百六十万元左右；次郡一千匹，小郡五百匹，其余各级各类官位皆有定价。因此，当时中央政府负责干部选拔的最高官员分别被称之为“饿虎将军”和“饥鹰宰相”，负责干部选拔调配的吏部，相当于今日之组织人事部，则被称之为“市曹”，意思是此处为出卖官职的市场（《北史》卷十五，常山王遵附晖传）。在那里，谁出的钱多，谁就可以得到更高或者更可心的官职。

有一次，高阳王元雍想要自己的亲信随从出任一个重要官职。当时，主管中央干部人事工作的吏部尚书元顺，与高阳王的路数不大一致，坚决不同意。元雍立即召集尚书省全体官员开会，痛斥元顺说：“我，身兼皇帝之子、皇帝之弟、皇帝之叔、皇帝之相四职，四海之内，没有人比我更尊贵。你元顺是个什么东西，竟敢把我的命令扔在一旁置之不理？”（《魏书》卷十九，元顺传）

在此前后，曾经发生过一个流传甚广的故事：有一个官员，花了钱后却没有拿到自己想要的官职——那个位子被别人拿更多的银子撬走了。按理说，这种情形应该不会特别罕见。糟糕的是，那位收了钱的吏部官员，不肯把已经装进口袋里的银子退出来。更糟糕的是，这位白白丢了一大笔钱，从而满腔悲愤的帝国官员，胸怀和目光都不够远大，而且不懂顾全大局，竟然在堂堂国家机关里大闹公堂，呼天抢地，指控吏部官员在光天化日之下打劫钱财，丢尽了帝国的脸面。

这种情形，十分合乎逻辑地导致帝国最低级的乡县小吏职位，都必须经过逐级贡献后，方能获取。他们获取职位后，自然要靠盘剥百姓方能收回投资。史书记载说：整个帝国官场，甚至连郡县小吏都不能公平选出，上上下下全部都——“牧守、令长率皆贪污之人。由是百姓困穷，人人思乱”（《通鉴纪事本末》卷二二，六镇之叛）。

随着帝国官场和首都的日渐花团锦簇，人们变得越来越温文尔雅，却也越来越像衣冠禽兽。在灯红酒绿中，显然没有太多人留心到：帝国还有另外一个极端，正在以危险的速度，离他们愈来愈远。那就是留守在北部风雪边塞的六镇将士们。

此时，镇守在北部边疆的军人们，身处蛮荒偏远之地，远离繁华喧嚣的帝国政治与文化中心。他们仍旧保持着粗犷淳朴孔武有力的本来面目，冒着刺骨的北风，奔走在草原雪野之上，抵挡北方的敌人。那些在边塞的风霜雨雪中朝夕相处的各民族同事们，已经浑然一体，变成了亲密无间的战友与同志。

渐渐地，他们发现，事情发展得超出了他们的理解与想象——那些迁到洛阳去的昔日伙伴、血亲族党们，如今已经成了高高在上的大人老爷，他们操着一口陌生的语言和腔调，对自己如奴如仆般地呼来喝去。在他们面前，北镇军人们显得土里土气，粗野而没有教养，似乎理所当然应该受到叫花子一般的蔑视和漫不经心的冷遇。中央派来管辖他们的各级各类官吏，时常对他们施行真正的暴政，比如强取豪夺镇民的田产财物，不由分说地敲诈勒索，等等。史书在谈到此中情形时，使用的词汇是“役同厮养”，意思是他们像奴仆一样被人家驱使（《北齐书》卷二三，魏兰根传；《通鉴纪事本末》卷二二，六镇之叛）。据说，有许多人不堪忍受而流亡或自杀。

史书记载毋庸置疑地显示，当时，他们已经不仅仅失去了曾经享受过的尊敬与优待，对边镇军民的歧视性待遇和漠视，可能已经遍及社会生活的方方面面，从政治、经济待遇到社会地位，并且可能直接波及他们自身及子女的前途出路。

就这样，北魏文明冯太后与孝文帝的变法，在被后世特别是当代有学问的人们说成是一次伟大的社会与政治实践，并据说取得了一系列重大成果的同时，却也毋庸置疑地结出了一个极其苦涩的恶果——帝国社会出现了几乎是全方位的沦丧，最重要的政治、军事、社会机体被人为地撕裂。他们本来同属一个社会，如今，彼此之间却陌生而对立。那种敌视乃至仇视，指向了一种特殊不祥的未来。

六镇军民是帝国最剽悍的力量，鲜卑人能够横行中原，建立起北魏帝国，主要就是依靠这支力量。如今，这些勇敢的武士们，从帝国备受尊敬的缔造者、捍卫者，相当彻底地被边缘化、贱民化，不知不觉地变成了低端人群，再变则成了帝国必须“北顾”之心腹大患。面对这样的刺激，他们最直观的反应就是仇恨汉化，也仇恨那些汉化了的同族官员甚至皇室。他们强悍凶猛能征善战，那曾经骄傲的心灵被深深刺痛，变成了愤怒的干柴，其存在的全部意义，仿佛就是在等待那颗点燃自己的星星之火。

从中国历史的一般情形判断，每当帝国官场乱象丛生时，整个社会就会如同布满干柴。届时，许多平时漫不经心的举动，都有可能变成火种。天下大乱的烈火燎原之势，常常就来自这种很不起眼的星星之火。

公元五一九年，是为北魏孝明帝神龟二年，帝国首都已经迁到洛阳二十五年，二月，首都洛阳爆发了一次群体性暴力事件。当时，中央直属警卫部队的一部分官兵，冲进尚书省，他们在中央最高行政机关里，破口大骂，狂殴征西将军，并放一把火，把他们这位顶头上司的府邸焚为平地，就连将军的儿子都被烧死在家里。在帝国制度和儒家思想培育下，帝国臣民历来以柔媚顺从为美德，此种直接施暴于上级领导的情形十分罕见。通常情况下，对此种情形做出下列断言应该不算特别冒昧：在官民矛盾中，一旦冲突升级到暴烈景象时，大多可以肯定是握有权势一方举措失当所致。因此，才会有经久不息的所谓“官逼民反”一说。对于这次规模不小的暴力事件，当时就有人意味深长地评论说：“为政若此，事可知也。”（《北齐书》卷一，神武纪）

果然，四年后，公元五二三年，是为北魏孝明帝正光四年。三月，塞北大旱。草原上的牛羊吃光牧草之后，连牧草的根都刨出来啃掉了。肥美的水草之地变成黄沙飞舞的戈壁，大群大群的牛羊倒毙在荒原。由此，塞外的柔然灾民变为一支饥饿的军队，大举进犯。此时，同样遭遇大旱浩劫的六镇军民，饥寒交迫，吁请有关部门开仓赈灾，遭到当地最高官员的拒绝。于是愤怒的边镇军民群起而攻之，他们杀死自己的顶头上司，抢夺粮仓，自我救济。很快，六镇之一沃野镇军民发生的暴动，迅速蔓延到其他边镇，就此酿成了极其著名的“六镇之乱”。从魏孝文帝迁移首都、大规模变法改制，到此刻的天下大乱，时间过去了三十年；若从文明冯太后“太和改制”时算起，时间过去了将近三十九年。这场暴乱对中国后世历史的影响，真正重大而深远。

在风起云涌的六镇暴动中，并不起眼的武川镇，涌现出了一大批改变中国历史走向的著名人物：独孤信、杨忠、李虎……还有下面即将提到的贺拔胜、贺拔岳兄弟，宇文泰、宇文邕父子，等等。他们既无文采，又欠风骚，原来都是些名不见经传的小人物，在这场塑造中国未来的大事变中，他们全部成了叱咤风云的风流人物。

独孤信在暴动一开始，就进入了公众视野。

武川镇，位于今日内蒙古自治区大青山北麓，具体地点在呼和浩特西北十余公里处。据说，那里至今保留有两座长宽各数百米的古城堡，均为当日之遗迹。暴动开始后，武川镇被暴动者团团包围。一位名叫贺拔胜的军官招募了十位敢死队员，随他一起杀出重围寻求救兵，时年可能还不到二十岁的独孤信就是应召加入的青年勇士之一。他们杀出重围找到救兵之后，再冒死杀回城中报告消息。结果，援兵迟迟未至，而城池却已被攻破。独孤信和他的战友们包括他的领导贺拔胜都成了俘虏。随后，他们干脆参加到了俘虏他们的暴动军队中。因为，他们本来就是具有同样遭遇的一群。

此后，独孤信长期追随贺拔胜。经此一役，独孤信超人的胆量和勇力已经为人所瞩目，并在后来继续发挥着上佳之表现。二十六岁时，独孤信被拜为安南将军，他的未来亲家杨忠、李虎也已经投身沙场，崭露头角。

中国北方此后数年间，变成了真正的人间地狱。各路英雄豪杰乱哄哄你方唱罢我登场，江山如此多娇，引无数苍翠精致的英雄，竞折腰。届时，一个人的脑袋变得还不如一个土豆值钱。而且，越是高贵的脑袋此时便越不值钱。因为，在任何时代里，这种脑袋都比别样的脑袋具有更多被砍下来的理由。在中国人特别津津乐道的所谓群雄逐鹿中，百姓惨遭荼毒自然是题中应有之义，他们经常被描绘成是苦难的天然承受者。同时，君主、贵族或高官们的头颅被砍下后制成尿壶或是酒碗的记载，也绝非个例。这既是他们唯我独尊、操控历史所不可能不付出的代价，也十分有助于形成一个货真价实的悲惨世界。有什么样的人民就有什么样的政府，有什么样的政府就会有什么样的政治。平心而论，对于社会性的苦难，生活在这个社会中的任何人都没有理由只是抱怨其他人的作为。

时值乱世，个人的力量立即就会变得极为渺小，特别容易在各种不公不义面前遭遇灭顶之灾。而武川镇出身的军人们，则在社会失序的过程中，很幸运地逐渐抱成一团，相互取暖，形成了著名的武川镇军事集团，从而有效避免了这种命运。

武川镇集团的成员，主要由一群中下级军官构成。这是一批生于斯长于斯的青少年军人，主要民族成分是鲜卑人，如贺拔胜与贺拔岳兄弟；还囊括了许多其他民族，如匈奴族的独孤信、宇文泰，疑似汉人杨忠、李虎等。这帮家伙从小一起长大，许多人是那种撒尿和泥的关系，彼此之间知根知底，同气相求，基本看不出民族歧视与隔阂。他们虽然没有多少文化修养，却淳朴豪迈，远比文化人更懂得患难之中不能要小聪明、必须同舟共济的道理。因此，在全然丧失了秩序与信念的乱世中，他们凭借这一点，打造出了一个彼此扶持、共赴艰危的小环境。这一点极其重要，为他们后来施加大影响于中国历史，埋下了意味深长的伏笔。

公元五三〇年，即北魏永安三年，年初，贺拔岳被派遣到关中地区平定动乱。贺拔岳是贺拔胜的弟弟，兄弟俩在战乱中一同脱颖而出，同在六镇中担任重要军职，他们有才略、重义气，在武川镇军人中颇有号召力。因此，不少武川镇出身的青年军人追随贺拔岳参与了这次远征。他们人数并不多，只有两三千人；但淳朴强悍，富有团队精神，致使一次普普通通的军事行动，演变成为武川镇军事集团走上中国历史前台的序幕。

公元五三四年，开进关陕地区的第四年，这支远征军遭遇重挫，就是本篇开始时谈到的那次谋杀。同属于远征军将领的侯莫陈悦，在一次政治收买中，将贺拔岳杀死。导致身处异地他乡、实力并不雄厚的武川将士立即陷入危机之中。当时，他们面临着几种选择：其一，被谋杀者收编；其二，迎接另外一位领袖贺拔胜；其三，爹死娘嫁人，各人顾各人，大家散伙，各奔前程。

在现实中，第一个选择被排除掉了，究竟是因为谋杀者不愿意收编他们，还是他们不愿意接受谋杀者，原因尚不清楚。反正出现了一个很奇怪的局面：相比较之下颇有实力的谋杀者侯莫陈悦，在把这支部队的首领干掉后，居然把他们丢在一旁，从此不再理睬。人们普遍相信，这位谋杀者只看重收买自己的财宝，是个完全缺少政治抱负与眼光的土老财式的小军阀。尽管他的实力不能算小，后来却被实力更逊的宇文泰很轻易地干掉了，证明这种说法可能是成立的。

第二个选择也被放弃。原因是，此时的贺拔胜远在河南、湖北交界的地方，虎顾狼视之中，他们无法从容等待贺拔胜的到来。

这帮青年军人没有选择散伙这条没出息的道路。他们决定，从自己这一伙人中，推举领袖，共奔前程。古人有云：福祸相倚。然而，并不是什么祸都能转变为福的。只有具备适宜的条件和素质才有可能完成这种转变，历史从来都只把更多更大的机会交给有准备，从而具备了条件和素质的人。这一次，武川镇军人们以他们优良的政治素质成了命运之神的宠儿。

他们推举出的第一位领袖，是他们当中的一位最年长者。这位众望所归者被推举为领袖后，坦率而诚实地告诉大家："我除了年纪大一点之外，并没有其他的长处；我的才干智略不足以成为大家的领袖。我们必须选出一个更优秀的人才行。"在遍地都是奸诈、叛卖、阴谋之际，此人此举倒真是高风亮节、长者风范。于是，这群青年军人们再一次酝酿、争辩，终于选出了另外一个人。当时，武川军人们聚集在鹑阴，即今日甘肃省平凉附近；这个被选出来的人远在夏州，即今日陕西靖边白城子一带。两地相隔至少数百里。就这样，一个不在现场的人，被选为大家的领袖。在未来的岁月里，他在事实上成为西魏、北周乃至隋、唐宏大格局的奠基人，证明武川镇军人们的眼光准确无误。

他，就是宇文泰，时任夏州刺史。

宇文泰出身南匈奴的一个支系，被鲜卑慕容部征服后逐渐鲜卑化。此人小名黑獭，在六镇动乱中久经沙场，逐渐成长为贺拔岳的重要助手。唐朝人距离宇文泰的时代并不久远，对他评价极高，认为他知人善任、从善如流、崇尚学术、明达政事，等等。

总之，如果仅仅从史书上判断的话，可以这么说：那个时代政治家最好的品质，宇文泰几乎全都具备。

宇文泰接受众人推举之际，主使谋杀贺拔岳的高欢，曾经派遣使者前来接收这支部队。这个使者叫侯景。侯景是个标准的乱世枭雄式人物，后来惹出过绝大风波，搞得大半个中国鸡飞狗跳墙。对他有不小恩惠的梁武帝，就活活饿死在他手里。宇文泰在前去就职的途中遇见了侯景。史书记载说，宇文泰很客气地询问道："贺拔公虽然死了，我宇文泰还在。您打算来做点儿什么？"侯景连连解释："您千万别误会。我就好像是一支箭，人家随便把我射到什么地方，我就得到什么地方去，仅此而已。"遂诺诺连声而去（以上事见《周书》卷一，文帝纪；《通鉴纪事本末》卷二三，魏分东西）。

这时，一直追随贺拔胜的独孤信也来到这支部队中。贺拔胜派他来此的原因是，这是一支原本属于贺拔家族的部队，他委派独孤信代表他前来接管。结果，独孤信晚了一步。他到来时，宇文泰已经接掌了部队的领导权。

独孤信和宇文泰从小一起在武川长大，他们少年时代的关系就十分友善；和李虎一样，他们三个人在贺拔胜、贺拔岳面前同是下级晚辈，在武川镇将领中则为平级，地位差相仿佛。中国帝制时代的传统、贺拔家族的权威，再加上贺拔胜的委派，使独孤信具有充足的理由与合法性，要求这支部队的服从与归属。而宇文泰，除受众人推举之外，并没有太多的理由对此提出异议。然而，独孤信并没有这样做。乱世重逢，大家不胜感慨系之。史书记载说，此次相见，十分愉快。独孤信豪爽仗义且深明大义，宇文泰富有才略，由此注定了独孤信无法不辱使命，他没有达成贺拔胜所希望的目标。显然，在这次相见中，宇文泰争取到了独孤信的支持；两年后，贺拔胜来到关中，接受自己的晚辈和当年老部下的领导，可能也和独孤信的态度有不小关系。

各种史书中，对宇文泰颇多记载与评价，令人印象最为深刻的是：此人为人处世以公正、诚信著称，富有人格魅力，且极善于招揽、团结英雄豪杰。据说，各路好汉只要和他见上一面，就会心甘情愿地接受他的领导（《周书》卷二，文帝纪）。

当时，有一批类似独孤信、李虎的人，同样是在战乱中冲杀出来的将军，和宇文泰的资历、地位相差无几，在并非没有其他选择的情况下，情愿接受他的指挥，甚至，就连敌对阵营里的重要人物也是如此，譬如李弼。

李弼是侯莫陈悦的姐夫，也是侯莫陈悦部下中最能干的高级将领，在部队中颇有威望。宇文泰接掌武川军后，发誓要为贺拔岳报仇。当时，侯莫陈悦的力量并不比宇文泰小。李弼作为侯莫陈悦的至亲，却认定了宇文泰，他很干脆做了宇文泰的内应，导致整个态势完全逆转。最后，距离贺拔岳被谋杀仅仅两个月时间，宇文泰就轻松灭掉了侯莫陈悦（《周书》卷十五，李弼传）。

独孤信和贺拔胜的经历也很有意思。

独孤信的父、母、妻、子都在宇文泰的敌人、杀死贺拔岳的主谋高欢手中。独孤信虽然长期追随贺拔胜，与贺拔岳却并没有从属关系。后来，战乱中，独孤信曾经离开过贺拔胜，因此，宇文泰和高欢都在争取他。在理论上，独孤信投奔任何一方均无不可；为了亲人的安危，靠到高欢那边儿去，也在情理之中。然而，独孤信选择了投奔与自己身份地位相当的宇文泰，在他麾下效力，使自己的父母妻子至死都没能再见到他，他的大儿子也是在分离四十多年后，方才与亲人团聚。

来到宇文泰阵营后，独孤信很快表现出了杰出的军事政治才华。史书形容他“既为百姓所怀，声震邻国”，表明他在军民中拥有极高的声望。而宇文泰对他推重不疑。《周书》卷十六《独孤信传》中记载说："太祖初启霸业，唯有关中之地，以陇右形胜，故委信镇之。"意思是说，宇文泰创建西魏不久，只有关中一块很小的地盘，秦州地处陇右，具有极其重要的战略地位，宇文泰委任独孤信为秦州刺史镇守之。结果，几年时间，秦州便被治理得清明安定，独孤信也极受当地百姓爱戴，并且发生了人们模仿他歪戴帽子的佳话。这里面透露出来的信息是：独孤信的才能性情固然重要，宇文泰的胸怀魄力更是不同凡响，只有能够成就大事业的人，才可能具有这样的气量格局。反过来说也可以成立：只有具备这种格局的人，方才可能开辟出一块偌大的事业天地。你就是打死白衣秀士王伦，他也拿不出这样的气量来。

贺拔胜的情形也差不多。

与被谋杀了的弟弟贺拔岳一样，贺拔胜是动乱后武川镇最早的军事领导人之一。此人为人颇重情义。他曾经避难到过江南的梁朝，受到很高礼遇。后来，梁朝允许他返回北方，梁武帝还专门为他设宴饯行。贺拔胜武功出众，用弓箭射飞鸟命中率极高。为了感谢梁朝人对自己的款待，回到北方后，每次射猎，他从不伤害南飞的鸟雀。贺拔胜的子女亲人也都在高欢手中，贺拔胜本人还是宇文泰的前辈和老上司，这些都没有妨碍他选择宇文泰。

当时，贺拔胜"年位素重，见太祖不拜"。就是说，贺拔胜的年龄、资历、地位都高于宇文泰，因此，见到宇文泰时，他并不行大礼。而宇文泰则给予了他极高的尊重和礼遇。史书形容说："恩礼日重。"结果，导致贺拔胜"尽诚推奉"。也就是说，宇文泰给予贺拔胜崇高的尊敬，贺拔胜还之以竭尽全力的拥戴推崇，两人你敬我一尺，我敬你一丈，形成了极好的良性互动。后来，在战场上，贺拔胜不顾一切地追杀高欢，导致他的亲人全部遭到杀害。

在当时的武川镇军事集团中，许多中高级将领的亲属，都在高欢的掌控之下，这些人义无反顾地追随宇文泰。须知，这是一些每日奔逐于生死场上的人们，宇文泰若没有足够的胸怀、气度、才略，没有足够的亲和力与感召力，恐怕很难做到这一点。

就这样，这批青年军人完成了由祸到福的转变，武川镇军事集团形成了。贺拔胜、宇文泰、独孤信三个有资格争夺这支军队的人，没有采用强力或阴谋手段，他们的胸襟淳朴宽阔，目光深邃远大，顾全大局，服从众人的意愿，推举出了最合适可能也最优秀的领袖，避免了祸起萧墙、自相残杀后快速衰败的命运。须知——这类烂污故事，在中国历史和我们的生活里几乎比比皆是。

在中国历史上，只有在久远得已经不可考的时代和半神话传说里，才有过不使用阴谋与暴力手段，而是通过众人公正选举领袖的方式，为族群开辟出远大前途的事迹。如今，武川镇的这群青年军人们，在一个并不起眼的时刻，做了件当时看来并不起眼的事情。他们中间，可能没有哪一个人能够意识到，他们的这一举动，将在未来相当长的岁月里，深刻影响整个中国的走向。

这件事情，是在公元五三四年春天发生的。这一年，是为北魏永熙三年，也是南朝梁武帝中大通六年，风云变幻，跌宕起伏，发生了一连串当时看起来不大，实则对历史影响巨大的事件。中国历史的波诡云谲玄机四伏，在这一年表现得特别充足。在这一系列事件中，宇文泰被推举为武川镇军事集团的首领，应该说是意义最为重大的。

当年年底，统一中国北方九十五年的北魏政权，正式分裂为高欢主导的东魏和宇文泰掌控的西魏。第二年——公元五三五年，中国大地上有了三个政权与三个年号：南朝梁武帝大同元年，东魏天平二年，西魏大统元年。

中国在这些黑色幽默般的吉祥年号中，又一次进入了三国鼎立的时代。

当时，梁朝占据了长江以南的大片土地。经过三国时代孙吴政权的开发，南方广大地区早已不是毒蛇猛兽遍地游弋的蛮荒之地。虽然还要再过许多年，中国经济重心才会显著南移，不过，经过几百年的开拓发展，秀丽的江南已经开始展露出妩媚的容颜。

在此之前，西晋有一位皇帝，一口气拥有一万多位美丽的姬妾宫娥，这令他眼花缭乱，自己都不知道应该怎样享受那快乐的生活。皇帝毕竟是皇帝，智商高且富有想象力。他让山羊驾车拉着自己在花团锦簇中流连。而那些美丽的女子们同样不凡，她们极其善解羊意，将盐水洒到门前草丛上，使得羊儿、皇帝和她们自己各得其所。类似或比这个糟得多的情形，弥漫在朝堂之上，并迅速向整个社会滋长蔓延，直到天下大乱将此种情形强力打断，直到中央政府只能逃到江南去偏居一隅。

那几个短命王朝——宋、齐、梁、陈，和那些逃难到了江南的汉族士大夫们，显然丝毫也没有接受教训。许多可以用“腐朽”二字形容的东西，似乎就是他们孜孜不倦追求的目标。他们百尺竿头更进一步，在文化上与生活上与时俱进，创造出了许多新鲜玩意儿，后世经常用侈靡浮艳之类字眼来形容，譬如宫体诗、骈体文，其创意与技巧的确品位不凡，极有助于享受生活。他们的情形每每与六镇暴动之前的北魏官场堪有一比。九泉之下，他们坐在羊车上的前辈大约也会瞠乎其后，自叹弗如。

在这种情形下，北方那些流淌着多种强悍血液的“杂种”们，一旦腾出了手，就注定了他们不配有什么更好的命运。事实上，诚如我们不停看到的那样，在更多时候，根本就无须劳驾别人动手。自己把自己弄得谁都别想做人、谁也做不成人，是他们最擅长的一件事情。中国历史上每当改朝换代时，大体都是这么进行的，并不需要外人费太大的劲儿。

伴随着三方大砍大杀的殊死博弈，素有文韬武略之称的南朝梁武帝，晚年特别着迷地沉浸在了佛教之中。他以自己高超的智商与文化素养，对佛教进行了几乎是脱胎换骨的改造，终于用水陆道场之类把戏，把佛陀对苦难人世的感悟，成功地置换成了中国式的超度和皆大欢喜。在对佛教中国化做出巨大贡献的同时，梁武帝也终于把自己来之不易的政权，倾覆在了他那老年痴呆般的如痴如醉如迷如狂之中。

东魏则在高欢之后不久便蜕变为北齐。他们占据了中国已经高度成熟并最为富庶的中原地带，土地、人口和军事实力超过西魏一倍还不止。然而，高欢那些剽悍无比的子孙们，似乎根本就没弄明白政治是怎么回事儿，治理起军国大事也仿佛玩闹似的。致使人们在阅读他们的历史时，感觉怪怪的，就好像在观看一群变态兼弱智的纨绔不停地恶作剧一样。几位真正杰出的人物，空怀满腔抱负满腹才学，却也只能费尽心力之后，在血泪交流之中走上绝路。终于，曾经强大并占尽天时地利的北齐，轻而易举地就被打翻在地了。而直到倾覆之前，北齐看上去都比打垮了自己的北周要强大许多。

与占地广大的南梁、北齐比较起来，宇文泰及其继承者的西魏—北周政权，屈居西北一隅，是最弱小的一个，弱小到了在土地、人口方面不到北齐的二分之一，似乎不堪一击。然而，偏偏是这最为弱小的一个，发展成了隋唐大帝国的前身。

宇文泰起用苏绰的故事，可以部分地告诉我们隋唐大时代的格局是如何在宇文泰手中奠定的。

苏绰是陕西武功人，只是一个文职小官，但他博览群书，尤其擅长数理推算。他的同事们每有什么疑难问题，常常会请他帮忙定夺。有一次，宇文泰和一位宰相级别的高级干部讨论问题，那位高官应付不了宇文泰，请求出去和大家商量一下。然后，便跑出去请教苏绰；苏绰替他筹划好之后，他再回来向宇文泰报告。宇文泰对他的报告感觉极好，问他是和谁商量的？他回答是苏绰，并告诉宇文泰，这个苏绰是个不得了的人才。宇文泰说，我早就听说过这个人。

不久，宇文泰和决策层的高级干部们前往昆明湖观鱼、郊游。路过西安西面的仓池时，宇文泰询问这个地名是怎么来的。当时，在场的所有高官没有人能够回答出来。有人说，问问苏绰，他肯定知道。宇文泰将他叫来一问，他果然把这个源于西汉时期的地名，讲得清清楚楚。宇文泰感觉很有趣，就和这位苏绰聊起天来。谁知，这一聊竟如长江大河，一发而不可收拾。

史书记载说，他们缓缓并马而行，到了昆明湖后，宇文泰对于郊游钓鱼已经毫无兴趣。他完全沉浸在苏绰对历朝历代兴衰治乱与天下大势的阐述之中。最开始，宇文泰躺在那儿听苏绰讲，后来，不知不觉地坐起身正襟危坐着听，最后他已是和苏绰促膝而听。这场谈话历时近一天一夜，直到第二天晨曦初露时分。

当天清晨，宇文泰便不无兴奋地向决策层高官宣布："苏绰真奇士，吾方任之以政"——苏绰真是个奇男子，我把国家大政委托给他啦（《北史》卷六十三，苏绰传）。当时就任命苏绰担任了自己的高级助理，并参与所有军国机密。此后，宇文泰对苏绰信任到了这种程度：如果自己外出，就将空白公文纸签好字交给苏绰，任何军国事务听凭苏绰处置，只要自己返回后知会一声即可。

苏绰口若悬河，却不是那种清谈误国的浮薄之徒，他没有辜负宇文泰的信任。史书记载说，他身居显要，家里没有什么财产，却以天下为己任，全心全意帮助宇文泰建设国家。"六条诏书"在中国历史上颇有名气，其内容就是苏绰为宇文泰规划的总体治国方略。其中包含了以诚信治国，选拔任用贤良之士，均赋役，敦教化，恤狱讼，尽地利等最重要的方针大计，几乎囊括了中国古代政治文化中的所有精华。宇文泰全部采纳之，以皇帝诏书的名义公告天下，并作为自己的座右铭放在手边，随时翻阅；同时下令，文武百官必须熟记这六条诏书，各级政府部门首长如果不懂六条诏书的话，就要撤职罢官。

十几年后，苏绰积劳成疾，年仅四十九岁就病死在工作岗位上。宇文泰痛惜至极，他率领帝国所有高官，步行着为苏绰送葬。在葬礼上，宇文泰举酒祭奠说："先生生平所做的许多事情，妻子兄弟不知道，我全都知道。你知我心，我知你意，本想与你共同平定四海，让天下苍生安居乐业，你却舍我而去，让我怎么办呢？"宇文泰痛哭失声，手中的酒杯掉在地上，周围的人们无不为之动容。史书记载说，许多苏绰选拔荐举的人士，都被宇文泰委以重任而身居高位（以上事见《北史》卷六十三，苏绰传）。

仿佛戏剧情节似的，宇文泰这些鲜卑等少数民族为主的外来军事集团，胸襟浑厚开阔，以重用苏绰为第一步，与关陇地区的汉族人士紧密结合，建立起了一个浑然一体、极为坚强的根据地。在未来的岁月里，他们稳扎稳打，武川军事集团一步一步发展成了影响隋唐时代整个历史走向的关陇贵族集团。

一个伟大的时代就这样启动了。

宇文泰之后，其继承者们抛开西魏的外壳，建立起了北周政权。他们接近完美地继承了宇文泰的事业，一步步度过风雨飘摇的时日，一举灭掉了强大的北齐；不久，在杨坚手中，北周半暴力半和平地演变为大隋帝国，三百多年动荡、分裂、仇杀的中国，再一次统一起来。此后，在短暂的时日里，中国变得极度繁荣昌盛。

中国历史上最为波澜壮阔的隋唐大时代，正式拉开了大幕。

那是一个充满了血腥气息的过程，让我们尽力拨开阴谋与暴力的笼罩，去寻找那些此消彼长的玄机，寻找那有时显得极为微弱的理性与智慧的光芒。

02

北国风光—往事不如烟

经过五胡十六国、北魏、六镇起义、尔朱荣军阀势力的反复搏杀，北部中国百孔千疮，残破不堪，分裂成了宇文泰领导的、以西北地区为根据地的西魏—北周政权和高欢为首的、以太行山以东地区为基地的东魏—北齐政权。加上江南地区前后相继的几个朝代，中国实际上进入了一个新的三国时代。

与近三百年前东汉末期的魏、蜀、吴三国比较，不同之处在于，当年三个国家中的两个——蜀汉和东吴处于长江以南地区，北方是统一的魏国；如今，北方分裂为东魏—北齐和西魏—北周两个国家，江南地区则只有一个国家，即先后出现的东晋、宋、齐、梁、陈几个短命政权。

东魏—北齐的创建者高欢，字贺六浑，一个地地道道的鲜卑族名字。一个说法认为他就是鲜卑人，还有一说认为他是渤海蓨县人，也就是今天的河北景县人。渤海蓨县高氏是世家大族。他的祖父高谧因犯罪徙居怀朔镇，位置在今日内蒙古包头东北一带。

从诸多情况判断，不管是不是鲜卑人，他的一家都显然相当彻底地鲜卑化了。

高欢少年时家境贫苦，母亲生下他后就去世了，他的姐夫尉景把他抚养长大。谁知，这小子越长越出息，不但长成了齿白如玉、目露精光、皮肤白皙、仪表堂堂的小鲜肉，而且智商极高，对事物富有洞察能力，更兼气度恢宏，善于结交各路好汉。结果，当地著名的富家美女娄昭君对他一见钟情，二人两情相悦难分难舍。经过与娄家父母的艰苦斗争，最后，穷小子高欢使他们不得不捏着鼻子接纳自己成为他们的女婿。有一种传说，说是娄昭君父母提出要按照天命，用抛绣球的方式招亲，结果，在高高的彩楼之上，娄昭君背着身子狠命一抛，人山人海之中，那绣球竟然直接落到了高欢的头上。

不管怎样，高欢从此拥有了妻子陪嫁过来的属于自己的一匹马，有了彼此深爱对方的家庭和令他不愁温饱的家产。这厮还真不是吃软饭的小白脸儿。没多久，他就成了怀朔镇镇兵队长，大概相当于今天班排长的意思。后来，转为函使，就是机要信使，往来于首都与各镇之间，这使得高欢眼界大开，迅速成为当时少见的具有全局眼光的人物。

在首都洛阳，他目睹因为处事不公，导致羽林、虎贲军士大闹政府衙门事件，随后，中央政府首鼠两端敷衍了事不了了之。高欢感慨：“为政若此，事可知也。”他认为离天下大乱不远了。史书记载说，这小子从此怀有“澄清天下之志”，一回到怀朔镇，便散尽家财，结交天下豪杰，为大动荡做准备，并真的网罗了一帮子不要命的死党。

随后，天下果真大乱，六镇暴动席卷各地。反反复复匪去兵来，整个北方满目疮痍。混乱中，高欢投靠了大军阀尔朱荣。一次，尔朱荣命高欢修剪一匹悍马，高欢识马性，善御马，根本不加羁绊，顷刻之间，便将那匹无人能够驯服的烈马修剪得干净漂亮。然后，似乎漫不经心地说了一句：

“对付恶人和对付马是一样的。”

尔朱荣大为动容，屏退左右，和高欢聊起来，结果一发不可收拾。

尔朱荣出身于秀荣川，又叫尔朱川，在今日山西北部神池、五寨一带，方圆三百里都是他家的封地，乃是一个巨大的土豪。此人“洁白，美容貌，幼而神机明决”（《魏书》卷七十四，尔朱荣传），似乎从小就是个机敏果决的人物。从其一生行事判断，尔朱荣富有军事才干，肚子里藏着极大的政治野心，同时，却偏偏全无政治头脑。值此天下大乱之际，他早就摩拳擦掌，却苦于不知从何下手。如今，高欢的一句话挑起了他的满腹心思。

高欢先从胡太后说起，给他分析腐败而又蠢笨的中央政局。

胡太后，安定临泾人，就是今天的甘肃镇原南部一带的人。她是司徒胡国珍的女儿，一位聪颖美丽、多才多艺的女子。北魏中后期，皇室上下弥漫着佛教崇拜，时常请僧尼进宫讲经说法。胡太后的姑姑是个眼观六路耳听八方的阿庆嫂式的尼姑，时常出入后宫，弘扬佛法之余，并不忘记时不时地捎带着宣扬一下自家侄女的美貌兼美好德行。久而久之，在那百无聊赖的后宫里，几乎人人皆知胡司徒家里藏着个仙女般美丽的女儿，以至于到了皇帝想不把她接进后宫，人们都无法理解的地步。她遂被迎进皇宫，成为皇帝二十七世妇之一的承华世妇。

胡承华果然不同凡响。当时，道武皇帝拓跋珪，学习汉武帝雄才大略杀死钩弋夫人的故事，定下一条规矩，或者叫祖宗家法：为防止青年母亲揽权生事，皇子若被册立为太子，生身母亲就要被杀死。是故，后宫女子都很害怕生个儿子出来。唯独胡承华不怕，她经常对人说："天子富有四海，哪里可以单单没有儿子？岂能因为一己之身怕死而令皇家绝后乎？"不管真的假的，按照儒家教义，这就叫深明大义。我们很快就会知道这种深明大义可能带来的深远后果了。

不久，胡承华真的怀孕了。宫中姐妹来看她，纷纷提醒她那条规矩。她大义凛然对天祝告曰："上天啊，请让我怀一个男孩儿吧！生下来是长子，哪怕子生母死，我也在所不辞。"（以上事迹见《魏书》卷十三，宣武灵皇后胡氏传）

结果，皇天不负有心人，她生下来的还真是个儿子，既是皇长子，也是皇帝唯一的儿子。胡承华由此晋升为胡充华。

是时，高皇后自己没有儿子，也特别讨厌别人怀孕生子，后宫妃嫔但凡怀孕，无不受到皇后无微不至的迫害。搞得后宫上下所有人都一头雾水，不明白这位皇后姐姐到底想要哪样？连累得皇帝老大不小了，却孤独一人，眼看着就要绝后。如今，终于有了个儿子，皇帝下令严加守护，让皇后和胡充华都见不着人。结果，大家反倒忘了执行那个规矩，胡充华就此逃过一劫。

儿子长到六岁时，年仅三十三岁的老皇帝病死，撒尿和泥、人事儿不懂的小屁孩儿登基成了皇帝。高太后下令执行祖宗家法，处死胡充华。可惜晚了一步，一批拥立皇帝、急于立功的内外臣子把充华夫人藏起来，并派兵严加看守。随后，高太后的叔叔、在外手握重兵的高肇，被加官晋爵骗回了首都。结果——

这位高肇回到京城，刚刚在皇帝灵前痛哭一场，就被那些拥戴充华夫人的臣子们派人活活掐死了。就此，再也没有人能够阻止充华夫人先进位皇太妃，再上位胡太后，成为临朝称制——亦即人们常说的垂帘听政——的当朝太后。而那位一心想要执行规矩家法的高太后，则被废黜为尼，迁居到了冷宫瑶光寺。

就这样，胡太后成了大地之上普天之下的第一人。

从史书记载上判断，这位二十多岁的太后不是一般地“作”，而是相当地“作”。

大体说来，在古代中国掌握了最高权力的人，很少有人会不“作”。因为那种颂歌盈耳奴仆如云、予取予夺杀伐决断、召之即来挥之即去的景象，很容易使人产生自己乃是无所不能的上帝的错觉，进而，一步步为所欲为，并且，终致肆无忌惮。

譬如，顺利废止了“子立母死”的规矩之后，胡太后陆续废止了一系列规矩：

太后之命不能称“诏”，只能称“制”，这条规矩被废除，胡太后的一言一行均须像皇帝一样称之为——“诏”；

皇后与太后均不可自称“朕”，胡太后打破这条陈规陋习，称呼自己为“朕”；

过去，群臣对皇后或者太后的称呼是“殿下”，胡太后下诏，命令群臣称呼自己为“陛下”；

过去，皇后或者太后不能主持国家祭祀大典，如今，胡太后亲自主持了具有重大象征意义的祭祀典礼。

显然，胡太后已经以皇帝自居了。事实上，假如她再多一些政治头脑，再少一点满足虚荣心的小女子情怀，她可能真的会成为中国第一位女皇，而不令武则天专美于后。可惜，该多的东西她少了点儿，而该少的东西她偏偏又多了不少，做事情似乎显得过于随心所欲了些，有的时候，荒腔走板得不是一般的不靠谱。于是，在把国家搞崩盘的同时，也把自己送上了奈何桥。

胡太后认为自己今天的一切都是佛祖保佑的结果，于是下令修建了一座巨大的佛寺。据说，这座佛寺的雄伟壮丽与皇宫相比毫不逊色，其中有僧舍千间，有高一丈八尺的实心金铸佛像一尊，与真人等身的实心金铸佛像十尊，玉雕巨佛两尊。仅此几项，就使整个国家闹起了金荒银荒和财政危机。

一天，负责观测天象的官员报告说，上天示警，需要一位贵人以死应之。胡太后立即派人趁着月黑风高夜，将已经废黜为尼的高太后杀死，以应天象。

有一次，胡太后闲逛到了储存绢布的国家仓库，一时兴起，下令文武百官可以凭自己的力气，随意搬取库中的布匹，可能还只限一次。结果，所有人都拼了，一拥而上，后背前抱。陈留公李崇和章武王元融负担过重，被压翻在地，一个伤了腰，一位坏了腿。胡太后下令，将二人赶将出去，一匹布也不许拿。其情其景，有歌谣为证：

陈留章武，伤腰折股，
贪人败类，秽我明主。

对于那些权力大得没边没沿，且基本不受什么制约的政治人物来说，多姿多彩的两性生活，历来是他们政治生涯中的华彩乐章，古今中外没有例外。

胡太后当然也不会例外。

单以数量论，她的情人之多，大约可以拔得中华帝国女性政治人物之头筹；若以质量论，胡太后的某些情人相当出色，是太后放下身段，主动追求甚至强制他们成为自己情人的。遂使得太后和她的情人之间时不时就会笼罩上一层或者忧伤或者浪漫的桃红色浓郁气息。若是掺杂进政治争斗的因素，则会变得异常惨痛。

清河王元怿，是胡太后的小叔，长得丰神俊朗，如玉树临风。胡太后私心爱慕，将他召进后宫，风情万种，霸王硬上弓，活活把王爷培养成了自己的情人，而且进位宰辅，替太后打理朝政。

北魏是鲜卑人创立的，他们身上流淌着鲜卑、匈奴、汉、高车、柔然、羯、氐、羌等多民族的血液，经过太和改制，虽有一定程度的汉化，但仍然保持着浓厚的民族文化习俗，流行着承继婚、嫂婚、连带婚、一妻多夫、一夫多妻等多种婚姻制度。父亲死了，儿子娶没有血缘关系的继母；哥哥死了，弟弟娶嫂子为妻，都是十分人性化的正常考虑，没有人会大惊小怪。因此，清河王与嫂嫂胡太后同床共枕，也并没有什么人一定要站出来义正词严一番。问题在于，清河王元怿并不是那种牵着大姐大裙边的小白脸，他有才干，好文学，礼敬士人，不但受到太后青睐，在时人中，这位亲王也是颇有人望，并且，他还真想着干点正事儿。结果，惹翻了另外两个万万惹不得的人。

这两位，一位叫刘腾，乃是皇宫内院的太监总管；另一位叫元乂，是皇室宗亲京兆王的儿子、胡太后嫡亲妹夫兼禁军领军将军。二位在皇宫大内的血雨腥风中，都是胡太后的坚定拥趸，从承华到充华到太妃到太后，再到临朝称制称“朕”，在这似乎步步脚踩莲花的宫廷舞步后面，无不有着这二位舍生忘死的玩儿命支撑。是故，太后称“朕”以后，便由着二位把他们自己发展成了弄权枉法、买官卖官的专业户。于是，自然而然地与清河王元怿迎头相遇。

清河王本来就身份贵重，与胡太后同床共枕之后，又位居宰辅，颇想着有所作为。因此，没头没脑地痛斥过狗屎倒灶的刘腾和元乂。这两个家伙十分恐慌，害怕清河王玩儿真的。于是，二人商量着，准备先下手为强。

他们指派平日伺候皇帝吃饭的太监胡定，在皇帝面前告发清河王，说元怿让他毒死皇帝，承诺自己做了皇帝后，给胡定荣华富贵。此时，皇帝十一岁，到了那种对人事半通不通却自以为什么都懂的年龄。小皇帝真心信了。夜半时分，几个破人在小皇帝的指挥下，把胡太后关进永巷门里，再把元怿骗进宫来悄悄杀死，不声不响地搞了一场宫廷政变。

第二天，他们宣称胡太后旨意：朕病了，需要静养，还政于皇帝。

是时，胡太后被幽禁在北宫宣光殿，刘腾亲自掌管钥匙，陷入衣食不继之中的太后叹息说："养虎吃人，说的就是我呀。"

元乂、刘腾二人则完全把持了朝政，撒开了欢儿地欺男霸女、克扣军饷。大凡你能够想象出来的坏事，他们大概都做得差不多了。史书的叙述是：远近苦之。

著名的六镇暴动，就在这一段时间前后爆发了。

几年后，刘腾病死。掌管朝政数年之久的元乂也同样产生了那种大权在握者的错觉，觉得自己根本就是无所不能的上帝，那位成就过自己的太后，不过是个冷宫中的半老徐娘，就算把她放出来，谅她也翻不了天。何况她还是自己妻子一母同胞的姐姐。就此，胡太后得到了与儿子见面的机会。

母子天性。小皇帝如今已经十六七岁，真的懂了一些人事。二人劫后重逢，似乎有诉说不尽的母子情肠。最后，不约而同地感觉到，就是因为那元乂可恶，方才让大家过得如此艰难。于是，在如何对付元乂的问题上，母子二人达成了高度默契。

小皇帝已经学会了做戏，对元乂一如既往，将母亲和自己见面时的情形一五一十地讲给元乂听，令他深切感受到了小皇帝的信任。不久，元乂头上又被戴上了数不清的崇高头衔：骠骑大将军、开府仪同三司、尚书令、侍中、领左右，等等。于是，当禁军领军将军之职被拿掉时，他也没有觉得是多大的一件事情。

元顺回来了，还被任命为侍中。这是元乂不喜欢的人，所以把他赶出了京城。如今，太后要把他召回，元乂突然有了无能为力的感觉。直到这时，元乂才知道失去禁军领军将军职务是多么重大的事情了。

有一天，元顺侍坐在太后一旁，太后的亲妹妹、元乂的妻子站在太后身后，元顺突然指着她对太后说：

“陛下，您怎么能因为一个妹妹的缘故，对元乂的罪恶不闻不问，令天下人民的冤屈愤怒得不到伸张呢？”

当时，举座皆惊，所有人都屏住呼吸，空气仿佛就要爆炸一般。太后作深思状，死活不开口。在元顺的鼓励下，文武百官纷纷请求太后处置元乂，以正朝纲。皇帝也发言，希望太后满足人民的愿望。终于，太后下诏，赐元乂和他的弟弟元爪二人在家中自尽。

就这样，胡太后回来了。她春风得意，风情万种，她特别喜欢浓妆艳抹地举办“party”，特别喜欢临幸到权贵臣子们的宅邸，去给他们一个惊喜，给自己一个快乐。正当盛年的美丽太后有权力也有理由让自己过得舒心如意。

结果，又是那个元顺，在一次欢乐的歌舞宴会上，居然当众犯颜直谏：“按照古礼，丈夫死后，妇人应该自称未亡人，头上不戴珠玉，衣服不饰花纹彩色。陛下您母仪天下，如此浓妆艳抹，如何垂范世人呢？”

太后羞得面红耳赤，拂袖而去。回到宫里，她又羞又恼，把元顺召来痛骂：“我千里迢迢把你召回京城，就是为了让你在大庭广众之下羞辱我吗？”

元顺还嘴道：“陛下连天下人的笑话都不怕，难道会因为微臣的一句话就觉得羞辱吗？”

太后气得一指门：“门在那儿，你出去，我不想再见到你这个倔老头儿了。”

从此，太后确实不那么招摇了，不过却故态复萌，给自己找了一帮子情人。其中几位，颇值得记叙一二：

一位叫郑俨，官拜谏议大夫。太后要他昼夜在宫中谏议。偶尔回家，身后必定跟着几位太监，见到家人妻子，只能匆匆忙忙聊几句闲话，就被催促回宫。

李神轨是那位搬布匹伤了腰的尚书令李崇的儿子，如今，也在太后身边日夜服侍，官拜黄门侍郎。后来，危急时刻，太后命他率数万大军抵御敌人。结果，还没有见到敌人的面，他拔腿就跑，数万大军风流云散。太后只能无可奈何地走向奈何桥。

还有一位拔腿就跑的小伙子，不像李神轨那么不堪，则令太后忧伤怀念了很久，并为中国文学史册留下了不朽的篇章。

这位年轻人名叫杨华，是大将杨大眼的儿子。小伙子勇武超群，可能是那种英气勃勃、特别有男子汉气概的小鲜肉。太后一见之下芳心大悦，立即下令将他收进后宫，将自己的满腔柔情万千宠爱都投到了这小伙子身上。不料，这小子不是那种四肢发达大脑简单的蠢货，他知道，古往今来受到这种宠爱的人，没有一个有好下场的，搞得不好，被灭了族的也大有人在。因此，这小子不动声色，似乎很是享受眼前的境遇。一旦能够离开后宫了，他便撒腿狂奔，一口气跑到了长江以南，投奔了胡太后再也够不到的南朝梁国。

这使太后相当惆怅，相当迷茫。是自己不够美？不够温柔？对他不好？不能给他富贵？都不是。太后怎么也想不明白这帅小伙如何舍得抛下自己？满腔忧伤思念之下，太后为情郎写下了一首情歌，题为《杨白华》，辞曰：

阳春二三月，杨柳齐作花。
春风一夜入闺闼，杨花飘荡落南家。
含情出户脚无力，拾得杨花泪沾臆。
秋去春还双燕子，愿衔杨花入窠里。

情真意切，把一位多情女子思念情郎的心思描述得既大胆又真切。当时流行一种踏步谣歌舞，大家围成一圈，手拉着手，边踏步边歌唱。春天花月夜，正是怀春的季节，太后让宫女们踏步唱起了这首歌谣，想必多情的太后会听得泪流满面。

当此时，整个国家已经是匪来如梳，兵来如篦，官来如剃，遍地烽烟，满目疮痍。

胡太后做的最后一件事情，与多情完全不搭界，称得上蛇蝎心肠，使她再也无法得到任何同情或是理解。

随着岁月的流逝，儿子一天天长大，如今已是十足的成年男人。太后不希望儿子知道自己的那些深宫秘史，因此，凡是和儿子相处得好的人，太后统统放到外地去做官。散骑常侍谷士恢与皇帝投缘，二人经常促膝攀谈。太后命谷士恢去外州做刺史，谷士恢不去，太后便找人诬告，将其杀掉。有一个和皇帝颇多往来的道士，太后也不废话，干脆派遣杀手杀之，然后悬赏捉拿凶手。

就此，母子二人不能相容。

此时，太后的儿子孝明皇帝已经十九岁，极其厌恶母亲的两个情人兼重臣——郑俨和徐纥，可又拿他们没有办法。情急之下，深宫里长大的青年皇帝出了个昏招儿：给尔朱荣送去一份密诏，让他向京城方向运动，试图以此胁迫太后归政。尔朱荣大喜，立即出兵。不料，走到上党，又接到皇帝的新诏，命他原地待命。尔朱荣好生郁闷。而郑俨、徐纥二位却已经明白：大祸即将临头。在二人的日夜劝说下，胡太后终于给十月怀胎生下来的儿子送去一杯毒酒，在毒死儿子的同时，也把自己送到了奈何桥边，再无回头的可能。

胡太后的故事讲完了。

史书记载说，尔朱荣与高欢从中午一直密谈到深夜。高欢给尔朱荣的建议是：立即出兵，“讨郑俨、徐纥而清帝侧，霸业可举鞭而成”（《北齐书》卷一、二；《北史》卷六，神武纪）。

尔朱荣欣然认可。

从此，高欢成为尔朱荣的心腹，出任其亲信都督，也就是卫队长。参与其一切机要事宜。后来，尔朱荣曾经对其下属们谈到“堪代我主众者，唯贺六浑耳”——能代替我主宰众人的只有一个高欢而已。

而高欢却并不想继承尔朱荣的事业，他要真正取而代之。原因很有可能是尔朱荣听了他的建议杀到首都洛阳后，干的那档子留下千古恶名的河阴之变。

话说胡太后知道尔朱荣起兵的消息后，非常恐惧，召开御前会议商讨对策。结果所有人都一言不发。只有徐纥说了一句充满正能量的大话：“小小尔朱荣，竟敢兵指朝廷，简直是活得不耐烦了。”

太后对情人的豪言壮语深以为然，立即任命另一位情人李神轨为统帅，率大军前去干掉活得不耐烦了的尔朱荣。结果，还没有看到尔朱荣的影子，李神轨就逃得无影无踪。大军星散。消息传来，口出狂言的徐纥伪称太后诏，到皇家御厩里挑选了十匹最好的骏马，连夜逃往兖州；郑俨则星夜兼程逃回到了自己的老家。偌大的皇宫里，只剩下太后一个人，孤零零的。她召来孝明皇帝的所有妃嫔，命令她们全部剃度出家。她自己也落发为尼，表示悔罪赎罪。

尔朱荣到洛阳后，一方面命文武百官拜见自己拥立的孝庄皇帝，一方面直扑皇宫擒拿胡太后与太后所立的三岁小皇帝。已经是出家人打扮的胡太后向尔朱荣讲述前后因缘，希望能够求得谅解。尔朱荣拂袖而去，下令将胡太后和三岁的小皇帝都扔进滚滚黄河。

随后，尔朱荣让孝庄皇帝来到河阴，命满朝文武全部集合到皇帝的行宫附近，说是要举行祭天大典，任何人不许请假。结果，京官们到齐后，尔朱荣痛斥他们全都是贪官污吏，全部该杀。军士遂将他们团团围住，刀劈斧剁，一时间尸积如山。司马光在《资治通鉴》中记载说，共有两千多名官员，从要和石崇比富贵的亲王宰相到末流小吏，被不分良莠善恶统统杀死。就连他自己拥立的孝庄皇帝的两个亲弟弟，也被一并杀死。是为中国历史上著名的河阴之变。

这场大屠杀成为中国北方分裂为东魏和西魏的前奏，也成了尔朱荣遭到普遍痛恨的催命符。高欢尽管是尔朱荣决策层的重要成员，为尔朱荣出谋划策出生入死，却可能也是在这次大屠杀之后，知道那尔朱荣不可能在政治上有什么更大的作为了。

北魏一朝的上层社会，在做特别重大的决定时，常常铸金人以卜吉凶。河阴之变后，有人建议尔朱荣，干脆自己登基做皇帝算了。尔朱荣很想，但也很相信天意。于是，派人去铸自己的金人，不料，一连四次都没有铸成。尔朱荣大受刺激，一时间竟有些神志恍惚。他最信任的一个巫师告诉他：天时地利人事都不合适。就此，他打消了做皇帝的念头，直到被孝庄皇帝设谋杀死。

尔朱荣死后，其家族在两三年时间里几乎被屠灭殆尽，彻底退出了历史舞台。而高欢则在这个过程中脱颖而出，一手主导了北魏的分裂，成为东魏事实上的首领，与宇文泰为事实上首领的西魏势不两立，陷入几乎长达半个世纪的攻战杀伐之中。

宇文泰，字黑獭，是鲜卑化了的匈奴人。在六镇暴动后的乱世中，他和高欢一样，是尔朱荣的部下领军将领。尔朱荣灭亡后，他受贺拔岳委派，前去并州查看虚实。高欢见宇文泰身高八尺，垂手过膝，相貌不凡，想留下他为自己效力。宇文泰表示，必须返回军中复命。高欢同意了。宇文泰刚走，高欢就反悔，派人急追，追不回来活的，就要死的。结果，宇文泰跑得更快，到底没有追回来。后来，高欢的后人果然被宇文泰的后人灭掉了。这里，此消彼长颇堪玩味之处甚多。

在高欢和宇文泰之间进行的大兵团会战前后凡五次，以第四次大战——邙山之战的看点最为劲爆。

战争的导火索是因为高仲密的李氏夫人受辱而点燃的。

高仲密家族是河北汉族大姓，与自称河北蓨县出身的高欢结为死党。

高仲密的哥哥高乾是北魏的司空，本来是高欢最信任的人，是高欢安排在孝武皇帝身边、代表高欢监视皇帝和朝政的。孝武皇帝想把他拉过来为自己所用，于是，在一次宴会上提出要和高乾结拜为兄弟。高乾表示，自己以身许国，不敢有二心。被皇帝理解为这是他对自己的盟誓。后来，高乾见孝武皇帝增加武装卫队，屡屡结交贺拔岳等外臣，知道将有事变发生，于是，暗中警告高欢做好准备，并劝高欢自立为帝。高欢觉得时机不成熟，装出一副很害怕的样子拒绝了高乾的建议。高乾便请求允许自己离开朝廷，到外地做刺史，高欢答应了，并将他任命为徐州刺史。孝武皇帝知道后，告诉高欢，说高乾和自己有过盟誓，意思是高乾是个反复无常首鼠两端的小人。高欢很恼火，告诉孝武皇帝，高乾劝自己自立为帝。这一下子，高乾变得里外不是人，这位号称“性明悟，俊伟有知略”的河北豪杰被弄到朝堂上对质时，只能说：人主加罪，我无话可说。最后，被皇帝赐死。

杀死高乾后，皇帝派人去诛杀高乾的弟弟高敖曹，那高敖曹是一员罕见的汉族猛将，他将前来诛杀自己的人打翻在地，夺过诛杀自己的诏令，带着一帮人直奔晋阳，投奔了高欢。二人相见后，高欢大叫：“皇帝冤杀高司空！”与高敖曹抱头痛哭。高乾的另外一个弟弟高仲密也是此时投奔的高欢。

史说，高敖曹龙眉豹颈，姿体雄异，极为凶猛。当时，高欢手下多为鲜卑将领，汉人很受轻蔑，却唯独所有人都惧怕高敖曹。

高欢在军中都是用鲜卑语发号施令，但是只要高敖曹在场，就一定改用汉语。刘贵属于鲜卑族最重要的高官之一，有一次二人议事时，部下报告说：淹死了好几个治河役夫。刘贵随口说道："汉人的命只值一分钱，死就死吧。"高敖曹大怒，拔剑就砍，刘贵则撒腿就跑。高敖曹立即击鼓，召集部下，准备攻打刘贵的衙门。被大家死劝活劝，他才作罢。

有一次，高敖曹和一位刺史玩儿握槊游戏，可能是一种赌输赢的棋类博戏。刘贵派人来叫那位刺史去开会，高敖曹不让走。那位使者不敢耽误军令，很着急。高敖曹便命令手下，将那位使者用枷锁枷起来在一边看着。刘贵的手下也是一帮骄兵悍将，跳着脚喊道："枷起来容易，解开可就难了。"高敖曹站起来，在随从手里拔出一刀，说了句："这有什么难的？"在此人脖子上使劲儿一抹，人头落地。事后，刘贵一声不吭。

就连高欢也让着高敖曹几分。有一次，高敖曹去大丞相府拜见高欢，门口护卫不让他进去，他兜转马头，张弓搭箭，一箭将那护卫射死。高欢知道后一笑了之，并不追究。

在战场上，这家伙也一样凶猛。攻打上洛城时，他身先士卒，冲在最前面，身上受伤无数，光是贯通伤就有三处，昏死过去。醒来后，他脱掉盔甲，跳上马就去督战，一举攻占了城池。当晚，他躺在那儿疗伤，觉得自己要死了，叹气说："可惜我看不到弟弟高季式当刺史了。"高欢听说后，立即下令任命高季式为并州刺史。

高敖曹最后是死在了他自己的骄傲与轻敌上。宇文泰专门准备了一支最精锐部队，用来对付高敖曹，高敖曹却大模大样打出全副仪仗深入敌阵，结果全军覆没。他杀出重围来到自己人的城下，守城的是高欢的一个堂叔，下令不许打开城门。高敖曹拔出佩刀狂砍城门，没有用的，那城门太厚。最后，面对围上来的敌人，他喊了声：“来，与汝开国公！”意思是送给砍掉自己脑袋的人一份天大的富贵。后来，此人果然获得一万匹绢的重赏，立成巨富。

高欢知道高敖曹死亡的消息后，至为伤痛，把他那位堂叔掀翻在地，足足打了二百军棍。

高氏家族就是这么一个至死效忠高欢的家族。

然而，高敖曹的二哥高仲密竟然在北豫州刺史的任上，带领全州投降了宇文泰。这实在是太离谱，却也是没有办法的事情。因为，他的妻子险些被人当众强暴，而且可能还会有更大更可怕的后果。因为，施暴者乃是高欢的大儿子、世子、高欢未来的接班人高澄。从中，我们可以知道，在封建专制时代的中国，权贵们的公子哥儿可以具有多么巨大的胆量和魄力，惹出足以塌天的大祸来。

从史书记载中，我们大体可以知道事情的经过。

据说，这位高澄仅仅十四岁时，就曾经与父亲最宠爱的一位郑姓侍妾成了事实上的夫妻。高欢知道后，险些把他杀掉。后来，弄来弄去没有杀掉儿子，倒是把出面首告的婢女杀了灭口，就当是没有发生这回事儿。如今，高澄已经长大成人，德性却还是原来的德性。在一个偶然的场合，这小子一见到高仲密那位美丽的妻子，立时就变成了发情的公狗，当着众人就不管不顾地扑上去撕扯李氏夫人的衣裙。李氏夫人不从，一身衣裙被撕得几成碎片。脱身后，当然要向丈夫哭诉。

高仲密傻了。

高欢他惹不起，说不定什么时候就成了皇帝；高澄他也惹不起，今天是恶少，明天就可能是太子。他只能遵循今日中国人常说的智慧行事：惹不起，我还躲不起吗？

当时，高仲密刚刚被任命为北豫州刺史，他不动声色地前去上任，一到任上，立即率领全州向西魏投降，致使高欢最重要的战略重地虎牢关落到了宇文泰的手里。宇文泰立即亲自率领大军前来接应高仲密，并军至洛阳，包围了河桥南城。高欢则亲自将兵十万，自黄河北岸渡河，占据邙山。双方都是志在必得。大战一触即发。

宇文泰将辎重留在后方，准备趁黑夜登邙山偷袭高欢；结果，却被高欢的侦察兵发现，变成了宇文泰偷袭不成而面对高欢以逸待劳的严阵以待。在高欢手下猛将彭乐的打击下，宇文泰溃不成军。高欢命彭乐追捕擒拿宇文泰。

宇文泰狼狈不堪，边逃跑边对彭乐大喊：

“傻小子，杀了我对你有什么好处？今天无我，明天还会有你吗？还不赶快回到我的营里去，那里有不少金银珠宝呢！”

彭乐是员猛将，曾经在战场上一只手把打出来的肠子塞回肚子，另一只手还在挥刀冲杀。

就是这么一员猛将，同时却也是一员又粗又蠢的猛将。他一听，觉得宇文泰说得很有道理，立刻勒转马头，放过宇文泰，自己快马加鞭赶回宇文泰的营寨，居然真的发现了大包小包的金银珠宝。这小子把这些包裹驮到马背上，乐呵呵地回来向高欢请功来了。

高欢恨死这小子放走宇文泰了。他命令彭乐脸朝下趴在地上，高欢亲自上前抓住他的头发把他的脑袋猛力往地上撞，几次举刀想要砍下他的脑袋，都没有下得去手。彭乐满脸血泥，仰着脑袋要求高欢给他兵，他再去把宇文泰抓回来。高欢哭笑不得，下令取来三千匹绢压在彭乐背上，算是奖励他打的胜仗——差点儿没把这小子压死。三千匹绢实在是一笔不小的奖励了（以上事见《北史》卷五十三，彭乐传）。

数天后，双方重整旗鼓再战。宇文泰分进合击，竟然又将高欢打得大败。

这回，轮到高欢玩儿命逃跑了。

当时，他的坐骑被射死。一员战将把自己的马让给高欢。高欢的卫队长尉兴庆说：大王你快走！我还有一百支箭，可以射杀百人，挡住他们。

高欢说：如果我们都能生还，你就是怀州刺史；你要是回不去，你儿子就是刺史。

尉兴庆说：我儿子太小，让我哥哥做吧。

最后，尉兴庆的箭射完了，被一拥而上的西魏兵乱刀砍死。

高欢手下投降的人为了立功，把高欢逃跑的方向告诉了宇文泰，宇文泰立即招来一批敢死队，命贺拔胜带队急追。最后追上了正在仓皇奔逃的高欢，贺拔胜大喊："贺六浑，贺拔破胡今天要你的命！"他的槊尖几次都差一点儿刺中高欢的后背。不料，高欢的一个卫士在旁边一箭射死了贺拔胜的坐骑。等到召来副马时，高欢已经跑得无影无踪。贺拔胜是极有名的神箭手，偏偏那天没带弓箭，他只能仰天长叹。

高欢逃离危险后，战场形势居然又一次发生逆转，东魏军再次集结反击，西魏军全线溃败。坚守弘农粮仓的王思政，听到兵败的消息后，命令大开城门，他解下盔甲，躺在城楼上，状甚悠闲。那王思政虽是文人将兵，却极为勇猛善战，名气很大。东魏军杀到城下，见此情形，谁也不敢轻举妄动。最后，东魏军悄悄撤走了。《三国演义》中诸葛亮空城计的故事，其实是后世文人从王思政真实的空城计事迹中搬过去的。后来，在隋唐两代，王思政均极受尊崇，他的曾孙女，是李世民的儿媳妇，就是后来被诬陷后废黜，最后与萧淑妃一起惨死在武则天手中的王皇后。

荒诞的开端，常常带来诡异的结局。

邙山之战以高仲密的李氏夫人受辱为起因，却以同一位夫人受宠为结束。原因是东魏军乘胜夺回了北豫州和洛州，高仲密的妻儿老小都成了俘虏。史书记载说，高澄盛装去见即将被处死的李氏夫人，问道：“今日如何？”李夫人无语。高澄遂将她接出来，纳为偏房小妾，据说极为宠爱。

事情要是到此为止，人们大可以呵呵，以为不过是一个公子哥儿导演了一出悲喜闹剧，虽然为此战死了几万名战士，数万数十万上百万个家庭受到影响，可是不少国人早已习惯，麻木浑然不觉了，忘记了世间本来是有公道公平公义在的。这件事情远远没完。历史老人仿佛恶作剧，仿佛成心要为未来的历史进程，安排下一条极深极长极粗重的伏笔一般，遂令这位李夫人婉转承欢之余，轻轻起身，于是，整个国家的国运都随着她的倩影朱唇而突生巨变，走向无可挽回的崩溃。此是后话。

高欢的死，和东西魏之间的第五次大会战——玉璧之战有关。

玉璧位于今日山西稷县，是西魏在汾河下游的重要战略据点。公元五四六年，即邙山之战后第三年，十月，高欢提十万虎狼之师围攻玉璧。守城者是西魏名将韦孝宽。

这次攻防战，几乎动用了古代军事史上所有攻城攻坚战的战术与技术，譬如，改掘河道断绝城内用水，堆砌土山居高临下，挖掘地道，掘塌城墙，火烧城门，巨木铁尖撞车，等等，被韦孝宽一一破解，无一奏效。

长达五十多天的惨烈战事，东魏一方损失惨重，七万多人战死病死，只能挖一个大坑就地掩埋。时年五十多岁的高欢忧愤成疾，竟至卧床不起。

一天夜里，一颗大星从天而降，坠入军营，高欢大骇，连夜解围撤军。当时，军中盛传高欢大丞相被韦孝宽用强弩射死。为稳定军心，高欢在撤军途中举办露天酒宴，敕勒族大将斛律金用鲜卑语唱起千古不朽的——

敕勒川，阴山下。天似穹庐，笼盖四野。

天苍苍，野茫茫，风吹草低见牛羊。

高欢泪流满面，高声合唱。将士们合着节拍，以军刀敲击盾牌，同声齐唱，全军上下呜咽失声，似乎在痛哭那再也回不去的故乡——欧亚内陆大草原。遥想当年，彼情彼景，想必感人至深。

公元五四七年，正月朔日，日蚀。高欢长叹曰：“日蚀是为了我吗？死亦何恨！”溘然长逝于家中。享年五十二岁。

史书上对高欢评价不低。毕竟此人没有参与制造乱世，毕竟还在乱世中创立了一个三分天下的朝代。即便如此，我们仍然很难将其归入英雄的行列。一般说来，英雄最基本的底色是必须具备高贵的信念与情怀，如果没有或缺少这种底色，能力再强，再有献身精神，再能好勇斗狠，也只能勉强算作枭雄，而不能冠之以英雄。对高欢似乎可作如是观。

在国家治理上，高欢缺少高瞻远瞩的原则立场，世故圆滑，急功近利。比如，为了调和紧张的民族关系，他对鲜卑将士们如是说：“汉民是你们的奴仆，男的为你们耕，女的为你们织，给你们提供衣食，让你们不愁温饱。你们干吗还要欺凌他们？”对汉人则说：“鲜卑是你们的客人，吃你一口饭，穿你一身衣，为你打击盗贼，给你安宁和平，你们为什么还要恨他们？”（《资治通鉴》卷一五七）

对于贪官污吏，高欢从不过问和惩处。以至于从东魏到北齐，高官显宦们几乎无官不贪。把高欢抚养长大的姐夫尉景，可能是穷怕了，不论坐在任何官位上，第一要务都是贪污受贿搜刮地皮。以至于他的好朋友库狄干实在看不下去，要求高欢降低自己的职务，任命自己做监察官御史中丞。高欢很奇怪，问他为什么。他说，没别的意思，就是为了能管管尉景。高欢大笑，把尉景召来，命令倡优石董桶用戏耍的方式劝告一下。石董桶扑上去就剥尉景的衣服，一边剥一边说："您盘剥百姓，董桶为何不能剥您？"尉景对高欢说："我和你怎么比？我只能取之于民，你可是从皇帝身上割肉。"（《北齐书》卷十五，尉景传）

为高欢掌管机要工作的秘书长杜弼，建议高欢整治一下贪官污吏。高欢推心置腹地告诉杜弼："来来来，我跟你说。贪腐这事儿由来已久，我不能整治。为什么？很多武将的亲属在宇文泰那儿，黑獭这小子经常引诱他们，人情未定；长江以南有个萧衍老头子，专门弄那些衣冠礼乐什么的，读书人觉得那是正统所在。我要是一整治，好，武将跑去投黑獭，文人渡江去江东。我这个国家还要不要了？"

杜弼认为，只有先除内贼，才能打败宇文泰。高欢问他："谁是内贼？"杜弼说："那些贪赃枉法、欺压百姓的勋贵们就是。"高欢不理他，下令军士们张弓搭箭举刀挺枪，列为夹道，让杜弼从中走过去。杜弼一介书生，吓得汗流浃背。高欢说："还没有玩儿真的，就吓成这样！他们在枪林弹雨里九死一生，就算贪鄙，也远远没有他们的贡献大。不能用寻常的规矩要求他们。"（《北齐书》卷二十四，杜弼传）

高欢治国，大抵如此。

应该说，以这样的见识格局，能够创下那么一片基业，已经是太不容易了。

因此，他的子孙们能有多么不堪，似乎不需要多么高超的智商学识，就已经大体可以想象出来了。

事实也是如此。除了极少数例外，高欢的子孙似乎个顶个的是那种坏蛋坯子，而且，情形与北朝五胡十六国创业者子孙，还有我们未来将要看到的南朝宋、齐、梁、陈诸朝代创业者子孙们一样，一个比一个坏，一个比一个坏得离谱，一个比一个坏得令人难以置信，令人目瞪口呆。相信这其中一定有某种不以人们意志为转移的客观规律，在冥冥之中发挥作用——如果真有这种神奇规律的话。

高欢死后，他的大儿子，我们已经见识过的高澄首先登场，接下了高欢的大丞相职位。

按照史书所说，这个高澄，应该属于那种帅呆了的美男子：肤色白皙如玉，脸庞俊爽清秀，长身玉立，风度翩翩。号称“美姿容，善言笑”，显然是风趣幽默、口才很好。十二岁时，娶东魏孝静皇帝的妹妹冯翊长公主为妻；十四岁时，将父亲的爱妾郑大车发展为自己的情人；二十三岁时，当众对朝廷重臣高仲密的李氏夫人非礼施暴，导致高仲密叛逃、导致血流成河的邙山大战，最后，这厮居然能够把这位家破人亡、与他有着血海深仇的李夫人收为小妾，并让她服服帖帖、死心塌地地为高家效力。

孝静皇帝是高欢所拥立，高欢对他至少还维持着表面的礼仪。高澄则完全不来那一套，对皇帝大舅哥呼来喝去，连基本的尊重都没有。有一次，他拿着一大壶老酒愣要灌皇帝，皇帝忍无可忍，说：“自古没有不亡的国，朕这么活着也真没意思。”

高澄大骂说：“朕朕，什么他妈的狗屎的朕！少跟我来这一套。”随即命令边上的一个大臣，“殴帝三拳”——痛打皇帝三拳。害得这可怜的皇帝一度甚至准备挖地道逃跑。

从史料上看，这厮很邪恶，却可能也真有才干。有道是：天不怕地不怕，就怕流氓有文化。高澄可能就是这么一个有文化、有才干的流氓。只是他在帝国舞台上表演的时间太短，还来不及充分展示，就匆匆谢幕了。

高澄死得很蹊跷。

当时，他已经完成了几乎所有改朝换代的准备工作，“赞拜不名，入朝不趋，剑履上殿”，只剩下“受禅让”做皇帝了。不料，却莫名其妙地被人杀死了。

杀死他的人叫兰京，是南朝梁国大将兰钦的儿子，双方交战时被俘，成为高澄府上的奴隶厨师。兰钦曾经多次派人携重金请求赎回儿子，高澄坚持不许。兰京自然切齿痛恨这小子。遂与六个厨房的伙伴密谋干掉高澄。事发时，高澄不在他自己的王府，而是和几个心腹重臣躲在他为情人琅琊公主元玉仪设置的外宅里，秘密商量禅让的大事。兰京托着食盘进来给他们送吃的，高澄拈起一块肉放进嘴里，一边吃一边看着兰京对那几个人说："昨天晚上，我梦见这个奴才拿刀砍我，我早晚要宰了这小子。"这显然是作死的节奏。

兰京回到厨房，抄起一把锋利的尖刀藏在托盘下面，带着几个同伴就转回房间。高澄怒叱："我没叫你，怎么敢自己进来？"兰京大叫："我来杀你！"抽刀就刺。高澄大惊，跌下坐床，趁势钻进床下。和高澄议事的三个人，一个在厕所，一个跑得快，一个挺身而出当场被刺死。高澄自然没有活下来的可能。

后来，根据高澄的弟弟高洋的表现，一直有人怀疑是高洋派人谋杀了高澄，然后嫁祸于兰京等人。可惜，死无对证。由此可知，那高洋可能远非良善之辈。

高洋是高欢的第二个儿子，比高澄小八岁，二人同父同母，都是娄昭君所生的所谓嫡子，相貌却大异其趣。高洋肤色黢黑，两腮下垂，满身牛皮癣，脚踝骨畸形，形容相当丑陋。有一次，高欢想测试一下儿子们的心智情趣，拿出一团乱丝让他们处理。高洋抽刀便砍，说："乱者须斩。"还有一次，高欢命儿子们带兵外出，然后让猛将彭乐化装成江洋大盗，半路截击。诸子或疑或怯，表现平平。唯独高洋率部拼死攻击，穷追猛打，彭乐只好摘下头盔，说明原委，不料，高洋不依不饶，一定要擒拿彭乐向高欢献俘。这些都很对高欢的心思。

也正是因为这个原因，高澄对自己的这个亲弟弟特别猜疑戒备。而高洋则竭尽掩饰之能事，不但身边的师傅同僚不知道他在想什么，就连他的妻子都猜不透他的心思。他终日袒胸露腹，奔腾跳跃不已，跟个弱智儿似的，常常一天都不说一句话，高澄不论说什么，他都点赞叫好，家里的任何东西只要高澄说好，都立即奉上。久而久之，高澄不再拿他当回事儿，还挺奇怪地说："这么个人也能富贵，不知道相面的该怎么解释？"

高澄被杀死后，"内外震骇"，高洋闻讯，摇身一变，立即接手指挥追捕凶手，部署安内攘外，一切都安排得井井有条，分寸拿捏得恰到好处，全不是平时那副智障模样，朝廷内外高官勋贵们无不大吃一惊。高洋深知兵权的重要，唯恐他人捷足先登，斩杀兰京等人之后，立即率领八千将士陛辞于昭阳殿。二百名壮士手持刀，剑出鞘，跟着他拾级而上。见到孝静皇帝后，他自己并不直接说话，而是让人传话给皇帝，只有两句话：我有家事，需要回晋阳。说完，行个礼回身就走。孝静皇帝原来听说高澄死了，很高兴，以为自己今后的日子会好过了。如今，一看高洋这副架势，神情惨淡地对左右说：此人更难缠，我没有好日子过了。

高洋一到晋阳，立即将兵权收到手里。然后大会文武，家事国事天下事侃侃而谈，处理起来恩威并施，张弛有度，令所有人惊愕不已，这才知道他以前的呆傻弱智都是装的。

父兄死了，如今他是老大，什么都不用装了。他立即紧锣密鼓地推进改朝换代，以至于连他老妈娄昭君都颇有点儿不以为然，曰："你父如龙，你兄如虎，都没有坐上皇位，你看看你那副样子，凭什么行尧舜之事？"这厮并不理睬，而中国又从来都不缺拍马屁的——"就是因为不如父兄，才应该早登大位，安定世道人心。就好像大街上有一只兔子，所有人都在追，一个人抓住了，其他人也就死心了。"（《北齐书》卷三十，高德政传）这种话直接钻进了高洋内心最深处。恰好，他命人铸造的金人一次便告成功。遂率大军直奔首都，很快完成了东魏孝静皇帝将皇位禅让给他的程序，改国号为齐，史称北齐，东魏灭亡，时为公元五五〇年五月。一年后，退位为中山王的孝静皇帝及其所有儿子被一并毒死。

高洋在北齐皇位上坐了十年，其皇帝生涯几乎可以在中间截然分为两个阶段：

北齐诸帝大多是凶悍的武夫，善于并喜欢亲冒矢石冲锋陷阵，尤以高洋为甚。因此，前一阶段，此人在军事上捷报频传，对库莫奚、契丹、突厥、柔然、山胡各部均取得不俗战绩，花木兰替父从军的故事，可能就发生在此阶段对柔然的军事行动中。史评高洋“既征伐四克，威震戎夏”。

内政方面，这一阶段也有善可陈。譬如，他组织修撰颁行的《北齐律》，据说是南北朝时代各个王朝律法中最好的一部，对隋唐后世影响颇大，只是由于皇帝本人几乎不受限制的权力与后期的胡作非为，使一部良法发挥作用的时间、范围和程度极其有限。他重用一批能臣甚至良臣如杨愔等人治理国政，在精简机构裁汰冗员贯彻法令上颇有成效，使北齐开国之初一度出现欣欣向荣的景象，甚至在他极度昏暴的后期，史书都高度评价说：“主昏于上，政清于下。”不过，在人治文化传统与制度下，这一切只能是昙花一现，没有可能持续发展。随着时间的推移，一切都面目全非，竟至万劫不复。

说起高洋皇帝生涯的后期，真是让人心惊胆战。至少笔者本人最初接触到这些史料时，唯一的感觉就是不敢置信，根本就是最恶劣最低劣的色情凶杀狂电影情节。有史家认为，之所以会发生这种一百八十度的变化，是因为高洋“以功业自矜，遂留情沉湎，肆行淫暴”。翻译成今天的语言就是——高洋觉得自己建立了丰功伟绩，实在太过英明伟大！因此，有理由按照自己的性情欲望，做自己想做的任何事情，而没有理由在任何问题上让自己不舒服。只是，“肆行淫暴”四字似乎过于委婉温存了，实在不足以形容高洋恶魔般杀人狂行径之万一。

据官修正史《北史》记载，最开始，高洋只是找乐子寻开心，三日一小宴五日一大宴，高歌狂舞，通宵达旦；随后，有时赤身裸体，涂脂抹粉，有时或装束奇异或胡服散发，醉醺醺地拎着一把大砍刀在街上游荡，尤其喜欢光着屁股在首都街头跑步，相当时尚前卫。随从们都很难为情，我们的皇帝泰然自若全无所谓。后来，他喜欢随机出入京城高官显宦们的宅邸，看到姿容美丽的女子，不论何人，一把拉住便当众强暴。有一次，他让一位当朝重臣背着自己在大街上游玩，半道拦住一位妇女，问她：“你觉得当今天子怎么样？”妇人回答：“疯疯癫癫，成什么天子！”高洋挥刀便将这位女子的头砍下。就这样，皇帝开始以观淫、滥交和杀人为乐。

他喜欢征集大批坊间女子，命侍从官卫士们和她们在皇宫广场上群交，皇帝临朝观摩，乐不可支。天保八年，是高洋做皇帝的第八年，他将高家皇室宗族一百多位女性亲眷召集起来，带到东山，再挑选几百名精壮卫士，让这些卫士轮奸自己那些女性亲戚。他的同父异母弟弟永安王高浚劝谏，高洋就把高浚和另一位犯了皇帝忌讳的同父异母弟弟关进一个铁笼子里，高洋带一群卫士来到铁笼子外，高声歌唱，并命令笼子里的两个人和声歌唱。二人吓得要死。高洋略有不忍，想把他们放出来，高洋的同母弟弟高湛与高浚不和，劝他说：“关进笼子里的猛兽怎么可以放出笼子？”高洋立即让卫士用矛槊把两个弟弟活活捅死，然后，把他们的王妃女眷赏给卫士们。

高隆之是高欢的老朋友，曾经劝高洋不要做皇帝。高洋命令卫士拿这位老臣当沙袋打，直到将他打死。穆子容是大司农，乃朝廷重臣，得罪了高洋后，高洋命令他脱光衣服趴在庭中，自己亲自弯弓搭箭射他，三发不中，高洋拔起一根尖头的拴马桩插进他的肛门，一直将他插死。崔暹曾经做过宰相，后来病逝。高洋来到他家，问他夫人："想念崔暹否？"崔夫人说："结发夫妻，怎么能不想？"高洋说："既然如此，我帮你去看他。"说完，拔刀就将崔夫人的头砍下来。高洋同父异母五弟，曾经很受高欢宠爱。高洋见到五弟的生母尔朱氏，问道："你还记得当年得宠时是怎么对我妈的吗？"说完，一刀把这位老太妃劈为两截。高洋的皇后姓李，李皇后的姐姐嫁给了东魏宗室元昂。李皇后的姐姐是高洋的情人，高洋把姐夫元昂召进宫，用鸣镝射杀。然后，在葬礼上，就在灵柩旁，当众与死者的妻子交合。

最骇人听闻的，是高洋杀死自己最宠爱的薛贵嫔。

薛贵嫔曾经是高洋堂叔高岳的侍妾，举手投足之间风情万种，致使那高洋一见钟情。成为高洋的贵嫔后，极受宠爱。有一天，薛贵嫔坐在那儿梳妆，顾盼之间妩媚生情。高洋在一旁看着，看着，突然拔刀，跳起来一刀割下了美人的脑袋，然后，装进怀里，便去参加盛大宴会。宴会开始后，第一项节目自然是群臣举杯敬祝皇帝万寿无疆，皇帝却从怀里拿出薛贵嫔的头，放在面前的案子上，命人把薛贵嫔的无头尸体送来，他自己亲自动手解剖、肢解，当场用大腿做了一个肉琵琶，安上柱弦，自弹自唱。"一座惊怖，莫不丧胆。"高洋神色自若，连饮数杯，忽然潸然泪下，说："佳人难再得，可惜可惜。"随后，命人装棺，自己大哭着步行前去送葬。

遥想当年，这哪里还是人间世界？创造出这种帝制文化传统、跪在这样的皇帝面前称颂万岁的百官臣僚、文人墨客，根本就是货真价实的狗奴才！他们哪里配有什么更好的命运？

到后来，高洋一天不杀几个人，就会郁郁寡欢。被他亲自动手用大锅煮死、大火烧死、大锯锯死、大斧剁死、锥舂舂死的人不知凡几，并时常命令在场者活割受刑者的肉生食。当朝宰相杨愔号称一代名相，为了避免皇帝的形象受损，让司法部门准备大量强壮的死刑犯，将他们编进禁卫军，取名曰“供御囚”，一旦猜测皇帝要杀人，立即让这些“供御囚”上前顶替。如果三个月没被杀死，可以免除他们的死罪（《隋书》卷二十五，刑法志）。

最具有黑色幽默色彩的是，据说高洋还是一位虔诚的佛教徒。有一次，他接受佛戒，带了一大批死刑犯前去“放生”，共襄盛举。他的放生方式是：给这些人披上草席编的翅膀，让他们从几十米高的台子上飞向西方极乐世界。由此，为中国政治佛教史留下了令人难忘的异类华彩篇章。

这个魔头临死那一年，还干了一件特别残暴的事。他和东魏宗室也是北齐高家皇室女婿元韶聊天，他问元韶：为什么汉光武帝刘秀能够中兴汉室？元韶回答说：因为王莽没有斩草除根杀光刘汉宗室。恰好太史报告说，天象显示，今年要除旧布新。于是，权臣高德政建议杀光东魏元姓宗室，妇孺老弱一律斩尽杀绝。高洋欣然采纳，下令大屠杀，前后死者三千多人（一说七百多人）。婴儿被抛于空中，“承之以槊”，所有尸体全部投入京师邺城即今日河北临漳旁的漳水，以至于漳水鱼肚子里时常可见人的指甲，吓得当地人很多年不敢吃鱼。那位高家女婿元韶，则被关在监狱里，不给吃喝，饿得嚼自己的衣服，最后噎死了。

以今天的视角看，高洋很可能有严重的心理疾患，或者就是权力导致的极度心理变态。有一次，他醉酒后，看到自己的亲生母亲娄昭君坐在小榻上纳闲，这混球走过去连人带榻举起来便摔，把老太后摔得鼻青脸肿。酒醒后，他要死要活，坐在柴堆上命人点火想要自焚，娄昭君把他拉下来，他又让人杖打自己，需杖杖见血，否则就杀死执杖者。过后，这厮宣布戒酒。没几天，又大醉，来到岳母家，一箭把岳母的腮帮子射穿，然后，一边骂一边用马鞭狂抽了老太太一百多鞭。

就这么一个东西，据说是天子——上天在人间的代表，接受着万民的跪拜与拥戴。

当年十一月，除旧布新的天象终于应验了，不过是应在了高洋身上——这厮终于病死了，死时三十三岁。

高洋死后，太子高殷继位为帝。据说，这是个好孩子，聪慧好学，温裕开朗，有人君之度。高洋不喜欢这个儿子，认为他太文弱，不像自己，曾经想把他训练成和自己一样的杀人狂魔。十五岁时，高洋让他看着自己杀人，然后，让他在自己面前亲手操刀杀人，高殷不忍心，很难受，战战兢兢地拿起刀来，砍了几刀也砍不掉那颗人头。高洋大怒，吼叫着用马鞭戳高殷，把这孩子吓坏了，吓出了口吃和间歇性的精神失常。

高殷登基后，权威和地位受到了来自两个方面的挑战与质疑。

一个方面很明显，就是他的几个叔叔，尤其是与高洋同父同母、娄太后所生的高演与高湛。二人手握重权，包括军权，高洋活着时，他们就在一旁虎视眈眈。据说，高洋临死时，曾经对高演说："日后，你会夺我儿子的皇位，夺就夺吧，不要杀他。"高洋死后，这两个家伙磨刀霍霍，高殷对他的这两位叔叔基本没有什么还手的能力。

另外一方面很隐蔽，却毋庸置疑地形成了同样的威胁，这就是高殷的奶奶娄昭君。娄昭君以富家女嫁给穷小子高欢之后，二人情深意笃，在高欢创建的基业里，娄昭君发挥了不小的作用。这是一个孝庄皇太后式的人物，在一定程度上，能够起到定海神针的作用。这老太太相当强势，对高殷的文弱不以为然，对高殷的母亲接手自己成为太后更不以为然。按规矩，李皇后是高洋的正妻，是当今皇帝的生身母亲，乃是名正言顺的、当然的太后，而娄昭君作为太皇太后，不能再过问前廷后宫的事情，退居深宫颐养天年才是她的天职。对此，老太太完全不能接受。

李祖娥出身于显赫的山东名门大族赵郡李氏，赵郡治下在今天河北邯郸西南部地区。后来的唐朝皇室就假冒自己是赵郡李氏之后代，可见其声望之崇高。当初，李祖娥以正妻身份与高洋结为夫妻，高洋称帝后，李祖娥本来是名正言顺的皇后，却遭遇到鲜卑勋贵们的阻击，认为“汉妇人不可为天下母”，一度提出要为高洋“另择美配”。杨愔等汉族大臣援引汉魏惯例，坚决维护李祖娥，这才没有撼动她的皇后地位。

以宰相杨愔为首的一批汉族朝臣意识到了高演、高湛兄弟对皇权的觊觎与威胁，密谋解除二人的军权，将他们外放出去做刺史。然后，请太皇太后娄昭君移居北宫，在高殷尚且年幼时，由李太后临朝称制，执掌朝政。杨愔一干人担心高殷太过懦弱，无力决断如此大政方针，于是，向李太后报告，希望太后做主，至少能够配合行动。不料，恰在此时，一个谁都没有留意，却由历史老人早已埋下的那条又深又长又粗重的伏笔，冒出来发挥了绝大的作用，令一切完全反转，令人头滚滚落地，令一切再也无从谈起。

高仲密的李氏夫人——那位曾经让高洋的大哥高澄疯狂的李氏，后来成了高澄最为宠爱的姬妾。没过几年，高澄被兰京刺杀，这位李氏就被娄昭君要到了自己那儿做宫中女官，官位为昌仪。因为都姓李，李昌仪时常到李太后那儿问安走动，两人关系相当亲密。如今，面对杨愔等汉族大臣们的密谋，李太后全无主张，竟然将密信拿给李昌仪看，征求她的意见。按理说，李昌仪的丈夫、孩子、亲人都因为高澄而被满门抄斩，两个家族有着血海一般的深仇，谁知，这位李昌仪拿到密信，直接就去娄昭君那儿告密了。

娄昭君马上将高演、高湛召来，说出了最为鄙陋且险恶的心思："我们母子岂可受那个汉老娘儿们呼来喝去？"另外一位参与密谋的大臣见势不妙，也向高演、高湛告密，遂促使他们发动军事政变，逼迫高殷杀死杨愔等一批大臣。高殷说："叔父想要，天子位都不敢吝惜，何况他们几个大臣？"娄昭君从丈夫高欢当国时，就深知杨愔的才能、品行和忠诚，知道他是整个北齐的高官显宦当中最有治国才能又唯一不贪污受贿的当权重臣，老太太却同意杀死他，说："杨郎是因为忠心而死的。"只是让她的儿子们厚葬"杨郎"而已。由此可以知道，以这个国家决策者们低劣的识见，是不可能有什么更大的作为，也不配有什么更好的命运。事实上，北齐的国运也是从此时开始，急转直下，一日不如一日。

半年后，以娄昭君的名义，令高殷退位，废为济南王，命高演继位为帝。登基大典过后，老太太专门叮嘱高演，不要难为他的废帝侄子。

据说高演是北齐诸帝中最好的一位，不酗酒，不好色，勤于国事，而且"雄谋有断"，大概就是雄才大略的意思吧。不过，费了那么大劲，在皇位上他却只坐了还不到一年半就死掉了，而且死得特别莫名其妙。从史料中判断，高演的死与他杀死高殷有不小的关系。

当了皇帝之后，高演到大本营晋阳巡视，他的弟弟高湛留在邺城。有个算命大师告诉高演，说是邺城有天子气。高演害怕高殷复辟，就派人给高殷送去了一杯毒酒。高殷坚决不喝，结果被高演派去的人活活掐死了。

奇怪的事情就此开始。起初，高演时常心神恍惚；随后，就大白天见鬼，看见高洋带着杨愔、燕子献等被他杀死的大臣们在宫殿里来来往往，还狠狠地瞪着他说，一定会报仇。吓得他魂不附体，接连举行各种敬神驱鬼的法事，佛教的、道教的、萨满的，焚香烧火泼洒热油跳大神，凡是能想出来的办法都做过了，而那些鬼魂却出现得越来越频繁，还坐在宫殿的雕梁画栋上嘲讽他，对着他挤眉弄眼吐舌做鬼脸，没完没了。偏偏太史又来添乱，报告说，天空出现日蚀，天狗吃太阳，乃大凶之象。高演遵照大师们的建议，带领大军“讲武以厌之”，刀砍枪刺张弓搭箭，以为“厌胜”。不料，行军途中，一只受惊的野兔窜到高演的马下，马受惊跳起，将高演掀翻在地，肋骨骨折，可能折断的肋骨感染或刺伤了其他脏器，高演很快就进入弥留状态。

临死前，高演几乎一直都在向四方下跪、叩头、作揖、哀求，似乎被包围在愤怒声讨的鬼神之间。其间，他亲笔写下遗嘱，曰：“宜将吾妻子置一好处，勿学前人也。”

娄昭君来看儿子，想起很久没有见到孙子高殷，问他：“济南王在哪儿？怎么样了？”高演闭目不答。娄昭君连问几次，高演一直不说话。老太太明白了，发狠说：“你把那孩子杀了？不听我的话，你活该！”说完，老太太拂袖而去。高演死时只有二十七岁。

高演死后，遗诏命他的同父同母弟弟高湛继位为帝。

高演是高欢的第六子，高湛是第九子，和老大高澄、老二高洋一样，同是娄昭君所生。从史书上看，高湛是一个仪表堂堂的美男子，也是一个地地道道的坏蛋坯子。

其实，高演还没死时，高湛已经准备发动政变夺权了，只是一个算命的告诉他时机宜静不宜动，他才没有动手。高湛的皇帝生涯基本可以用乏善可陈来盖棺论定。史料中那些能够给人留下印象的事迹，大多和此人的虐杀狂行为有关。

做了皇帝后不久，高湛来到二嫂——高洋的寡妻李皇后的住处，一进门，他就脱光衣服，李氏挣扎不从，高湛说，你要是不老老实实听话，我马上杀了你儿子。就这样，久而久之，李氏怀孕了。有一天，李氏的儿子、太原王高绍德来看望母亲，李氏不想让儿子看到自己怀孕的样子，托词不见。高绍德只有十五岁，正处在青春叛逆期，就在院子里喊："母后，我知道你怀孕了，你是因为这个不见我的吧？"极度焦虑恐惧之下，李氏流产了。高湛闻讯立即赶到，一看死去的女婴，大吼道："你杀我女儿，我杀你儿子！"他命令卫士们将高绍德按住，当着李氏的面，用铁刀把猛击高绍德后脑，直到把他打死。李氏大哭，高湛亲手扒光李氏的衣服，拳打脚踢，李氏痛得满地翻滚，昏死过去。高湛命令将她装进绢囊中扔进护城河，几乎淹死。被救后，李氏出家为尼。

高演活着时，曾经立自己的儿子高百年为太子。临死时，他很清楚，有高湛在，高百年的皇位肯定坐不长，还会不得好死。再加上娄昭君可能希望自己生的所有儿子都能做一回皇帝，老太太自己也就成了万年的皇太后。于是，高演索性在遗诏中，直接让高湛继位，可能是希望以此保全高百年。

高湛做皇帝后，高百年成为乐陵王，有一个叫贾德胄的儒生教他书法。和中国历史上许多伪善儒生的做派一样，贾德胄故意不告诉高百年，"敕"字是皇帝专用的，只有皇帝才可以书写。那孩子在练习书法时，自然就描写了几个敕字。贾德胄藏起这几个字，到高湛那儿告密。高湛遂召高百年进宫。

高百年只有十四岁，很害怕，他和自己的小王妃斛律氏感情很好，好像有预感似的，临走时解下佩戴的玉玦递给斛律氏。入宫后，高湛沉着脸，命高百年写几个敕字，然后一一比对，自然一模一样。高湛立命武士痛打，打得高百年口吐鲜血倒在地上。高湛让武士抓着高百年的头发在地上拖着走，后面跟着武士用大棒边走边打，经过之处血流遍地。高百年惨叫着哀求："阿叔饶命，我愿意给您做奴仆。"高湛走过去，亲手拿刀刺进侄子的心脏，然后，一脚将他踢进池塘，“池水皆赤”。最后，担心那孩子没死，高湛亲自监督把他深埋土中。斛律氏小王妃是当时最重要的军事将领斛律光的女儿，听说丈夫死讯后，手握丈夫留下的玉玦哀哭不已，再也不肯吃饭，最后，手握玉玦而死。

公元五六九年年初，做了三年多皇帝、四年多太上皇的高湛病死，年三十二岁。至此，北齐的历史快速进入齐后主高纬的亡国春秋。

高纬十岁时就即位做了皇帝。当时，天上出现彗星，太史报告说是除旧布新之象，“当易主”，他的父亲高湛已经把前太子高百年杀死，为了上应天象，高湛自己退位做太上皇，让高纬继承了皇位。四年后，高湛死时，高纬还不满十四岁。

史书形容高纬的相貌时，说他面容俊秀娟好，像个漂亮女孩儿一样娟秀。而且好学，喜欢读书，因而很小时就颇受好评。他精通音律，会作曲，酷爱琵琶，曾经谱写过一首曲子，名曰《无愁》，常常自弹自唱，并命数百人歌舞唱和，被时人称之为“无愁天子”，可见文化素养和音乐造诣都还不错。可惜，长相是否漂亮、文化素养高低和一个人是不是好人几乎没有关系。古今中外长得漂亮又有文化的坏蛋数不胜数，高纬不但可以名列其中，而且，名次可能还可以相当靠前。

高纬有一个同父异母哥哥，名叫高绰，封南阳王，外放为定州刺史，治下在今日河北省定州一带。作为地方最高长官，这个高绰坏到了令人无法置信的程度：有一次，在路上看到一位青年妇女，怀里抱着个婴儿，他命令左右夺下婴儿喂自己的波斯狗吃。妇女大哭，他又命将婴儿血涂在妇女身上，让恶犬将妇女活活咬死吃掉。作为皇帝的哥哥，司法部门无法处置，只好将高绰送到高纬这儿“御审”。

高纬是怎么“御审”的呢？

皇帝问高绰："你在外面最好玩儿的事情是什么？"

高绰回答："在大浴缸里多放蝎子，然后把人脱光扔进去，好玩儿极了。"

皇帝立刻命令左右照办。二人看得欢呼不已。高纬无限感慨，说："如此赏心乐事，你怎么不早点用快马加急报告给我？"（《北齐书》卷十二，南阳王绰传）随后，拜高绰为大将军，二人朝夕相处，游玩不已。

高纬有一个同父同母弟弟高俨，据说性情威猛，曾经多次对高湛说："我哥哥性情如此懦弱，今后怎么统御得了臣下？"搞得高湛曾经一度想要废黜高纬。高俨很讨厌高纬身边的佞臣和士开，看到和士开大兴土木修建宅邸，这小子冷冷地丢下一句："等不到大宅子修好，你可能就玩儿完了。"后来，他果然把和士开骗到御史台杀掉了，并差点儿发动兵变，夺了哥哥的皇位。事后，他们哥儿俩的妈妈胡太后害怕高纬杀死弟弟，把高俨收到自己的宫里保护起来，所有吃喝都要自己先尝过，再让儿子吃。几个月后，太后稍一松懈，高纬就以早起打猎的名义，把高俨骗出来，用衣服袖子堵住嘴巴，弄出去杀掉了。高俨死时只有十四岁，他的四个遗腹子无一幸存。

应该说，北齐亡国的必要条件与充分条件并不都是在高纬手中造就的，就像我们在过去的岁月中不停看到的那样：在他的爷爷高欢时代就埋下了不祥的伏笔，在他的叔叔大爷们和父亲手上，衰败不断加深、日益深重，而在高纬这里，则完成了令国家崩溃的全部准备工作并最终实现了亡国的整个过程。其中，置人民的苦难于全然不顾，只是这场悲喜大剧的基本格调，杀死斛律光和高长恭则是其主题乐章的反复呈现，而在这社稷崩盘、国破家亡的宏大交响中，出现了一段缠绵悱恻却又高亢入云的怪异和声——高纬与冯小怜的爱情，毫无疑问成为整个大崩溃中最为奇特的华彩乐章。

按照官修正史上的记载，高纬的性格极度内向，在外人面前特别羞涩，几乎不和身边之外的人交谈。大臣们只要多看他一眼，立时就会招惹得他满面愤愤之色，于是，就连宰相级别的重臣在他面前也不敢抬头看他，更不敢长篇大论地谈论国事。遇到急难问题，他便只会呵呵干哭。因此，他只能依靠身边最为亲近的人处理军国事宜。陆令萱是他的奶妈，被拜为侍中、太姬，成为他最重要的国务顾问，在中国历史上，可能是女性担任这一职位的唯一事例。奶妈的儿子穆提婆自然也成为军国事务的参与者、决策者和执行者。母子二人势倾朝野，一时间，官以财进，狱以贿成，竟然成了通行整个国家的最重要的显规则。当时，皇帝身边类似的亲近人士有七八位，他们在协助皇帝处理各地各级政府部门的文书报告时，经常只批注一个“依”字，连名字都不签，事后出了问题，根本无法追查到底是什么人的责任。史家形容说，乱政扰民，书不胜书。

处理军国事务时一派混沌，在让自己快活开心时却毫不含糊。据说高纬是个虔诚的佛教徒，曾经在晋阳也就是今日山西太原西南部一带的西山依山开凿石佛，昼夜不停，仅仅每天晚上照明用的油就需要万盆上下，为他心爱的胡昭仪兴建大慈寺，后来改称大宝林寺，仅仅运石填泉一项就用了一亿人工。史书记载说，国内任何地方发生任何灾难时，皇帝都很虔诚地在佛堂寺庙里求神拜佛，或召来巫师僧侣为国家祈祷禳灾，而绝不采取任何赈济或者救灾措施。

他喜欢大兴土木，修建各种亭台楼阁，譬如身处乱世，修造一座偃武修文台之类，你无法说他是出于邪恶的动机——“偃武修文”，乃是一个真正美好的理想。可是，修造各种辉煌壮丽的殿堂，刚刚建好，一个地方不满意，就立刻下令推倒重建，而且，不止一处两处，不止一次两次，这就让人无法不觉得邪恶了。在他的后宫里，有资格使用价值万匹绢帛的一条裙子和价值千金的梳妆镜台的姬妾宫女有五百多位，这些女士相当傲慢，喜欢互相攀比，经常是白天刚刚安装使用，晚上就要毁掉重做，原因仅仅是其他人的为什么更好？为了给当时很受宠的穆皇后缝制一条连珠裙，高纬派人携带上等锦彩三万匹去北周购买珍珠。根据肯定不够精确的估算，这些锦彩足够三万个普通家庭生活一年。

这种生活并不能令皇帝完全满意，他就在皇家园林华林园里修建了一个穷困村庄，皇帝本人穿着乞丐的破衣烂衫，披头散发地装扮成叫花子，沿街行乞，在无上皇权和至为低贱之间，体味着人生的无穷乐趣。有时，他会化装成商贾小贩或者市井小民，穿梭在买卖之间讨价还价的喜悦之中。皇帝最为恐怖的游戏，是要求左右穿上黑衣拿着木剑化装成强盗或是外族入侵者，皇帝则真刀真枪真弓箭地追杀强盗或抵抗侵略，在对方的连连惨叫中，皇帝对自己的天纵神勇想必会有极为深切的体验。

高纬还有一个极富创意的治国方略：他将全国行政区域划分成若干片，分别赏赐给自己身边那些亲近人士，他们可以将各自区域里的各级各类官职按质论价出售，使得帝国辽阔疆域内的几乎所有官职都可以真金白银地现场交易，所有成交的官位都由皇帝亲自颁发圣旨除授。于是，卖者立成巨富，买者势必要收回成本并有盈利。搜刮地皮因此成了帝国官场最为热火朝天的景象，不在同一只羊身上剥下几张羊皮来，算是官儿当得太窝囊太没劲了。

皇帝手面极大极阔，只要能够让皇帝开心，不但财源滚滚，还会官运亨通。有很多宠臣宠妾承受着皇帝的阳光雨露，此外，有很多胡人、艺人、商人、歌舞伎、杂户、宫内外仆役，等等，据说有一万多人被皇帝封官晋爵，光是封王、成为异姓王爷的就有一百多人。除了宠人之外，皇帝还有很多宠物，他的阿猫阿狗鹰隼马鸡等等也受封了崇高的爵位或者封号，比如：赤彪仪同、逍遥郡君。这可不是仅仅说说而已，这些畜生们每一个都是要真金白银地享受着与级别相等的俸禄、待遇，并有专门的一个或数个奴仆侍候着。

除了皇帝和他身边的同志们之外，这种充满抒情狂想气息的浪漫政治生活，并不是在所有人那儿都会受到欢迎。为了保证这种生活能够千秋万代地永远过下去，对此形成障碍的那些人，就必须死。这些人的代表人物是斛律光和高长恭。

斛律光，字明月，是当时北齐威望最高、最能征善战的军事将领。他的父亲是斛律金，曾经在战场上救过高欢的命，并在高欢与全军最沮丧时，用鲜卑语高唱“敕勒川，阴山下”，在几乎崩溃的边缘拯救了北齐军队。因此，高欢与斛律金互通婚姻，发誓要结为百年之好，并一再叮嘱自己的儿子：你们身边用了很多汉人，如果有人跟你们说斛律金的坏话，你们不要相信（《北齐书》卷十七、《北史》卷五十四，斛律金传）。这表明，那个时代的汉人，就已经因为喜欢背后阴柔整人而恶名昭著了。斛律金一家出过一个皇后、两个太子妃，娶过高欢家的三个公主。从父亲斛律金到儿子斛律光兄弟们，几乎全部手握重兵重权，却对高欢及其家族的事业忠心耿耿，在多次恶战中出生入死，战绩辉煌。因此，斛律光被北周方面看作名列第一位的劲敌，而他的弟弟斛律羡则是令突厥人闻风丧胆的第一号战将。当年，高洋死后，高演和高湛发动政变，将杨愔等一大批汉族贤臣、能臣杀死，就曾经得到过斛律金的全力支持；高湛死后，高俨发动兵变，就是因为没有得到斛律光的支持而流产。或者，换句话说也可以成立——如果没有斛律光的支持，高纬很有可能不但会在他弟弟手中丢掉皇位，也会连同脑袋一起丢掉，就和他割掉了弟弟的脑袋一样。

令人完全无法想象的是，在斛律金寿终正寝后，仅仅过了五年时间，这样一个家庭就灰飞烟灭，被高纬杀得几乎一个不剩。帝国政治绞肉机般的冷酷无情，真是让人不寒而栗，让人欲说还休，却又欲罢不能。

一般说来，凭借真本事安身立命的人，或者说凭真刀真枪建功立业的人，从心里不大会看得起那些凭借裙带或父辈恩荫而得意、得志从而趾高气扬的人，更不要说靠溜须拍马而出人头地的了。他们会把这些人归入小人之列，与他们保持着距离，其实，是在保持自己的光荣、尊严与荣誉。

斛律金不识字，是个文盲，他本来叫斛律敦，做了大官后时常要签字，他觉得敦字太难写，觉得发音相近的金字还容易一些，于是，改名斛律金，据说，他签的金字，就和一堆枪戟横七竖八戳在那儿似的。他对荣誉与地位之类看得很透，经常告诫自己的儿子斛律光们："我虽然不读书，却知道古往今来像梁冀这样的外戚没有好下场的。女儿在皇帝那儿有宠，其他所有权贵都要妒忌，女儿要是无宠，皇帝又要嫌你讨厌。所以，我们家不指望那些，我们就靠战场立功和忠心耿耿来换富贵，岂可依赖女色呢！"（《北齐书》卷十七、《北史》卷五十四，斛律金传）应该说，斛律家族是这么说的，也是这么做的，他们确实得到了几乎是一人之下万人之上的大富贵。

然而，有一件事情他们没有看透，那就是，帝国政治的逆淘汰机制与效应。这种逆淘汰机制与制度有关，与人性有关，与儒家意识形态有关。在这种机制之下，真刀真枪真本事常常只在特定的情境下才对拥有者具有正面效用，更多的时候，当这种素质令其他人、上司，特别是帝王感受到不快或威胁时，其负面效应就变得对拥有者具有绝大杀伤力。中国历史上与政治相关的悲剧绝大多数都围绕着此类人物或事件展开，从知名度最大的岳飞开始，类似悲剧几乎多至数不胜数。

另一方面，那些凭借裙带关系、父辈恩荫乃至真正靠溜须拍马青云直上的人们，肯定有他们自己对权力、地位、财富、荣誉及其获得方式等方面的特殊理解，他们也肯定有一千条一万条理由，捍卫自己已经得到的一切，并且，但凡有可能就争取得到更多。更重要的是，当时的制度、社会文化与儒家意识形态，在事实上是支持他们的。于是，在有限的资源和近乎无限的欲望面前，用不同方式获得富贵的人群之间，就成了天然的竞争者和不共戴天的敌人。一个不言而喻的实际情况是，当斛律光一言九鼎，帮助高纬挫败了高俨的兵变时，在高纬的心目中，皇位的最大威胁者可能已经不是高俨，而是斛律光了。假如，他还在经意或者不经意之中，冷淡怠慢了皇帝身边的另一部分亲密人士时，他的命运如何，不需要多么智慧的眼光就可以一目了然了。

乌云从两个截然不同的方向，聚集到了斛律光及其家族的头上。

前面说过，斛律光曾经在多次恶战中挫败过北周军队，是北周眼中的头号劲敌。除掉斛律光应该是北周方面渴望而不可得的战略性目标。为此，北周大将韦孝宽精心设计了一条反间计，派人在北齐京城里传唱两首谶谣，其一曰：

百升飞上天，明月照长安。

其二曰：

高山不摧自崩，槲木不扶自举。

百升者，斛也；明月者，斛律光的字也。后一首中的高，显然指的是高家皇室，“槲”“斛”同音，暗喻斛律光。两首新鲜的歌谣在北齐京城到处传唱，一时间竟成了少男少女们的流行歌曲。这时，高纬身边一位极富传奇色彩的亲密人士出场了。

此人名叫祖珽，是一位少年时就有极大名气的神童式人物，长大后极度聪明，多才多艺，无论文笔、口才还是脑筋机智灵活均属当世超一流，更兼能歌善舞，鲜卑人最喜欢的琵琶能弹奏到专业高手的程度，在多种语言特别是鲜卑语的使用上达到了信达雅的高度，而且自己作词作曲，经常创作出爆红一时的流行歌曲乐曲，时时站在潮头，引领社会时尚的流行。因此，这厮从高欢时代起，就极受皇家豪族们欢迎，曾经身居过宰相高位。无奈，这位极为罕见的天才人物却同时也坑蒙拐骗偷无所不为。皇宫中、大臣家、名士高会，许多祖珽大驾莅临的场合，他老人家都留下了富有创意的坑蒙拐骗偷事例，偷得皇帝和他见面时干脆直接用“老贼”这个称呼和他打招呼。

这几首童谣唱遍京华时，祖珽自然充分关注并予以创造性发挥。在此之前，因为坑蒙拐骗偷被抓住现行，祖珽被前一任皇帝臭打一顿发配到外地，结果，恨他的官吏们上下联手，用一种植物熏瞎了他的眼睛。新皇帝高纬坐稳帝位后，想起这老东西曾经帮过自己，遂下令把他召回京城，陆令萱、穆提婆等人觉得他经常闪现的奇思妙想有益无害，大家一拍即合，发现彼此原来是同志和战友，于是，共同成为皇帝身边的亲密同事。如今，祖珽发挥文学天才，在第二首童谣后面，狗尾续貂又加了两句，曰：“盲老公背受大斧，饶舌老母不得语。”然后，让自己的大舅哥郑道覆抄下来，上奏给了皇帝。

高纬一看，十分紧张，将这帮家伙召来查询。祖珽自然将自己和陆令萱解释为为国分忧而遭受迫害，将斛律光家族在国内外所享有的崇高威望，分析得丝丝入扣，令皇帝无法不怒从心头起，恶向胆边生。祖珽知道高纬生性怯懦，可能不敢诛杀如此军国重臣，就给皇帝出主意说："赏给斛律光一匹好马，让他和皇帝一起出去游猎，他一定会进宫谢恩。只要他进了宫门，就由不得他了。"（以上事见《北齐书》卷三十九、《北史》卷四十九，祖珽传）果然，斛律光来到凉风堂谢恩，高纬的卫士刘桃枝从后猛击斛律光后脑，斛律光不倒，回头说："桃枝总是干这种事！放心，我死也不会干对不起国家的事情。"于是，刘桃枝和三个大力士用弓弦将斛律光活活勒死。斛律光的三个儿子、斛律光的弟弟——突厥人敬而畏之称之为南可汗的斛律羡及其五个儿子均被高纬派人杀死，斛律光的女儿、高纬的妻子斛律皇后被废为庶人，曾经烈火烹油般的斛律家族就此烟消云散。

北周武帝宇文邕听说斛律光被杀死，大喜，立即宣布大赦天下，以示庆祝。

另外一个与斛律光同样级别的勇猛战将是高长恭，也被高纬干掉了。历史上，兰陵王的故事多有流传。高长恭就是兰陵王，他的名气，不论在当时还是在后世，可能比斛律光要大得多。

高长恭是高纬的大伯高澄的第四个儿子，是高纬的叔伯兄弟，封兰陵王。按照史书上的说法，兰陵王高长恭"美丽如纤洁女子"，同时，又是一个极为勇猛的战将。如女子般白嫩标致的美丽容貌，很难在战场上令敌人畏惧，也很难号令如山让部下敬畏信服。因此，兰陵王高长恭每临战阵，必定戴上一个狰狞的金属面具，并每每身先士卒深入敌阵冲杀，极为勇猛。为此，每逢大战，只要那青铜面具出现在阵前，便常常能够起到鼓舞士气摧破敌胆的效果。

平素，此人爱兵如子，真正与士兵们同甘共苦，在军中，一有美食美酒，哪怕是一个瓜果，也一定和身边士兵分享。有一个流传很广的故事：据说，有一次，经过长时间鏖战后，大家又饥又渴。激战间隙，高长恭的卫士拿出一个甜瓜递给高长恭。高长恭咬了一口后，递回给卫士，让大家一人一口分着吃掉，结果一圈转回来，每个人都只是在高长恭咬过的边上加上了一个牙印。高长恭拔出护手刀，把甜瓜切碎，再分回给大家。可以想见那些士兵吃下那一小块甜瓜时的心情。北周武帝宇文邕曾经在出征时，把自己脚上的靴子脱下来给一个赤脚的士兵穿上，这样的故事一定会广为流传，做出这样事情的人也一定会深受将士们爱戴。这种事情，只有深具大格局、大情怀、大智慧的人才有可能做得出来。

公元五六四年，北周和突厥联军压境，当时高纬的父亲高湛还活着，兰陵王高长恭和斛律光一起，受命参与了邙山之战，在双方反复拉锯战况胶着的危急时刻，高长恭不顾死活，带领五百骑深入敌阵，迅速扭转战局，反败为胜，威名大振。此后，北齐的军人武士中传唱一首歌，歌名叫《兰陵王入阵曲》，很像初唐时期歌咏李世民的《秦王破阵乐》。一时间，成了当时的流行歌曲。

高纬继位为帝后，有一次和高长恭聊天，高纬问他："打仗时，你不管不顾深入敌阵，要是万一失利的话，后悔不是来不及了吗？"高长恭回答："家事亲切，不知不觉就冲进去了。"家天下时代，高长恭显然是把国事当成自己的事来担当了，在高纬面前也显得很亲切，一家人不见外。其实，这种政治文化传统中，只有等级，只有上下尊卑，只有主子和奴才，全无人格人性人文情怀的容身之地，是故，权势者最讨厌这种不见外，他们最不能容忍的就是别人和自己一样，齐大非偶、尾大不掉、功高震主之类政治算计均属此类——你把国事当成家事来做了，那，我算什么？

有资料显示，和王翦出师伐楚时在秦王嬴政面前自污、楚汉相争时萧何在刘邦面前自污一样，豪爽大气且大名鼎鼎的兰陵王很快开始贪污受贿、聚敛财富，故意毁坏、弄脏自己的名声，酒色财气无所不为，拼命糟蹋自己的身体，希望生病，以便不再领兵出征，真的生病之后，不看医生不吃药，在家等死，以免给家人带来横祸。

终于，皇帝给兰陵王送来了一碗毒药。兰陵王端着药碗叹息："我对皇帝忠心耿耿，怎么就要被毒死呢？"郑氏王妃哭着求他去见见皇帝，告诉皇帝自己的忠心。兰陵王长叹一声："天颜哪里是想见就能见的？"遂仰药而死。

此事发生在公元五七三年，距离北齐亡国还有不到四年时间，距离亡国之君高纬被以谋反罪赐死还有不到五年时间。不过，对于高纬来说，这四年多的帝王生活真的很值得——富贵温柔风光旖旎，充满了桃红色的浪漫气息。这种旖旎风光和浪漫气息来自皇帝和淑妃冯小怜非同凡响的爱情生活。

高纬有过三位皇后，斛律皇后、胡皇后和穆邪利皇后。斛律皇后是斛律光的女儿，随着斛律家族灰飞烟灭而被废黜；胡皇后是高纬母亲胡太后的亲戚，因为触犯胡太后被废黜；穆邪利皇后原本是斛律皇后的侍女，名叫轻霄，曾经深受高纬宠爱，立为皇后。高纬曾用三万匹锦彩购买珍珠，就是要为穆邪利皇后制作珍珠裙。侍女出身的穆皇后，万千宠爱集于一身的穆皇后，统领后宫母仪天下的穆皇后，可能无论如何也想不到，自己的侍女冯小怜会从自己这儿夺走皇帝的几乎全部宠爱。

按照史书的记载，冯小怜貌美如花，聪明慧黠，特别善解人意，更兼能歌善舞，琵琶弹奏水平不低，可能达到了专业段位。鲜卑人最喜爱的乐器是琵琶，《颜氏家训》的作者颜之推曾经记载：当时，懂鲜卑语，会弹琵琶，是想在北齐混出世面的两项最重要技能。皇帝高纬精通音律，更兼酷爱琵琶。这、这、这岂不就是气数？

高纬冯小怜金风玉露一相逢，便胜却人间无数，从此，二人出则并马，入则同席，海誓山盟，再也无法分离。小怜被封为淑妃，应该是当时皇帝后宫一皇后三夫人二十七世妇八十一姬妾制度中的三夫人之一，离皇后只有一步之遥。高纬一再发誓，今生今世愿与小怜同生同死，并且今后一定要册封小怜为皇后。不管怎样，高纬没有食言。此是后话。

公元五七六年，在实力对比上长期处于下风的北周，以往冬季来临时，每年要靠开凿河面冰凌堆到岸边，来防范北齐的进攻。如今，在北齐历代帝王特别是高湛高纬父子的长期经营下，双方攻守易位，实力对比已经完全逆转。进入当年十月，周武帝宇文邕亲率大军进攻北齐的晋州，其治下在平阳，即今日山西临汾西南一带，意图建立进攻晋阳的前进基地。这是一个具有重大战略意义的军事行动。

几乎在北周大军出动的同时，高纬也率领大军正向距离晋阳一百七十里的天池进发，目的是在那儿举行盛大的皇家围猎。深秋初冬，猎物正肥。皇家围猎，确确实实有训练军队协同作战的目的在，也实实在在有寻求刺激制造欢乐的因素在。历史上众多酷爱狩猎的皇帝，留下了无数奇闻逸事和更多人民苦难的记录，就很难说是出于前一种目的了，就如我们眼前看到的高纬一样。

本来，几天前，他们已经在这儿玩儿过了，不过意犹未尽，于是，就在平阳被北周大军团团围攻之际，他们又一次返回这儿围猎。当天，平阳的告急信使三次来到皇帝身边，均被皇帝的亲近重臣痛斥："天子正在作乐，边境小小兵马寻常小事，干什么如此急三火四？"（《北史》卷九十二，高阿那肱传）傍晚，围猎结束，晋州急使又到，报告平阳失陷。这回，没有人敢拦着了。第二天一早，高纬准备驰援平阳，不料，冯小怜还没玩儿够，请皇帝能够再杀一围（《北史》卷十四，冯淑妃传）。高纬欣然同意，专门为小怜组织了一次围猎，尽兴后，方才回到晋阳西南部的晋祠，组织反击北周。唐人李商隐感叹道：

巧笑知堪敌万几，倾城最在著戎衣。
晋阳已陷休回顾，更请君王猎一围。

随后，双方围绕着平阳城激烈攻守，如今北周变成防守一方。北齐军队挖地道将城墙挖垮了十余丈长，正准备顺豁口冲进城时，突然传来皇帝的敕令，高纬命令暂停进攻，让人立即去皇帝御帐，请冯淑妃来第一线，观看自己指挥攻破城池的风采。使者来到御帐，敦请淑妃移步。殊不知，家庭主妇出行菜市场，没有个把小时更衣化妆，尚且很难走出家门。皇妃出现在众人面前，那是何等大事！如何服饰？如何装扮？如何仪仗？是有一整套礼仪制度的。淑妃需要依照皇家仪典一一修饰配套，然后，仪态万方地出现在众人面前。

不过，北周军队没有恭候淑妃莅临，他们早就在垮塌的城墙上树立起一排排木桩栅栏，强弓劲弩躲在后面，北齐大军已经没有可能从那儿攻进城里去了。

据说，平阳城的石头上留有圣人遗迹，只有有福之人才能看到。冯淑妃冯小怜福星高照，哪里可能听不到这个传说？又如何能够让她放弃验证自己齐天洪福的机会？于是，高纬下令，在弓弩射不到的地方，集中攻城器械搭建了一个天桥，并调回精锐的攻城部队警戒四围，然后，摆好仪仗，皇帝陪着亲爱的淑妃，在大批随从的簇拥下，登上天桥，观赏圣人遗迹。谁知，圣人遗迹没有看到，天桥却被众多观赏者压塌，攻城器械毁坏大半。

当时，北周主力部队已经随生病的宇文邕撤军，平阳城里只有一万守军，在北齐十万大军近一个月的猛烈攻击下，几度摇摇欲坠，如今，终于守住了。随后，返回长安仅仅三天的宇文邕又率大军星夜来援，他们进到平阳城里时，守城将士哭成一片，守城主将摸着皇帝的胡须大哭：“臣差一点就见不到皇帝了！”

在高纬这种充满柔情蜜意的前敌统帅下，随后进行的平阳大会战便应该很难有什么乐观的悬念了。大战开始后，一个和皇帝爱妃有关的细节再一次进入了史家的视野：在北周军队的攻击下，北齐军东翼将领调整阵势，重心后移。跟着皇帝观战的冯小怜犯了战场大忌，失声惊叫：“军败矣！”皇帝宠臣穆提婆随即高喊：“皇上快走，皇上快走！”

高纬立即拥着小怜打马便走。懂得军事的大臣和将领拦住皇帝，苦苦相劝，告诉他，两军刚刚相遇，远远未到谈论胜负的时候，此刻皇上万万走不得，否则，将会导致全军崩溃。

穆提婆说：“这话哪里可信？”（《北史》卷九十二，高阿那肱传）高纬遂绝尘而去。

果然，御营一动，军心亦动，将士哪里还有斗志？崩溃随即而来。

此后，便是一连串的逃跑。

从平阳逃回晋阳，历史上，太原城高大坚固，有名的易守难攻。高纬全无斗志，谁的劝谏都不听，带着小怜拔腿就跑。逃到邺城，这里是北齐的首都，尚有十几万军队，远未到谈论走还是留的时候。当时，大臣们为高纬起草了悲壮激昂的演讲稿，准备在全军誓师大会上发布。大家建议皇帝：哀兵必胜，请皇帝讲到动情处，最好痛哭失声，将士们一定会同仇敌忾，浴血奋战保卫家园。谁也没有想到的是，在悲壮肃穆的誓师大会现场，面对举国精英和十数万将士，高纬一句话也说不出来，突然自己“哈哈哈”笑起来。人们面面相觑，先是高纬身边的近臣们跟着皇帝笑起来，随后，人们纷纷笑起来，最后，大家大笑成一团，再也没人谈什么激昂慷慨了。是呀，皇帝都不急，我们急什么？

至此，北齐其实已经解体。

随后，北周军队还没有打来，高纬带着小怜再一次逃跑。据说，皇帝的马背上还驮着一袋子黄金，他准备逃过长江，到陈国去做个富家翁。途中，被北周军队追上，北齐皇帝高纬和他的左皇后冯小怜均被俘获。

在没完没了的逃跑和成为俘虏的晦暗岁月里，有两个亮点颇为耀眼。其一，逃到洪洞时，高纬想起对小怜的许诺，遂命令从人赶到晋阳，从宫中取来皇后服饰仪仗等等，隆重册封冯小怜为左皇后；其二，被俘后，北周皇帝宇文邕封高纬为温公，高纬对胜利者提出的唯一请求，是把小怜还给他。宇文邕说："我视天下如敝屣，哪里会在乎一个老娘儿们。"遂将小怜还给高纬。

半年后，有人举报高纬谋反——图谋复国，高纬、三十多个宗室亲王，连同北齐皇室一百多人，被一起处死。冯小怜被转赐给北周亲王代王宇文达。据说，这位代王平素不近女色，规行矩步目不斜视，是一位恪守儒家规范的标准正人君子。不料，见到小怜后，半生修为尽付流水，其恩情宠爱比之高纬毫不逊色。导致代王妃李氏几至痛不欲生。一次，小怜弹琵琶，琴弦崩断，小怜随即赋诗一首，诗曰：

虽蒙今日宠，犹忆昔时怜。
欲知心断绝，应看膝上弦。

显然，冯小怜对高纬思念不已。

杨坚建立隋朝后，大砍大杀北周宗室诸王。代王宇文达被杀后，冯小怜被杨坚赐给了宇文达王妃李氏的哥哥李珣。李珣让冯小怜穿着破衣烂衫舂米，不久，被李珣的母亲逼令自杀。

在后来的世代里，冯小怜成为中国文人骚客灵感的源泉之一，其中，以唐人李商隐的诗句最为有名：“小怜玉体横陈夜，已报周师入晋阳。”此后，冯小怜作为祸国殃民的红颜祸水备受唾弃，表现了一些政治精英与文化精英传统的无耻与猪一样的智商——他们不去反省自己创造出来的文化传统与政治制度，如何令二十四史中充斥着数不胜数的高纬一类的帝王，不去批判这种文化与制度对女性对人性的摧残，不去思考中国历史一次次轮回的深层原因和对民族社会的残酷后果，而是将猪狗一样的帝王造成的一切苦难，推到几位女性头上，然后奋勇鞭挞之：妲己、褒姒、冯小怜、杨玉环，等等。平心而论，这些政治与文化精英们真是令人作呕。

另外一个相映成趣的事情，是人们对唐明皇李隆基和杨贵妃爱情的赞美与讴歌。

想想看，一个七十岁的老男人，且不谈他晚年政治上的昏聩与残暴，导致了整个国家陷入水深火热之中，仅仅说他在乱兵面前，下令杀死自己三十八岁的爱人，全部目的只是为了保全老男人自己的性命，只是为了再苟延残喘几年。这样一个本应该备受憎恶的老男人，竟然受到了这个民族世世代代的歌颂和同情，而那位本来准备为爱人献出性命的杨玉环，反倒成了红颜祸水。想想看，这得弱智到什么程度、龌龊到什么程度，才会导致如此令人啼笑皆非的文化传统？

相比之下，反倒是高纬和冯小怜，似乎并不比李隆基更应该受到憎恶，虽然他们弄亡了自己的国家。

03

南朝烟雨——岁月不如歌

国人熟知的三国时代，结束于公元二八〇年。仅仅过了十几年，统一的太平日子便告结束——西晋皇室酿就的“八王之乱”，再次导致天下分崩离析。在长达十几年的阴谋背叛、大砍大杀中，司马皇族宗室司马睿仓皇南渡，于公元三一七年，在江南地区再建政权，这就是所谓三国两晋南北朝中的东晋。

曾经有一位东晋皇帝继位后，向学识渊博的朝廷重臣询问西晋司马皇朝的历史。那位重臣大约客观地讲述了司马懿和他的子孙们是如何建立大晋帝国的，讲述了“司马昭之心，路人皆知”的来龙去脉，讲述了《广陵散》成为绝响的前因后果。这位青年皇帝听得目瞪口呆，掩面大哭，曰：“如此阴毒惨狠，国运怎么可能长久？”

这位皇帝一语成谶。

此后，在中国南方，截止到公元五八九年，在不到三百年时间里，相继出现了东晋、宋、齐、梁、陈等五个短命王朝。东晋立国时间最长，却也只有一百零几年，最短的南齐只有二十几年。这些短命王朝几乎无一例外，差不多都是在阴谋、背叛与暴力中立国，在阴毒惨狠、全然不顾人民死活中亡国。

而北方地区则陷入长期的战乱攻伐之中，匈奴、鲜卑、羯、氐、羌先后席卷中原大地，建立了十六个更加短命的王朝，史称“五胡乱华”。整个中国进入有史以来至为黑暗时期。

公元三八六年，鲜卑人重建代国，公元三九八年正式定国号为“魏”，开启了北魏王朝，公元四三九年统一北方，立国时间约一百五十年。中国进入南北朝时期。随后，北魏分裂为东魏与西魏，并在极短时间内，相继演变为高欢家族为首的北齐与宇文泰为首的北周，中国进入陈、北齐与北周的新三国时代。

诚如我们已经看到的那样，到北周武帝宇文邕时，曾经是新三国时代最为强大的国家北齐，在几代帝王前赴后继的胡作非为下，迅速腐朽衰败，终致灰飞烟灭。而曾经最为弱小的北周，击灭北齐后，成长为北部中国的巨无霸。就此，南北中国之间曾经有过的危险平衡被完全打破。到公元五八一年，杨坚代周称帝，建立隋朝，隋唐大帝国已是呼之欲出。而在南部中国，“南朝四百八十寺，多少楼台烟雨中”，与励精图治的杨坚相对峙的陈叔宝，带领他的国家，在玉树后庭花的靡靡吟唱中，由楼台烟雨一步步走向风雨飘摇。其间消长，令即便千年之后的我们，仍然为之扼腕，为之叹息，为之长思。

从发生学的角度观察，东晋时期的门阀政治与春秋时代颇有几分神似，最有可能发育成为贵族共和，从而，为中国政治生活注入人的尊严、平衡与活力。可惜，帝王政治和儒家意识形态将这种可能性渐次扼杀，“普天之下，莫非王土；率土之滨，莫非王臣”的观念，已经成为人们血肉骨髓的组成部分，形成一家独大赢者通吃、只要自己活不让别人活的政治生态。我们知道，在古代汉语中，臣、妾、奴、仆是意义相等的同义词，因此，只有皇帝一人是人，其余普天之下皆为奴仆，成为坚不可摧的政治信条与文化传统。

正是因为这个原因，为了争夺那个称孤道寡“余一人”之位，东晋门阀政治从“王与马共天下”，逐渐上演了一系列兵变与权斗，阴谋、背叛、残杀、暴力几至成为国家政治生活的常态，令已经呈现萌芽状态、极有可能破土而出的贵族共和变成镜中花水中月，变成令人忧伤的悠长缠绵之空谷回声。整个国家在屠刀面前战栗，重新匍匐到了集阴谋与暴力之大全的帝王宝座之下。

于是，人民像渴盼阳光雨露一样，翘首期待着帝王父亲般的仁慈、公正与睿智；国家的一切生机与活力，都只能寄希望于天子陛下的英明神武雄才大略。就如后世王安石所言，富国强兵人民安乐，端在陛下一振作之间尔。

殊不知，这种政治信条和文化传统，恰恰为那些禽兽不如的帝、王、将、相们鱼肉人民作威作福，开辟了无限广阔的康庄大道。原因非常简单，那就是千百年来被儒家意识形态刻意回避或屏蔽了的对人与人性的探究和认识，在君权神授、天人合一、生死有命富贵在天等一系列垃圾教条下，一个基本的事实被有意无意地忽略了：人性是靠不住的，是需要制约与平衡的；当一个国家将所有社会资源刚性的、制度性的几乎全部倾斜到帝王一侧时，雄才大略便常常成了独夫民贼的同义词，他们播下去的龙种——哪怕是天资无比聪颖的龙种，都可能在这片土壤上，成长为一个硕大无朋冷酷嗜血的跳蚤。在这架天平上，人民变得轻飘飘的全无分量，仅仅具备了词语或口头上的力量，他们唯一的前途，就如待宰的羔羊，在被送进屠宰场之前，任由手持公权力者，在身上剥下不止一张羊皮。

一部二十四史，这样的事例数不胜数；而我们即将看到的南朝宋、齐、梁、陈短命史，则一遍又一遍雄辩论证着这个钢铁般坚硬的逻辑。

取东晋而代之以南朝宋的刘裕，是这个钢铁般逻辑的第一个论证者。

“斜阳草树，寻常巷陌，人道寄奴曾住。想当年，金戈铁马，气吞万里如虎。”一阕《京口北固亭怀古》，道出了辛弃疾对刘裕铁马金戈生涯与功业的赞叹。

刘裕出身寒门，字德舆，小字寄奴，彭城即今日江苏徐州人。据说他是汉高祖刘邦弟弟刘交的后代。不论真假，此人年少时游手好闲，不务正业，到处赌博饮酒蹭吃蹭喝，和刘邦确有一比。后来，成为南朝宋国开国之君，这些家徒四壁却“不事产业”的少年无赖行径，也和刘邦一样，成了胸怀大志雄才大略的光辉事迹。

史书记载说，刘裕身长七尺六寸，大约相当于今日一米九左右，在冷兵器时代，已经具备成为英雄或者恶霸的先天条件。更兼“风骨奇特”，似乎长相也有异于普通人之处。从现有史料中判断，此人投身军旅之后，一生金戈铁马，确实有气吞万里如虎的气概。

这种气概，需要从如下两个方面观察：

其一，此人确实能征善战，对交战双方的形势判断极有洞察力，常常能够取得出人意料的战果。北击后秦途中，面对强大的北魏军团，他摆下却月阵，以强弩射长枪，一箭贯穿三名北魏士卒，堪称惊世骇俗，从而以区区两千七百名步兵，大败三万北魏骑兵，令对方丢下一万多具阵亡将士遗体，全线溃败。

攻伐南燕时，南燕皇帝慕容超以唇亡齿寒之义，向后秦皇帝姚兴求援。姚兴派人威胁刘裕：若不退兵，将以十万铁骑击之。刘裕痛斥后秦来使：回去告诉你家姚兴，平燕之后，息兵三年，然后就轮到他了；若是今天想来送死，就尽管速来。随后，几经周折，姚兴到底没有与刘裕短兵相接。姚兴的使者仰天长叹：此乃天亡燕国！遂归降刘裕。

平孙恩卢循之乱、灭南燕、破后秦、打碎桓温家族后人桓玄的称帝迷梦，等等，大抵如斯。据说，刘裕一生征战，从未打过败仗，直到取东晋而代之。

因此，有人甚至认为，寄奴的文武事功远在阿瞒之上。这种评论是否允当，似乎可以见仁见智。不过，若是将曹孟德那些苍凉、深远、悲壮有如长江大海的诗作拿来比一比，若是考虑一下“设若无孤，不知几人称王几人称霸”的历史事实，若是看一看对中国历史的深远影响，刘裕与曹操显然不在一个量级上。他的思维层次，大约仅仅停留在市井厮混时对人性与社会心理的洞察上。譬如，卢循赠送给他一大篓“益智粽”，劝他补脑益智时，他回赠一大坛“续命汤”，为对方续上几口活气。这种市井式的小机灵，与他军事上横扫千军如卷席的气概确实反差不小，与他击灭后秦之后，放下大好战略态势和襟山带河的关中形胜，急急忙忙赶回江南去夺取东晋帝位的小家子气，却也正相匹配。可以理解的是，刘裕此时五十八岁。在人命如蚁的乱世，已是高龄长寿。然而，即便如此，也不能不说：寄奴一生败笔，端在于此。

观察刘裕气吞万里如虎气概的另一个侧面，则是此人对异己与政敌的无情杀戮。

刘毅是刘裕的同乡，曾经是一个战壕里的战友。桓玄称帝后，二人并肩作战，最终使桓玄家族烟消云散。在这场争斗中，人们普遍认为，刘毅起的作用还在刘裕之上。不幸的是，在后来的一场大战中，刘毅一败涂地，几至全军覆没；而刘裕则越战越勇，不论对内还是对外，都保持了不败记录。相对刘毅的灰头土脸，刘裕的声威越发如日中天。刘毅咽不下这口气，采用种种手段力图振作，终于触到了刘裕的逆鳞。于是，刘裕假皇帝之名，出兵讨伐刘毅。刘毅战败，只身逃走。后来发生的故事，很像以严刑峻法治理秦国的商鞅——出逃时，旅店老板不敢让没有介绍信的商鞅留宿，商鞅终于被五马分尸。剿灭桓玄时，刘毅严刑峻法，杀戮惨重。现在，他逃到一座寺庙前请求放他进去躲一躲。寺庙的方丈隔着庙门对他说：从前，我师父收留桓玄家族逃跑的人，结果，被刘毅将军下令杀死。如今，我们实在不敢收留陌生人。刘毅愣在那儿，半晌，叹息道："作法自毙，一至于此。"第二天，人们在寺庙旁的一棵树上，发现了自缢而死的刘毅。

如果说，刘毅之死还看不出刘裕的气概的话，诸葛长民之死应该足以表现刘裕的铁血心肠和手段了。

在桓玄一役中，诸葛长民也是刘裕的战友，也立下不小的功劳，被封为辅国将军。此人有才干，却骄奢淫逸，特别喜欢搜刮民脂民膏，名声不佳。为了保住富贵，他私下里联系同志，试图制衡刘裕，犯了刘裕的大忌。为此，刘裕做了许多假动作，用以麻痹诸葛长民。一次，刘裕出征返回，为了防备暗算，秘密潜回首都。第二天，得到消息的诸葛长民前来慰问。二人相谈甚欢，状至亲热。刘裕在密室中设宴招待诸葛长民。觥筹交错中，诸葛长民起身敬酒，身后一位卫士装扮的侍者猛然出手，将绳索套在诸葛长民的脖子上。刘裕含笑举杯，看着诸葛长民就在自己面前被活活勒死。

如果说，诸葛长民有其取死之道的话，东晋末代皇帝被刘裕杀死，则开创了中国历史上的恶例。此后，刘裕的子孙几乎无一善终，不能不说是开此恶例的报应。

当时，流传着一句谶谣，说是"昌明之后尚有二帝"。昌明指的是东晋孝武帝司马昌明，意思是，孝武帝之后，还会有两个皇帝。

实事求是地说，这位孝武帝司马昌明既算不上孝，也谈不上武，甚至说他是昏暴之君都夸大了他的能力。不论是历史还是现实，评价任何一个人，都需要观察其一生事迹，方才可以盖棺论定。唯独对于这位皇帝，这些麻烦统统可以省略，只看他是如何死的，就可以知道该人是多么不堪。

话说建康城内皇家深宫里，皇帝和他的宠妃张贵人，观赏着歌女舞姬们的轻歌曼舞，欢饮不辍。皇帝醉眼蒙眬兼色眼迷蒙，陷入了做皇帝以来时常出现的新常态之中。千不该万不该，他不该一边斜睨着那些曼妙的青春胴体，一边对张贵人说："你都三十了吧？照理说该给年轻美人们让让地方了。朕更喜欢妙龄女郎。"显然，这是个狗屎一样的"朕"。

张贵人相当殷勤，一杯一杯地给皇帝敬酒，而且还一杯一杯地招呼在场侍候的太监宫女们喝酒，直到所有人酩酊大醉。随后，张贵人让自己四位贴身宫女，把一床又一床锦被蒙在皇帝身上，四位宫女每人压住一个被角，张贵人则一屁股坐在了皇帝的头上。就这样，皇帝龙驭宾天——死了。

读者诸君需要知道的是，八公山上，风声鹤唳，淝水河畔，草木皆兵——名震天下的淝水之战，就发生在这位皇帝在位期间。由此，我们可以知道，上帝偶尔也喜欢恶作剧，比如，让一系列的错误聚合在一起，会使一个小丑成为举世瞩目的大英雄。对东晋孝武帝司马昌明的千秋功业，似乎可以作如是观。

天亮后，张贵人宣布，皇帝昨夜噩梦连连，"因魇暴崩"——做噩梦魇死了。随后，太子司马德宗继位，是为东晋安帝。

这是一位十五岁的智障儿。论智力，他还不如西晋惠帝。晋惠帝至少知道食肉糜可以饿不死人，东晋安帝不但口不能言，连寒暑饥饱都不知道，十分可怜。他的同胞弟弟司马德文从懂事时起，就一直陪伴在痴呆哥哥身边，陪他吃饭，陪他睡觉，陪他穿衣洗澡，甚至陪他上厕所。哥哥继位为帝之后，年仅十一岁、时为琅琊王的司马德文，每天扶着哥哥上朝，履行皇帝的职权。

转眼间，二十多年过去了，皇帝依然痴呆，弟弟已经是丰神俊朗的中年王爷，依然每天陪伴在哥哥身边。

岁月静好。

似乎一切都依然如故，似乎皇帝可以在懵懵懂懂中永远活下去。

然而，唯一不同的是，在此期间，刘裕从一个名不见经传的军人，成长为可以一手遮天的巨无霸。云舒云卷，人生苦短，他已经五十多岁，他等不了了。何况还有那句谶谣："昌明之后尚有二帝。"他必须做点儿什么。于是，密令一位副宰相级别的高官毒死皇帝。无奈，琅琊王几乎时时刻刻陪伴在哥哥左右，那位高官一直找不到下手的机会。

终于，公元四一九年年初，机会降临到了准备已久的人们身边——琅琊王司马德文病了，离开皇宫，回到自己的王府调治休养。出身于诗书礼仪世家大族的那位高官——中书侍郎王韶之，用衣带将东晋安帝缢死在皇宫东堂。随后，刘裕立皇帝的弟弟琅琊王司马德文为帝，是为东晋恭帝。

公元四二〇年三月，刘裕大宴文武百官，历数一生功业后，宣布月满则亏，自己准备光荣退休，终老林泉。众人一头雾水，不明所以。宴会结束后，已经走到半路的中书令傅亮返回刘裕的宋王府，二人之间简短对话如下：

傅亮："臣马上回都城。"

刘裕："需要多少人跟随？"

傅亮："不用，数十人即可。"

刘裕："好。"

回到建康后，傅亮将所有改朝换代事宜一一铺排，相当细致到位，然后，以皇帝的名义召刘裕入京辅政。当年六月，刘裕率大队人马进京。傅亮入宫，将写好的禅位诏书交给晋恭帝司马德文。

史书记载说：“帝欣然操笔，谓左右曰：‘桓玄之时，晋氏已无天下。今日推国予宋王，本所甘心！’”

看惯潮起潮落云舒云卷的司马德文，可能真的以为自己终于可以松口气了，因此可能也真的是欣然命笔，写下了那份朱红色的禅位诏书。毕竟，到那时为止，几乎所有后起雄豪夺去前朝江山时，都并不过分荼毒前朝帝王，有时，还会给予一定程度的礼遇，致使那位刘阿斗能够说出“此间乐，不思蜀”来。汉献帝、曹魏末代皇帝曹奂、东吴暴君孙皓都曾经得终天年。如今，自己欣然让位，从此挥挥手，退出江湖纷争，做个普通人，夫妇二人琴瑟相和，总比在那帮子蛮野武夫、帮闲文人的呼来喝去下，当那个徒有虚名的皇帝好吧，总不至于连日子都不让人过吧。

谁知，这位陪伴痴呆哥哥二十三年如一日的司马德文，还是低估了人性最深处的黑暗与残暴。

让国退位后，司马德文受封零陵王，徙居秣陵县，治下在今日南京市江宁区秣陵街道，于重兵禁锢下度日。昔日的皇帝与妻子褚皇后相濡以沫，吃斋念佛，每日夫妻二人自己动手烧菜做饭，恩爱而低调，全无卷土重来的念头和举动。一年后，褚皇后的两位同胞兄弟来看姐姐，他们把姐姐请到另外的房间，谈天说地，气氛热烈而欢快。三个士兵则翻过院墙，来到司马德文房里，将一杯毒酒放到他的面前。司马德文笃信佛教，说：“佛祖说，自杀者不能转世为人。”坚不肯饮。士兵们扯过被子，将他活活闷死。

西晋亡在弱智儿晋惠帝手上，东晋亡在痴呆儿晋安帝手上。我们可以心平气和地说，在一种政治文化传统之下，将国家命运交到这种孩子手里，已经是一件无比残忍的事情，再将他们一个一个杀死，以夺取权力，更让人想起来心境无比苍凉。而最令人无语的是，那些政治精英与文化精英居然自我感觉极好，从不认为这种扯淡的政治文化传统是需要刻骨铭心地予以反省的，他们虽九死而其犹未悔，历两千多年，在一条死胡同里，头撞南墙而绝不回头，导致这个国家一次次陷入惨烈的死循环中，却仍以为自己乃是天朝上国天之骄子！呜呼，尚飨！

刘裕建立南朝宋国，坐在龙椅上仅仅两年多一点，就龙驭上宾，死了。他死之后，他指定的后继皇帝刘义符和另一个儿子刘义真，均被他临终时托孤的重臣们杀死，改立他的第三子刘义隆继皇帝位。

谢天谢地，这位皇帝还不错，经历过惊涛骇浪，知道世事之艰难。虽然血雨腥风杀了不少人，包括那些拥立他的托孤重臣们和不少历史文化名人，但毕竟坐稳龙椅后，还在想着自己锦衣玉食已经很好，也该让扛着龙椅的百姓们能够稍稍喘口气了。于是，他力戒奢华、生活简朴，却下令豁免了所有人积欠国家的债务税务，大力劝学、兴农、招贤，提拔与使用人才。一时间，国家迅速繁荣昌盛起来。

最让中国人骄傲的祖冲之，就是在刘义隆的元嘉年间，计算出圆周率在 3.1415926 到 3.1415927 之间；

刘义隆的堂兄刘义庆，在此期间撰写了《世说新语》，至今读来，犹有余味；

“中间小谢又清发”的大诗人谢灵运，虽然后来被皇帝杀死，却也在此期间，穿着自己发明的登山鞋“谢公屐”，开创了山水诗的悠远意境；

范晔“长不满七尺，肥黑，秃眉须”，为人贪酒好色，而且不孝，被皇帝杀死前，只知搂着要被一同处死的姬妾痛哭流涕，是个标准的中年油腻男。他却也写出了不朽史学名作《后汉书》，不失为一代良史，至今惠泽后人；

鲍照，一代诗人，其《拟行路难》十八首广为传诵，李白都要不停吟咏，乃至仿效。杜甫《春日忆李白》诗中，夸李白诗“俊逸鲍参军”，比拟的就是此人；

最为中国人熟知的田园诗人之祖陶渊明，写下了“归去来兮，田园将芜胡不归”，一句“采菊东篱下，悠然见南山”，至今还被无聊文人和附庸风雅之辈挂在嘴边、壁上，以彰显自己爆棚的清高和兜不住的情怀；

…………

史书描绘道：元嘉年间，“民有所系，吏无苟得，家给人足”。意思是说，当时，少有所学、壮有所用、老有所养，无须送礼行贿，没有贪官污吏吃、拿、卡、要，人民丰衣足食、安居乐业。

宋文帝刘义隆在位三十年，南朝宋国已经成为当时天下最为清明、富庶的国度。不过，他的结局一点儿都不好，是被自己的儿子杀死的。

刘劭是宋文帝刘义隆与皇后所生，既是嫡子，又是长子，是皇位继承人的不二人选。据说，刘劭出生时，刘义隆去看他，帽子戴得好好的，却无缘无故掉下来，掉到了刘劭身边。我们知道，古人的帽子一般是用帽带系在下巴处，不容易脱落。刘义隆心里很不舒服。原来给这孩子起的名字是左边召右边刀，如今一看，此字拆开来便是召来金刀，大不吉祥。思来想去，也没什么别的办法，只好让右边的刀出头，改为力。于是，就叫刘劭了。

这小子长大后，相貌堂堂一表人才，却是个不折不扣的坏蛋坯子。他与姐姐东阳公主、弟弟刘浚每天和一个叫严道育的女巫厮混在一起，观看她呼风唤雨装神弄鬼。几个丫鬟仆役也参与其中，雕刻了一个父亲的玉像，埋在宫里，定时诅咒祝厌，拜托天帝神灵快点把父亲收走，好让自己早登帝位。

随后，他的姐姐东阳公主病死，阴谋链出现了缺环，由此引发了一连串的杀人灭口事件。最后，一个每天都在被灭口的恐惧中战战兢兢的小黄门太监，终于受不了了，向皇帝告发了这桩惊天大案，一系列证据也一一浮出水面。

宋文帝既惊且怒，将宰相召来商量废黜太子、诛杀刘浚。这刘浚和太子并非一母同胞，他的养母是宋文帝最宠爱的潘淑妃。事情商量妥当后，宋文帝居然来到潘淑妃那儿，把自己的决定告诉了爱妃。在此之前，潘淑妃已经知道刘浚他们惹下的塌天大祸，说是要上厕所，出来后便派人火速通知刘浚。刘浚立即通知刘劭。刘劭这厮倒是当机立断，马上召集卫队发动兵变。皇宫门卫不敢阻拦太子，他自称有要事必须立刻觐见皇帝。后来太子卫队冲进内宫，宋文帝举起身旁的座儿搏斗，五指被砍掉落地，随后被弑。潘淑妃不但也被杀死，刘劭还派人将她剖腹，说是要看看她的心长在何处。原因是，潘淑妃受宠，导致刘劭的生母元皇后郁郁而终。刘劭切齿痛恨潘淑妃、刘浚母子。刘浚害怕刘劭继位后报复，想尽一切办法周旋讨好，终于结成死党。后来，刘劭看见刘浚后，告诉他，潘淑妃是被误杀的；全无心肝的刘浚回答说：这正是我所希望的。

刘劭继位为帝后，派人前去诛杀三弟刘骏。被派去的人，面对吓得痛哭流涕的刘骏，不但没有杀他，还帮助他起兵讨伐刘劭，宗室诸王和大臣们纷纷响应。都城很快被攻破，刘劭被抓住后还想活命，人们把他绑在马上，在他面前将他四个未成年的儿子一一杀死，他对在一旁观刑的弟弟南平王刘铄说："怎么会发生这种事情？"轮到他时，这厮仰天长叹，曰："想不到宋室自相残杀到了这种地步！"

混乱中，刘浚见势不好，飞快逃跑。不料，刚出城门，便迎头撞上了十二个儿子都被刘劭他们杀死的皇叔刘义恭。刘浚假模假式地问自己的叔叔："虎头现在来您这儿不晚吧？"虎头是他的小名。

刘义恭回答："晚了一点儿。"

刘浚说："能饶我一死吗？"

刘义恭说："你可以向皇帝谢罪试试。"

刘浚说："不知能不能给我一个机会为新皇效力？"

刘义恭伸手向上指指天："也许吧。"

说完，让刘浚上马。刘浚骑在马上，一心盘算着怎么寻找为新皇效力的机会。一个军士纵马上前，一刀割下了他的俊美头颅。

严道育和引发此次事端的东阳公主的丫鬟王鹦鹉被当街鞭死。女巫曾经有过的神通完全没有发生效力。

让人无法接受的是，大家拥立的新皇帝刘骏，是一个比他刘劭大哥还坏的坏蛋。

他坐上皇位后，先是把他一位叔叔家里的所有女眷全部奸淫一遍，史书上使用的词是"遍淫"二字。最令人发指的是，这个恶棍连自己的亲生母亲都不放过。古汉语中，以下淫上曰烝，这位皇帝为博大精深的政治文化传统，增加了皇帝烝母的皇皇案例。然后，就是各种杀戮，各种为非作歹。这种杀戮和为非作歹，一口气持续了十二年。宋文帝刘义隆三十年间元嘉时代创下的清明政治基业，基本上被这个小混蛋挥霍殆尽。

刘骏有二十八个儿子。他死后，十六个被他的弟弟宋明帝杀死，还有十二个被宋明帝的儿子、南朝刘宋末代皇帝刘昱杀得干干净净。

刘昱继位为帝时只有十二岁。十四岁时，行成人礼，正式执掌皇权，从此，再也没有什么人能够像管孩子一样管教他了，他便飞快地由一个疑似多动症少年，转变成了一个真正的杀人狂魔。

这个小魔头有两个嗜好：一个是出行玩耍，一个就是杀人。

他最喜欢做的事情，则是把二者合为一体，即在出行中杀人。为此，他的侍从们各执长矛大棒，只要路上遇到活物，不论是男女老少，还是猪牛马驴，全部立即杀死。但凡有人面露不忍之色，刘昱就会命令他立正站直，然后自己亲自用长矛直刺其心脏。为了增加杀人的乐趣，他还喜欢变着花样地置人于死地，譬如：凿脑、锥阴、挖心、剖腹，在人们的惊恐惨痛中乐不可支。为此，他的侍从们随身携带的物品中，钳凿斧锯乃是必备器具。

他有一个亲信侍从，名叫孙超。一天，刘昱闻到孙超口中有蒜味，可能是孙超知道刘昱不喜欢蒜味而不肯承认，刘昱当即命令侍卫抓住孙超，亲自用刀剖开其腹，要看看他到底吃没吃蒜。

在这个世界上，敢于教训他的人，只有一位皇太后。于是，这小子便准备鸩酒，想要毒死自己的妈妈。多亏身边的人开导他说：太后死了，有极其繁琐的丧葬礼仪制度，您老人家就玩儿不好了。他这才放下了这个诱人的念头。

刘昱杀人玩乐最惊险、最扣人心弦的一次，发生在领军府里。当时，不知道哪根筋搭错了，他走进领军府，撞见刘宋王朝的大功臣也是当朝宰相萧道成，正在敞胸露怀地睡午觉。天很热，宰相的肚皮白晃晃的煞是醒目。十五岁的小皇帝，命令时年五十岁的老宰相在墙边立正站好，然后，用宰相批阅公文的墨笔，在宰相的肚子上画了个箭靶子，左右端详，画得相当标准。于是，便引弓、搭箭、瞄准，老宰相吓得一动不敢动，只是不停告饶，曰：“老臣无罪，老臣无罪。”

边上一个侍从很机灵，说：“这个大肚子是不错，只是一次射杀，下次就射不成了。不如拿一支代箭好玩儿。”代箭是训练和游戏使用的钝头箭。那刘昱“从善如流”，便换了一支代箭，一箭正中萧道成的肚脐眼儿。

最后，这小坏蛋终于光脚踢到了铁板上。

杨玉夫本来是极受皇帝喜爱的贴身侍从，想必也不是什么好鸟。忽一日，受到皇帝没有任何理由和预兆的切齿痛骂："明天就杀了你，拿你的心肝下酒。"当天正是七夕，是牛郎织女银汉迢迢暗渡、一年才能见一面的好日子。皇帝恶狠狠地说，在殿外守着，要是看不到牛郎织女相会，就杀了你。当时，皇家禁卫军首领正在暗中联络同志，准备干掉这个没人性的小魔头。见此情形，他们遂联合起来，半夜把刘昱杀死在睡梦中。

带着刘昱的脑袋，他们来到领军府向老宰相萧道成报告。萧道成吓坏了。因为，此前萧道成的肚脐被皇帝的代箭射中后，小皇帝觉得很不过瘾。他曾经一边磨刀一边放出话，明儿就要杀掉萧道成。他的太后老妈骂他：萧道成有大功，你杀了他，谁还为你卖命？后来，萧道成确实和几位重臣秘密商量，准备废掉这个完全不靠谱的烂皇帝。如今，他以为是秘密泄露，皇帝设局要骗他出去，好杀死自己，遂紧关大门，坚决不肯露头。外面的诸位只好把皇帝的脑袋扔进院里，萧道成用水冲洗干净，确认真是皇帝。这才大开府门，出来收拾残局。被弑皇帝时年只有一十六岁。

这件事情发生在公元四七七年，萧道成迎立八岁的刘準为帝。两年后，萧道成自立为帝，建立南朝萧齐国家。不久，退位时刚满十岁的刘準被杀死。从史料中可以知道，萧齐皇家荼毒前朝刘裕皇室子孙，称得上不遗余力。从公元四二〇年即位，到公元四七九年，刘裕在大砍大杀中建立的刘宋皇朝，国祚满打满算维持了六十年，他的子孙基本被屠戮殆尽。

现在，轮到新皇朝的萧家了。

萧道成创建南朝齐国后，比刘裕在位时间长了一倍，却也仅仅四年就死掉了。他的长子齐世祖武皇帝在位十二年，可以铺陈的事迹不是太多，此人的文惠太子早死，人间悲喜大剧是由皇太孙萧昭业拉开序幕，由中国历史上著名的东昏侯萧宝卷推向高潮，旋即匆匆谢幕。满打满算，萧齐立国不到二十四年。

中国历史上，人前一套、人后另一套，人格分裂、善于表演的皇帝和皇室成员极其多，萧昭业年纪不大，却演技高超，在他的历代同类中，表现相当抢眼。

萧昭业长得眉目如画，容止美雅，写得一手漂亮的八分书。父亲文惠太子病重时，他在人前哀泣不断，感动得太子身边的侍从、官员们无不跟着呜咽流泪。一回到住处，关起门来，他立即丝竹歌舞，欢笑宴饮，相当放纵。父亲死后，他被立为皇太孙，移居东宫。他的祖父齐武帝前来探视，他悲痛万分，擗踊号啕，竟哭得背过气去。下车抱起他的齐武帝，心中可能极感慰藉。

祖父齐武帝得病后，萧昭业一面让杨氏女巫作法诅咒爷爷早点死，一面给妻子何氏写信报喜，信中一个大大的喜字，周边点缀着三十六个小喜。进宫侍疾时，他满面哀戚，跪在爷爷的病榻前泪如雨下。齐武帝最后说的话是："想念爷爷，就一定要好好干，一定要好好干。"

一般说来，这小子会如何好好干，应该不难想见。

将爷爷的遗体装进棺材后，他立即召来宫中的所有文艺工作者，歌舞宴饮。据说，许多人边流泪边演奏，他坐在龙椅上欢歌笑语，全无所谓。他在位期间的政绩，用一本烂账一地鸡毛来形容，应是不算偏颇。大约只有一件事，从中国两性文化史的角度，值得记上一笔：他和他的何皇后，可能是中国两千多年帝制时代里，在宫廷中实行帝、后性开放的先行者与践行者。

两年后，日渐骄狂放纵的萧昭业，令周边人士无不惧祸，最终被属下联合起来杀死了，时年二十二岁。幕后推手萧鸾，是萧道成哥哥萧道望的儿子，属于帝室旁支。萧鸾登上帝位后，政绩乏善可陈，却也以自己的心胸作为，对萧齐皇朝的短命做出了两项特殊贡献：

其一，将齐高帝、齐武帝和文惠太子活在世上的二十八个儿子全部杀死。这些人是他的叔伯、堂兄弟、子侄和孙辈，有些人是和他一起长大的。

萧子伦是齐武帝第十三子，驻守琅琊，兵精粮足城池坚固。接到皇帝使者携来的毒酒，萧子伦端正衣冠对使者说：积不善之家，必有余殃。当年高皇帝杀尽刘宋皇室子孙，发生今天的事情不是理所当然吗？他举起毒酒，对使者说：你是我家老臣，本心肯定不愿如此，这酒，我就不让你了。说完，一饮而尽。时年十六岁。

其二，把历史上享有大名的东昏侯萧宝卷推上历史前台。

从公元四九八年十六岁继位，到五〇一年十九岁被杀死，萧宝卷用短短四年青春岁月，赢来在中国历史上暴得大名，想来，一定应该有些非同凡响、超越古今的做派和举动，能够令人耳目一新才是。

可是，翻检史书，发现在这东昏侯身上，真的找不出什么不流凡俗的地方，找不出什么别出心裁之处。假如一定要说出他有什么长处，是别的昏暴之君所不具备的，那就只能说，他的身体格外强壮，导致他的精力旺盛至极，特别像今天那些被完全惯坏、患有重度多动症、花样百出全然不听招呼的顽劣少年。如果考虑到这顽劣少年手中，掌握着没人能够制约的、无比巨大的权力的话，相信没有什么人还能笑得出来，哪怕和他一样全无心肝。

翻检二十四史，可以清晰看到，中国历史上的贤明之君寥寥可数，他们在位时的清明政治，延续时间连整个历史的零头都不到；平庸乃至昏暴之君则比比皆是，占据了中国政治史的绝大多数篇章。贤明之君的贤明大体相同，而昏暴之君则常常能够昏暴得令人瞠目结舌，令人怀疑自己的眼睛与智商。

比如，这位东昏侯萧宝卷。

实事求是地说，在极其偶然的情况下或极其特殊的境遇下，萧宝卷也会流露出一丝人性来。比如，和他从小吃住在一起、玩耍在一起的堂兄弟萧遥光被杀死后，萧宝卷来到儿时旧地，想起他称呼为“安兄”的亲密玩伴，潸然泪下，口中低唤“安兄”不已。

再比如，他对自己所爱的女子，似乎也算情感真挚。

潘妃本来姓俞，乐户出身。萧宝卷听说宋文帝和潘妃的爱情故事后，让她改姓为潘，封为贵妃。为了表达自己的爱，萧宝卷大兴土木，仅为潘贵妃一人，就修建了三座宫殿，倾天下奇珍异宝装饰之，并打制纯金莲花敷设于地，让潘贵妃舞蹈其上。除了佛祖之外，“步步莲花”这个中国具有另类含义的成语，可能是典出于此。

萧宝卷可能真的很爱潘贵妃。比如，贵妃生长于市井之中，喜欢市场上的热闹喧哗。萧宝卷就为她在皇宫里复制了一个大市场，各种店铺无一不备。潘贵妃任市场管理员，萧宝卷任管理员助理，时不时将扰乱市场的坏人或发生纠纷的各方，扭送到贵妃面前处置。有时，萧宝卷做事不到位，也同样会受到严厉处罚，严重时，贵妃甚至会命令手下对萧宝卷棍棒伺候。萧宝卷只能私下叮嘱贵妃左右，不能在贵妃发怒时，真的用大荆条责打自己。每当贵妃兴致盎然地充当某酒家老板娘时，萧宝卷就会兴致勃勃地站在案头侍弄酒菜。夫妻二人配合作业，相当默契。

乍看起来，这一双小儿女过家家般，富有人情味儿，俊男靓女，并无公害。殊不知，这儿女情态的另一面，残暴得令人无法置信。

和前面我们已经领教过的坏蛋坯子一样，萧宝卷在他短暂的帝王生涯中，滥杀无辜、残害忠良，称得上史不绝书。他将他父亲留下的六位托孤重臣全部屠灭，将他的叔叔、舅舅、兄弟、子侄、臣僚、部下杀死无数。他也特别喜欢外出游玩，也同样对路上来不及回避的男女老幼杀光斩尽。

在定林寺，一位生病的老和尚来不及回避，躺在草丛里躲藏，他命令部下放箭，将老和尚射得满身是箭。

如果说，躲在草丛里，会让人联想到图谋不轨，还勉强可以为他辩解的话，那么在中国历史上，他真正创下纪录的是——

有一次，一位即将临产的妇人，无法奔走回避，随行者不知如何处置，萧宝卷这个畜生皇帝命令他们剖开妇人的肚子，并且和他的随从们打赌——妇人肚子里面的孩子是男还是女？

坦率说，阅读并记录这样的事迹，让人的心绪极度恶劣。我无法知道我们的历史学家们，譬如钱穆，是怎样保持着对这样一部政治史的温情和敬意？又是怎样做到“同情的理解”的？同样，我真的特别想知道，他们是怎么在一次次惨烈的死循环中、在这许许多多相同或类似记录中，看出“博大精深”，并能保持住自己心态平静与安宁的？莫非，清平之夜，或面对儿女无邪的笑容，他们从不扪心自问吗？

四年后，萧宝卷终于走到尽头。

当时，曾经立有大功的宰相兼首都警卫部队总司令萧懿，被他毒死。原因是，萧宝卷左右亲信很不喜欢这位功臣兼忠臣的刚直不阿，他们告诉萧宝卷，萧懿可能会行废立之事。萧宝卷深以为然，遂派人将萧懿召进皇宫，赐给毒药。临死时，萧懿曰：“我死了不要紧，我弟弟萧衍在襄阳，拥重兵。我为皇帝深深忧虑。”

萧衍确实曾经劝哥哥萧懿，为天下也为自身安危着想，废昏立明；萧懿正义凛然，予以回绝。如今哥哥被毒死，萧衍再无退路，遂起兵，应者云集。公元五〇一年年底，萧宝卷被杀死。萧衍以太后名义，追封萧宝卷为东昏侯。

公元五〇二年，萧衍自立为帝，建立梁朝，史称梁武帝。从此，萧齐走进无边暗夜，萧梁踏上历史前台。

萧衍，字叔达，小字练儿，南兰陵人。南兰陵治下在今日江苏省常州西北三十五公里处的万绥镇，古称南兰陵县、南兰陵郡，故常州又称兰陵。

在中国历史上，萧衍是一位相当重要的历史文化名人。此人博学多才，琴棋诗书无所不精，均达到不俗的水准；经史子集无不涉猎，有数百卷经史著述传世，是著名的竟陵王萧子良“西邸八友”之一，这八友都是当时名噪一时的大诗人、大文人。萧衍富有军事才能，与其对峙的北魏孝文帝曾告诫道：萧衍善用兵，勿与争锋。据说，他还会算命，而且算得还挺准。只是不知道，当他面临一生中最重大的抉择时，是否算到了作为富有四海的天子，自己竟然会被饿死？

平心而论，萧衍不是一个为非作歹的人，一生中，作恶并不多。在以往的岁月里，我们不停地看到，从刘裕开始，荼毒前朝宗室甚至残害自家骨肉，已经成为当时政治常态。萧衍也曾经杀死了前朝皇室的几位嫡系子孙，却也曾经动过念头，想把退位后的萧齐少帝萧宝融供养起来，让他得终天年。八友之一的大诗人沈约心地阴暗，劝他不可慕虚名而受实祸。于是，萧衍派人给小皇帝送去一大块生金，逼令其吞金自杀。小皇帝器宇不凡，慷慨言道：我死，不需要金子，醇酒足矣，拿酒来！面对一大坛美酒，如玉树临风的小皇帝全无哀戚，怡然引杯，终致酩酊大醉。萧衍派去的使者上前将他掐死。

萧衍的父亲是齐高祖萧道成的族兄，他没有过分屠戮萧道成一系的子孙，很多人还被授予官职，过得清闲潇洒，可能多少与此有些关系。更重要的原因，应该和他本性并不凶残有关，在某种程度上，甚至可以说，此人的秉性中有宅心仁厚的一面。他对士族大家的宽容、对皇家宗室的仁慈、对佛教达到“佞佛”程度的极力推崇，甚至包括接纳混世魔王侯景，应该说，都无不可以作如是观，或者换句话说，至少都与此干系甚重。

虽然，后来这一切都走向了反面，甚至被认为是昏聩糊涂，并最终惹来塌天大祸，人们却依然无法否认，南部中国于此人在位期间近半个世纪安静祥和的事实；依然无法否认，他在历代帝王中极为罕见的仁慈宽厚。因此，与其说他昏庸老朽，毋宁说，他无法违拗自己的本心，他人在江湖，身不由己；他生对也同时生错了时代，他所犯下的，是一个时代的、天人的错误。

我愿意相信，萧衍就是为此才颇有福报。

他一口气做了四十八年皇帝，活到了八十六岁，是中国的皇帝中长寿的一位。假如不是侯景恩将仇报，把他困在台城饿死，萧衍极有可能活过九十岁，创下中国皇帝的长寿纪录。积善之人，必能福延子孙。他的嫡系后代，从初唐时代的萧瑀，到晚唐时代的萧遘，再到五代十国的萧顷，共有九人出任过宰相，唐代的八位，号称“兰陵八萧”。其他位至公卿者，史不绝书，不可胜计。北宋文史大家欧阳修评论说：“世家之盛，古未也有”——自古没有任何一个世家大族，能够在如此漫长的时间段里，如此兴盛。

做皇帝后，此人工作勤奋，无论冬夏，都在早晨四五点就开始工作。冬季江南湿寒，三更半夜伏案批阅公文奏章，他的手上曾经长了冻疮，甚至冻裂。此人节俭，据说一顶帽子他戴了三年，一床被子他盖了两年。这和那些一袭新衣只穿一天就扔掉的帝王相比，何啻霄壤？又据说，皇帝的御膳很简单，常年只吃蔬菜和豆类食品，而且每天只吃一顿饭，饿了就喝碗粥充饥。

当时，豆腐已经问世。青菜豆腐最是营养，想必萧衍受益不小。想想那些每日山珍海味、锦衣玉食，却时常夭折短命的帝王将相、膏粱子弟们，我想，那些喜爱胜者为王败者为寇的信条、习惯了以胜败论英雄、只听得懂阴谋与暴力语言的人，还是不要嘲讽、苛责这位梁武帝的好；否则，会在死循环中万劫不复的。

佛教的中国化，在很大程度上是在萧衍的手中完成的。

可能和他本人喜食蔬菜豆制品有关，当然也一定和他对佛教、佛经的理解有关，中国佛教僧侣与信徒不许茹荤只可素食的戒律，可能就是在他的倡导下开始实行的。

一定是亲眼看到、亲身经历了太多战乱攻伐、人命危浅，看到了太多屠戮残杀、世间苦难，他才发明了旨在超度亡灵的水陆道场，并将其发展为中国化佛教最为重要、最为盛大的仪轨仪式。

平心而论，就和我们已经看到并将继续不停看到的那样，他可以像任何一个帝王那样，凭借自己手中巨大的权力和四海之富，做任何他想做的事情——譬如，他可以为自己建造无与伦比的宫殿园林，像北京紫禁城那样，盖它九千九百九十九间宫室，把千千万万天下美丽女子弄来，只为他一人服务。让太多豆蔻年华的女孩儿，直到成为白发宫女，终其一生都没有机会见到皇帝一面；他可以为自己修建硕大无朋的陵墓，把世间所有奇珍异宝装进去为他殉葬；他可以……他还可以……他确实可以做任何事情，谁也无奈他何；但他没有。他一门心思地迷上了佛教，为此，他真的无怨无悔，在佛教信仰的道路上高歌猛进，一往无前。

萧衍做了十八年皇帝后，于公元五一九年正式接受佛戒，法名冠达，成为一个真正虔诚的佛教徒。在他不遗余力的倡导下，佛教在南部中国迅速弘扬开来，到他在位晚期，据说仅首都建康一带，就有五百多座寺庙，佛教僧尼达到十数万人；南梁所辖郡县，则数不胜数。南朝四百八十寺，尽在楼台烟雨中，并非诗人的想象或夸张。

皇帝冠达大法师经常以他渊博的学识，亲自讲解佛家经义，普度众生。为此，他曾经三次“舍身”，入寺为“寺奴”，导致文武百官如丧考妣，花费巨资把他们的皇帝从寺庙里赎回来，据说，每次赎身费都在亿钱以上。

应该说，作为一个国家元首，萧衍的做法的确是过分了，特别是考虑到北方还面临着强大的敌人，哪怕陷入战乱之中，却也时时都在威胁着南方的安全。将太多的社会财富投入到兴建寺庙，并让太多的青年男女走进寺庙成为僧尼，确实无助于国家建设一支强大的军队和国防。这是萧衍后来备受诟病的原因之一。

可是，换一个角度，如果我们确信萧衍是一位真正虔诚的佛教信徒，他由衷认为，生逢乱世，只有佛祖才能在苦难中拯救和超度芸芸众生。为此，他几乎不顾一切地全情投入。窃以为，这绝不比穷兵黩武、把青壮年们驱上战场更需要指责。那么，并不具有虔诚宗教信仰，或者具有伪宗教信仰的人们，对他指手画脚胡言乱语，真的好吗？他们真的有资格这样做吗？弥勒佛开怀一笑，笑世间可笑之人，指的大概就是这样一些人吧？我们的文化传统，特别是政治文化传统，对于暴力、阴谋与伪善似乎过于宽容，而对于仁慈、宽厚与虔诚又似乎过于苛刻与挑剔了。

对于皇族宗室，萧衍确实宽容到了仁慈的程度。这也是他在后世受到指斥的地方之一。

皇室子弟很难有出息，是中国两千多年帝制社会的通病。原因在于，他们的境遇过于优越。而无微不至的优越恰是培养纨绔的最佳土壤。

萧统是萧衍的长子也是太子，富有才情，仁爱孝顺，主编过中国第一部文学作品选集《昭明文选》。可惜，三十一岁就去世了，是历史上著名的昭明太子。

他的二儿子萧综叛国，投奔了北魏。说起来，这是一桩说不清道不明的宫闱秘辛。萧综的母亲吴淑媛原来是萧齐末代暴君萧宝卷的妃子，萧衍当国后，将她收入自己的后宫，七个月后生下萧综。为此，宫中飞短流长，可能连吴淑媛自己也说不明白。

后来，萧衍不再宠爱吴淑媛，淑媛心中怨恨，就向儿子透露了这个秘密。结果，萧综坚信自己是萧宝卷的儿子，与萧衍有不共戴天的杀父之仇。终于在一次领兵出征时，叛逃敌国，后来在北魏郁郁而死。

萧衍的第四子、第五子早夭。萧衍的做法很奇怪，他没有按照传统立昭明太子的儿子为皇太孙，而是立第三个儿子萧纲为太子。导致其他几个儿子都在心里嘀嘀咕咕：老三要是死了，会轮到谁呢？

萧纶是萧衍的第六子，性情乖张。在南徐州做刺史时，有一天在街上闲逛，突发奇想，关心起自己的政绩和名声，遂问一个卖黄鳝的小贩：你觉得刺史怎么样？小贩随口回答：浮躁暴虐。萧皇子刺史大怒，逼小贩生吃黄鳝，直到他吃死。看到街上有人家出殡，刺史上前，剥下孝子丧服，自己穿上，然后伏地大哭，声泪俱下曰：爹爹，您老人家早死早超生。萧纶曾经找到过一个长相酷肖父亲萧衍的人，他让这个人穿上皇帝的袍服，再剥掉其衣衫痛打一顿。然后，让这个人躺在棺材里，自己拿起招魂幡，假扮孝子为父亲出殡。这些举止，应该说相当意味深长。

萧衍不可能不知道儿子的这些劣迹，只是将他撤职，不久又让他担任了更重要的职务。

萧衍的弟弟萧宏长得相貌堂堂一表人才，史书上对他的介绍和评价颇令人困惑。比如，有的说他“宽和笃厚”，是个厚道人；还有的则认为他贪鄙怯懦。看看他做过的事情，可能更有助于我们了解这位身居高位的临川王皇弟。

萧衍曾经派遣他担任主帅与北魏对峙。当时，他率领的军队器械精新，旗甲鲜明，军容士气均称可观。据说，北魏将士已经很多年没有见过如此威武雄壮的南国军队了。谁知，双方开打之后，这位爷率领的威武之师一触即溃，爷本人临阵脱逃，被北魏方面亲切地称为“萧娘”。萧衍对自己的爱弟没做任何处罚。

萧宏打仗“娘”，敛财可一点都不含糊。平心而论，当时但凡有点权势，要想敛财，并不需要多少才干，心黑脸皮厚足矣。但是，能够敛出偌大一份家业而不招灾惹祸，也并不容易，至少得靠山足够强大才行。萧宏的靠山天下无敌，他做到了。有人在皇帝那儿告密，说萧宏家里有一百间库房，里面藏着甲仗军械，显系心怀不轨。皇帝组织巡视组，自己亲自带队前去巡视，发现其中三十间库房里堆满钱币，另七十间库房则装满了珍宝、绢帛。皇帝夸奖道：“阿六，汝生活大可。”

其实，阿六——萧宏真的想当皇帝。

萧衍曾经抓到过一个刺客，审问之下，刺客招供是受萧宏指派。换了其他皇帝，可能早就人头滚滚落地，血流成河了。萧衍却并不追究，只是把萧宏叫来，板子高高举起，然后轻轻落下，骂了一顿了事。他可能太了解自己的六弟了：志大才疏，成事不足败事有余，所以才会对任何皇帝眼中都是天大的事情，怡然不以为意。

不料，那萧宏还真是不屈不挠。他和自己的侄女、萧衍的大女儿永兴公主暗通款曲，并于金风玉露之中，图谋杀死哥哥皇帝自立。结果，事情败露。而萧衍，真的宽厚得没有边际，仍然不做任何惩处。

诚如我们所知，萧衍青壮年时代算得上是文武双全的英杰之士。文事上才华横溢，武功上多次重挫北魏兵锋。当皇帝顺风顺水，将国家治理得井然有序。在他长达四十八年的帝王生涯中，他可能越来越觉得自己真的是受上天委派，来拯救芸芸众生的。他曾经说过一句大话：“我自应天从人，何预天下人事？”——我是顺应上天委派、人间呼唤来当皇帝的，和天下士大夫有什么狗屁关系？若从这个角度观察，他的许多作为应该不难理解。他的“佞佛”，他对皇室、士大夫乃至贪官污吏的到了纵容程度的宽容，甚至在风雨飘摇兵凶战危之际，保持着尊严威压，令暴虐狡诈的侯景汗流浃背、语无伦次，应该都是因为这种自信或者是错觉的支撑所致。

然而，事情在起变化。天下事并不会因为皇帝的自信或者错觉就能变得更好，相反，但凡出现这种情形，大概率倒是变得越来越糟，直至万劫不复。

到萧衍在位后期，国家已经危机四伏。地方官员横征暴敛，贵族世家奢靡无度，贪官污吏贪赃枉法，朝中小人当道，官家大兴土木。而面对正派官员的批评意见，萧衍十分激动，肝火大动。他老人家痛说革命家史，历数自己的夙兴夜寐、清正廉明、不近女色，滔滔不绝如长江大河，不但将批评者驳斥得体无完肤，皇帝还严词训令批评者，必须说出他所批评的都指的是谁——谁在横征暴敛？谁家奢靡无度？谁是贪官污吏？谁是当朝小人？哪个官家大兴土木？若说不出，就是藐视皇帝，欺君罔上！面对皇帝的滔滔雄辩和无上威压，批评者全军覆没，只能连连谢罪了事。还算好，皇帝秉持一以贯之的仁慈宽厚，没有真的治个欺君之罪。

显然，这种情形的逻辑后果，一定是庙堂之上洋溢着盈耳颂歌，一定是政事日颓，一定是民不聊生。

五十年间，江左无事。如今，已是风雨满楼。

终于，压垮骆驼的最后一根稻草，不，应该说是冲垮堤坝的最后一丝雨滴，从天而降，汇聚着滚滚浊流，直如泰山压顶——

侯景来了。

萧衍的最后时刻到了。

在中国历史上，侯景绝对是混世魔王级别的乱世枭雄。

公元五四七年，萧衍已经在皇位上坐了四十五年。据说，正月里，皇帝做了一个梦，梦见东魏治下的中原各地郡守都来投降，朝野上下，举国欢庆。萧衍告诉中书舍人——皇帝的机要秘书朱异：“平时，我很少做梦，如果有梦，必能实现！”

朱异立即祝贺皇帝：“此乃宇宙混一之兆也。”

朱异在皇帝身边凡二十年，深受信任，他就像时时发生的春雨，总是在皇帝需要时，随风而来，呢喃细语般滋润着皇帝的心田。他正是批评者指斥的当朝小人之最重要者。

同年，北齐政权的开山鼻祖、当时还是东魏大丞相的高欢病死。临死前，高欢问侍疾的世子高澄：“我虽然病重，可是看你的神色有什么别的忧虑。是什么事？”

高澄俯首不语。

高欢说：“你是担心我死后，侯景出问题吧？”

高澄点头称是。

高欢告诉高澄：侯景专制河南十四年，飞扬跋扈，除了自己，别人确实都不在他的眼里，高澄的确很难驾驭他。但是，有一个人是侯景极为忌惮的，并且一定能制服侯景。这个人是慕容绍宗。高欢长期压制慕容绍宗，不给他出人头地的机会，就是为了自己死后，让高澄重用他，令他心存感激，为高澄效力。

高欢死后，高澄秘不发丧，以高欢的名义召侯景回来觐见述职。史书记载说，侯景打开来信，立即断定高欢已经死了。因为，为了防止有人传递虚假信息，侯景和高欢约定：二人通信时，要在某一个位置标下暗记。可能高欢临死神志昏乱，且万事丛集，忘了告诉高澄这个秘密，遂被侯景识破，知道高澄心怀叵测。而高澄也确实是心怀叵测，试图把侯景骗回来杀掉。至此，侯景反。

随后，侯景做了一连串令人眼花缭乱的动作，一会儿要投靠西魏，一会儿要献礼南梁，像根大搅屎棍，搅得中原大地水起风生臭气熏天，几乎所有人的视线都在随着这根搅屎棍上下翻飞。

即便如此，侯景的骄横跋扈赫赫威名确实不是吹出来的，此人虽然全无人性，却真的是个军事奇才，用兵机诈百出，把高澄派来的讨伐大军，打得惨不忍睹，直到高澄想起父亲的遗言，起用了慕容绍宗。

即便如此，慕容绍宗都在侯景的算计下，几次失手；直到最后一战，方才扭转乾坤，令侯景的十万大军兵败如山倒，只能带着八百残兵投靠萧衍。

至此，萧衍的美梦，正式转变成了真正的噩梦。

美梦转变为噩梦的节奏，是在萧正德的推动下加快的。

萧正德是萧宏的三儿子。当初，萧衍没有儿子，将萧正德收养过来。萧衍称帝后，萧正德很兴奋，觉得自己乃当然的皇太子。不料，萧衍接二连三地生出儿子，并册立大儿子萧统为太子，就是著名的昭明太子；封萧正德为西丰侯。萧正德愤恨不已，遂叛国投奔了东魏。想不到，东魏并不拿他当回事儿。这小子转过年又逃回了南梁。这么一个不成器的东西，萧衍“泣而恕之”——哭着原谅他，并封其为林贺王。即便如此，萧正德并不领情，史书说他“阴养死士，储米积货，幸国家有变”——他豢养一批杀手，积累粮食物资，兴高采烈于国家生变，以便火中取栗。

侯景投奔南梁后，又是一番令人眼花缭乱的恶搞，弄得南梁上下忽喜忽悲、一惊一乍，最后，终于再次举起叛梁大旗。侯景眼光极准，一眼就看出萧正德能够成为自己的绝佳内应拍档，遂殷勤致信，大意是，自己久仰林贺王大德，愿振臂一呼，号召天下人拥戴林贺王为帝，以解救芸芸众生的倒悬之苦，云云。萧正德大喜，回答说：你外我内，何事不成？如今正是好时机啊！

近五十年太平岁月，江南烟雨楼台，士大夫们服着寒食散，参禅、谈玄、吟宫体诗、写骈体文，岁月悠游。他们中的很多人，唇涂朱、面敷粉、以男身女态为美，肤柔骨脆，走路都需要人搀扶，被认为是最高贵的风度。此种社会风尚，使得猛将凋零，雄风不在。

当时，曾经发生过一件中国历史上极有名的故事：士族出身的建康令王复，相当于今日的首都市长，见到一匹战马，那马长声嘶鸣，吓得首都市长大惊失色，曰：这明明是虎，怎么可以告诉我说是马？

故，侯景起兵叛乱后，基本没有什么悬念，长驱直入，一直打到建康城外。萧正德打开宣阳门，在张侯桥上迎接侯景，二人合兵，一举拿下建康外城，将台城团团围住。

毕竟是个乱世枭雄级别的人物，侯景颇能洞察社会心理。为了应付台城久攻不下的窘境，他一方面立萧正德为帝，娶萧正德的女儿为妾；一方面发布命令：凡梁朝军民的奴仆，只要归降，一律免去奴籍，成为自由民。朱异的一个家奴逃出城，投奔侯景，侯景立即封他为仪同三司，享受极高级别的礼仪待遇，并把朱异在建康的家产全部赏赐给他。这小厮锦衣怒马，来到台城之下现身说法，结果，几乎引发雪崩效应：三日之内，数千人逃出台城，侯景兑现承诺，给予优厚待遇，将他们编入军队。史称，这些人“人人感恩，为之效死”——人人感谢侯景的恩德，愿意为他拼死效力。侯景诈和诈战，城中萧衍及其部下屡屡应对失措，和则失误，战则失机；唯一能够称得上名将的将军又在关键时刻病死，情势日渐危殆。

双方在台城上下展开殊死战，伤亡惨重。围城前，台城中有居民十余万，军士二万余。到后期，“死者十八九，横尸满路”，能够守城参战的不到四千人。而各地赶来的勤王兵马又被侯景打怕了，徘徊观望，全无斗志。

终于，两个守城佐吏于夜半时分，将侯景军士吊上城头，台城旋告易手。

萧衍的孙子萧确，史称英锐，拼死巷战，不敌，跑进萧衍寝宫报告城池失守的消息。萧衍安卧不动，问道：“尚可战否？”

萧确回答："不可。"

萧衍叹息着，说出了流传千古的名言："自我得之，自我失之，亦复何恨？"

在这些帝王们眼中，江山就是他一家一姓的，自己得到了又失去，潇洒走一回，没什么可遗憾的，天下苍生的兵凶战危家破人亡都是无足挂齿的。他只是叮嘱孙子：你赶快离开，告诉你父亲，不必记挂我们。

侯景的部下进宫，萧衍很威严地问："侯景在哪里？可以叫他来见我。"

侯景进来后，对萧衍行了最高级别的叩拜大礼。萧衍平静问道："久在军中，很辛苦吧？"

史书描述道：侯景不敢仰视，汗流满面。

萧衍又问他的籍贯和家属情况，侯景惶恐而不能作答。

萧衍问："你刚刚过江时有多少兵马？"

侯景答："一千人。"

萧衍问："围攻台城时有多少人？"

侯景答："十万。"

萧衍问："现在有多少人。"

侯景抗声答："疆域之内没有不是我的了。"

萧衍低头不语，不知在想些什么。

出来后，侯景抱怨说："我常年厮杀，从容出入刀枪战阵，从没怕过。今天见这老头，怎么如此恐怖？以后再不见他了。"

被困在宫中的萧衍脾气不小，经常拒绝在侯景任免官吏的名单上加盖玺印。侯景恼羞成怒，下令断绝饮食。萧衍被饿死，时年八十六岁。

侯景攻入台城后，立刻将自己拥立的皇帝萧正德降级为大司马，原来，萧正德想要亲自入宫杀死叔叔萧衍和太子萧纲。结果，萧衍死后，侯景改立萧纲为帝。萧正德极为恼怒，与外地勤王部队联系，想再来一次里应外合干掉侯景。派出去的人一出城，就被侯景抓住，遂派人将萧正德勒死。

侯景喜欢萧确的英锐勇敢，时常将他带在身边。一次，侯景在钟山打猎，萧确拉弓假装瞄准野物，突然回转身瞄向侯景，可惜用力过猛，把弓弦拉断，侯景卫士一拥而上，萧确被杀死。

值此满目疮痍遍地血腥之际，南朝最后一个朝代南陈的创建者陈霸先，风尘仆仆地扑上历史舞台，萧衍的南梁一步步隐入历史烟尘。

陈霸先出身寒微，既不是官宦豪富，也不是世家大族，在一个很普通的市井家庭出生长大。和刘裕、刘邦们有点儿相似的是，此人青年时代也“不事生产”——不务正业。和刘邦一样，担任过帝国最底层的、勉强称得上是官儿的“里司”，和今天的村长差不多。不同的是，他喜爱练武，喜爱读兵书。在一个烟雨楼台大兴佛禅的升平岁月，这似乎不是一个好爱好。就像在那个以丰腴为美的时代，他却偏要纤体瘦身、追求骨感一样。

不过，上帝赋予了每个人不同的禀赋。那些不左右张望患得患失、坚持自己禀赋的人，最终常常不会辜负上帝的期望。对陈霸先，似乎就可以如是观。

陈霸先有过类似今天北漂的经历。离开家乡后，他来到首都，做了“油库吏”。喂马的偷马料，打更的偷睡觉，油库管理员，对于油老鼠应该是个不错的职位。陈霸先并不满足于此，他宁愿到皇帝萧衍的侄子萧映麾下，去做一个没有油水的传令兵，从而，迈出了人生事业最关键的一步。

萧映担任广州刺史后，已经并不年轻的陈霸先追随萧映，来到遥远的化外之地岭南，担任萧映的军事参谋，并在很短时间内，迅速脱颖而出，受到广泛关注，陆续被提拔为西江督护——西江军分区司令和高要太守——今天广东肇庆地区的最高军政长官，有了更高更大的人生平台。

侯景之乱爆发前后，南方一线同样陷入剧烈动荡中。陈霸先判断准确、行动到位，一系列举措环环相扣，可圈可点。很快，他集聚起可观的力量，所向披靡地一路向北，向北，来到风暴中心的台风眼附近。

侯景善于用兵，机诈百出，遂成为乱世枭雄，但却并没有多少社会根基，更谈不上什么政治头脑与谋略。在他称帝前后，闹过不少笑话。他的覆灭，称得上是眼见他起高楼，眼见他楼塌了，起起落落，一切都在转瞬之间。

溃败之际，众叛亲离，侯景抛下所有人，拿个大皮袋子，将自己到南方后所生的两个儿子装起来，放在马背上就跑。后来，夺到一条船，他和所剩不多的几个部下弃马上船，沿水路狂奔。半路上，害怕被敌人发现并追赶上来，他嫌两个孩子妨碍逃跑速度，又将他们抛进水中。终于，他的两个亲信和大舅哥决定杀死他，给自己谋一番富贵。激烈打斗之下，侯景逃进船舱，试图用刀砍破船底逃生。被他的大舅哥用一根长矛从船表贯穿下去，将这个全无心肝的魔鬼钉死在船底上。

侯景覆灭后，他给江南地区带来的苦难并未停息。为争夺权力，在战乱中拥兵自重的萧梁皇室诸王攻伐残杀，此起彼伏，“白骨蔽于野，千里无鸡鸣”，“宁为太平犬，莫作乱离人”，再次成为整个社会的真实写照，人民一次次被裹挟进深重灾难之中。

在此期间，陈霸先做了一件挺扯的事情。

王僧辩是一位能征善战的将军，在平息侯景之乱中，此人与陈霸先相互支援，并肩作战。王僧辩困难时，陈霸先曾经无偿分享给他三十万石军粮，二人结下相当深厚的情谊，还差点儿结成儿女亲家。

不幸的是，动荡不安中，二人在政治上发生重大歧见，陈霸先多次劝阻，均被王僧辩拒绝。就此，二人渐行渐远，陈霸先暗起杀心，周密谋划了一次突袭行动，将王僧辩抓住，并把他们父子二人双双勒死。一代名将的辉煌军旅生涯，戛然而止在昔日战友的手中，令人愕然并扼腕叹息。

让陈霸先这么做的重要原因，应该是来自中国政治文化传统中的一个深层逻辑——成王败寇、赢者通吃。从此，再也没有什么人具有足够的威望与实力和陈霸先抗衡了。

公元五五七年九月，残破不堪的南梁朝廷“进丞相霸先位太傅，加黄钺、殊礼，赞拜不名”；

十天后，“进丞相为相国，封陈公、备九锡，陈国置百司”；

又十余日，“进陈公爵为王”；

三天后，陈王陈霸先让南梁皇帝“禅位”于己。

萧衍创立的梁朝正式灭国，历四帝，国祚五十六年。而陈霸先新建立的南陈，立国时间只有三十二年，不过是从一个旧的、衰朽腐烂的死循环，过渡到了一个新的、尚未锈蚀的死循环中而已，几乎没有能够给人们带来任何意外和惊喜。

这个短命王朝留给中国后世的记忆，好像只有其最后一位帝王——南陈后主陈叔宝宠爱张丽华和另外两位妃嫔的故事——一个相当老套的、远远说不上缠绵悱恻的、连爱情故事都谈不上的那点事儿，大约顶破天也只能称之为情爱故事；而其对于中国文化的贡献，似乎也只有达于极致的一首春宫诗歌——《玉树后庭花》。人们只有在歌咏“商女不知亡国恨，隔江犹唱后庭花”时，才会恍惚记起：哦，原来中国历史上还有这么一个朝代！还有这么做事的这么一帮人！

你能想象吗？当这一切发生时，正值强敌环伺、狼顾虎视之际。那是真正的大敌当前，真正的亡我之心不死，远不是什么忽悠人的顶层设计。然而，他们真的不在乎，他们只在意眼前，只在意眼前妙曼美好的一切。于是，在灯红酒绿靡靡歌舞中，天边翻卷的黑云滚动的惊雷，终于给他们带来了暴风骤雨般的亡国灭家之痛。

这一切，是怎么发生的呢?

来吧，现在，就让我们翻开已经泛黄的史籍，回到那一方面磨刀霍霍，另一方面歌舞升平；一方面磨牙吮血，另一方面觥筹交错的岁月，看看我们的前辈们，是怎样在颂歌盈耳、桃红色旖旎风光中家破人亡的。

陈霸先创建南陈政权后，只过了三年，就死掉了。他的儿子陈昌羁留在长安，无法返回建康继承皇位。章皇后秘不发丧，急召陈霸先的侄子临川王陈蒨入都。当时陈霸先的遗体已经发臭，为了不泄露消息，便先用蜂蜡把尸体密封起来。

陈蒨来到建康后，章皇后寄希望于自己的亲生儿子陈昌能够从长安回来，迟迟不肯接受众人推举陈蒨继位。最后，陈霸先手下最为能征善战的大将军侯安都，在大朝会时，宣称："今日四方动荡，实在不能等陈昌回来了。临川王有大功于天下，我们应共同拥立之。凡不答应的，斩！"随后，此人按剑上殿，进入后宫向章皇后索取皇帝的印鉴玺书，并将陈蒨推到前面，以皇储的身份主持治丧。就此，陈蒨成为陈朝的第二位皇帝，是为陈文帝。

不料，北周居心不良。陈霸先生前曾经多次请求北周放回自己的儿子陈昌，而北周就是死活扣住不放。陈文帝即位不久，那北周就把陈昌放回南陈，意图挑起南陈内斗。陈昌走到半道，陈文帝下诏，封其为衡阳郡王。陈昌乃是陈霸先嫡子，按照传统，具有天然的继承资格，对于堂兄陈蒨即位很不以为然，遂回信，言辞颇为不逊，并继续向建康前进。

陈蒨无奈，把侯安都召来，长叹一声，说：“太子要回来了，我得找个地方养老了。”

侯安都心领神会，答道：“天底下哪儿有天子被取代的道理？”说完，请命前去迎接太子陈昌。

到了长江边上，侯安都与陈昌见面如仪，十分亲热。船行到江中，侯安都将陈昌随从侍卫们打发走，邀请陈昌和自己来到楼船最高处欣赏江上风光。随后，侯安都掏出绳子，将陈昌捆绑起来，以布塞口，头朝下扔入大江。然后将陈昌的所有随从全部杀死，把船凿沉，宣布陈昌船沉淹死。陈蒨则痛哭着出城迎接陈昌的灵柩，并为自己的太子堂弟举行了盛大的丧葬仪式。

杀死太子陈昌后，侯安都被陈蒨封为清远公。这位侯安都并不是一个粗野的赳赳武夫，从陈霸先在岭南起兵时起，他就追随陈霸先，屡立大功。此人武功高强，书法也不错，写得一手好隶书，弹琴水平不低，还熟读经史，作五言诗号称“清靡”，是位能文能武的大将之材，也是陈蒨能够成为陈文帝的第一号功臣。为此，陈蒨投桃报李，令侯安都一家荣华富贵，十分显赫：侯安都父亲死后，陈蒨为其举行了盛大葬礼，使老人家备极哀荣；侯安都的小儿子只有九岁，也被授予不低的官位。侯安都本人更是声威显赫，仿佛建康城里天子之下第一人。他时不时就会召集文武之士，驰马射箭、吟诗作赋，并评鉴高下，按照名次给予赏赐。一般说来，这是天子或者权倾天下的大丞相们才可以做的事情，侯安都做得兴致勃勃。殊不知，皇帝心里已经隐隐然很不舒服了。

侯安都那些刀头舔血的部下们，也都不是省油的灯。强夺民女强买强卖，干了不少很扯的破事儿，司法部门一介入查处，这帮家伙便纷纷逃进侯安都府上躲避，搞得有关部门谁也不敢上门要人。历史上，陈文帝是一位治国口碑很好的皇帝，他知道百姓疾苦，凡事务从俭约，对于人事政事上的真伪善恶，常常有如神助般一眼就能看穿，眼里不揉沙子，对奸邪不能容忍，所以人们很是自励自律。唯独侯大将军日益骄横，全无收敛，终致不得好死。

有一次，皇帝在皇宫中大宴文武百官，侯安都以极不讲究的姿势，箕坐斜靠在宴席上。那时，还没有桌椅，饮宴时都是盘腿坐在铺在地上的席子上，前面放着矮几摆放食物酒具，所以称之为宴席；更正规的场合，则是双膝着地，屁股坐在两个脚跟上，和今天韩国人、日本人的坐法一样。箕坐则是伸直双腿坐在地上，乃是目中无人、既无礼貌又无教养的一种坐姿。这还不算，酒过三巡，侯安都大声询问皇帝："现在，您和做临川王时相比，感觉如何？"此问一出，全场愕然，大家屏住呼吸，谁也不敢吭声。皇帝假装没听见，不理他。谁知，侯安都这厮不依不饶，一声比一声高地连连追问，搞得皇帝再也无法装下去了，只好回答说："当皇帝虽是天命，也多亏你出了大力。"侯安都闻言呵呵大笑。估计皇帝掐死他的心思，就是在侯安都的大笑声中喷薄而出的。

随后，好像他生怕自己死得不快似的，去找皇帝商量，能否借用一下皇帝专用的御用帐宴器具，撑撑面子，招待一下自己的亲朋好友。在中国政治文化传统之下，这个请求实在不是一般的过分。皇帝答应了，但他老人家心里极不愉快。

转天，侯安都真的把自己一家老小亲朋故旧统统请来，大开御宴。他本人坐在皇帝的御座上，家人宾客们坐在文武百官位置上，大家对他像对皇帝一样"称觞上寿"，宾主尽欢尽兴而散。听到报告，陈蒨决心干掉他。

后面的事情就很简单了。官场上从来不缺揣摩皇帝心思的聪明人，有人开始给皇帝打小报告，举报侯安都图谋不轨。有一次，皇宫失火，侯安都亲率甲士，仗剑入卫，指挥救火，相当亲力亲为，表现出对皇帝的无限忠爱之忱。然而，在皇帝眼里，却大谬不然：如此公然带兵入宫，且指挥起来如臂使指，究竟想干什么？史书记载说：皇帝“甚恶之”——皇帝对侯安都深恶痛绝。

很快，皇帝调动侯安都的工作，召他入宫，设私宴招待他。刚刚喝了一杯酒，皇宫侍卫们便一拥而上，把侯安都拿下。第二天，以意图谋反的罪名，将他杀死。

仿佛冥冥之中真有报应一样。

当时，陈蒨的亲弟弟陈顼也羁留在长安。为此，陈蒨不惜向北周割地赔款，把陈顼赎回江南，并授予高位重权。陈蒨在位只有七年，他死后，他的儿子陈伯宗继位为帝，时年十五岁。两年后，陈顼将陈伯宗移居别馆，并杀死陈伯宗的弟弟陈伯茂，不久，又将废黜的少帝陈伯宗杀死，陈顼自己坐上了皇位，立王妃柳氏为皇后，立王世子陈叔宝为太子。陈顼是南陈第四位君主，史称陈宣帝。

此时，北周武帝宇文邕正在韬光养晦，不动声色地凝聚着方方面面的力量，很快就将大展雄才。北齐则在后主高纬的带领下，一代名将斛律光和兰陵王高长恭已经成为釜底游鱼，命悬一线；一大批非奸即坏的坏蛋坯子，兴高采烈地奔走在庙堂之上；而冯小怜马上就要进入后主的视线，二人之间昏天黑地的热恋，即将全面展开。

几年时光，弹指一挥间。据史书形容，陈顼“美容仪”——相貌风度都很美观，而且还有勇力，善于骑射，算得上文武全才，具备了冷兵器时代成为好汉的条件。即位为帝后，此人力图振作，在北周北齐间火中取栗，似乎还真拿到了不错的成果。可惜，形势比人强，上帝也没有给他足够的时间来施展。

先是雄才大略的宇文邕，一举灭掉北齐，统一了北方，其才具远在陈顼之上；随后，更加可怕的杨坚登上历史前台，陈顼只能郁郁而终，将无比秀丽的江山传给他那宝贝儿子——陈叔宝。

陈叔宝，字元秀，小名黄奴，史称陈后主，在中国历史上大名鼎鼎。

陈叔宝的父亲陈顼病重时，陈叔宝和他的两个弟弟陈叔陵、陈叔坚一同进宫侍疾。陈叔陵到宫里后，就去查看给父亲预备的药材，并让负责制备药物的官员把切药刀磨快一些。然后，三番五次地拿起切药刀，试了又试，很不满意。

陈顼驾崩的消息一经证实，陈叔陵马上吩咐手下回去给自己取剑来。用今天的语言描述，那个被派去取剑的人是个标准的猪队友，他给陈叔陵带回来的是一套朝服和一柄木剑。陈叔陵气得破口大骂。

陈叔坚觉得不对，不知道自己这位二哥到底想干吗，一直暗中盯着他。结果，百密一疏，大家忙着给大行皇帝小敛，陈叔宝跪在那儿痛哭，谁也没注意，那陈叔陵抄起切药刀，向陈叔宝的脖子上猛砍。幸好刀钝，只是将陈叔宝砍晕在地。柳皇后跑过来试图阻止，陈叔陵挥刀砍向柳皇后，陈叔宝的乳母吴氏也抓住陈叔陵的衣服，二人撕扯起来。此时，陈叔宝醒来，爬起来就向外跑。陈叔陵甩脱吴氏，追上去揪住大哥的衣服，又挥刀砍去。陈叔宝拼命挣脱。危急之际，陈叔坚扑上来，扼住二哥的脖子，夺下他手中的刀。在众人的帮助下，用衣带将陈叔陵绑在了殿中的柱子上。

就在大家忙着照顾受伤的陈叔宝、柳皇后时，陈叔陵竟然挣脱了捆绑，一路狂奔出宫回到王府，释放狱囚，广散钱财，召集人马，号召京城文武将帅一起攻打皇宫。结果，应者寥寥，只收拢了一千余乌合之众，鼓噪着向皇宫进发。

陈叔坚很镇定，代替陈叔宝把南朝后期最勇猛善战的大将军萧摩诃召来，命他带兵平息祸乱。陈叔陵听说萧摩诃受命前来，很慌，派人把自己的全部仪仗送给萧摩诃，并许诺一旦自己继位为帝，立即升任萧摩诃做宰相。萧摩诃回答说：您只有派最心腹之人亲口对我说，我才敢相信。陈叔陵大喜，立即派遣自己的两个左膀右臂前去。结果，此二人刚刚来到萧摩诃面前，就被当场斩首示众了。

陈叔陵知道大势已去，飞奔回王府，将他的王妃和六位最宠爱的嫔姬带到井边，亲手把她们一一头朝下扔进深井，然后，出逃，然后，被杀死，结束了帝王制度与中国政治文化传统下常见的、禽兽般的二十九年生涯。

然后，就轮到了陈叔坚。

陈叔宝虽然没被他的弟弟陈叔陵砍死，却也受了重伤。陈叔坚抢险及时，立了大功。于是，陈叔宝养伤期间，自然由他代替皇帝哥哥裁决一切军国事务，一时间，陈叔坚权倾朝野。随之而来的就是陈叔坚“因肆骄纵，事多不法”——骄横放纵，肆无忌惮地滥权枉法。陈叔宝对他越来越疑忌，开始疏远他。这就对了，否则就不符合帝国政治运行的深层逻辑了。陈叔宝身边的宠臣们也不停地给陈叔宝打小报告。终于，陈叔宝收回了授予陈叔坚的诸多军政、人事大权，只给他留下了一个崇高却没有任何实权的头衔——司空。

陈叔坚当然很不舒服。品尝过至高无上、几乎不受制约的权力滋味的人，一旦被强行剥夺了权力，大约是很容易走火入魔得抑郁症的。陈叔坚疏解郁闷的方式并没有多少创意，却具有极高的技术含量，很有可能达到了中国古代实用技术的某个巅峰——据史书介绍，陈叔坚找人制作了一个真人大小的木偶，穿着道士服，在其内部机关驱动下，可以日夜不停地跪拜太阳、月亮，为陈叔坚祈祷日月天地神灵早日收走皇帝哥哥陈叔宝的魂魄。不用水，不用电，不用汽油，不用煤，那分明就是一台永动机。

可惜，巅峰状态的“实用技术”+“东方神秘主义”，并没有为陈叔坚带来好运，反倒把他送进了大牢。原因是盯着他的人很多，陈叔宝接到举报后，派人一搜，当场人赃俱获，“案验并实”。陈叔坚也还老实，面对皇帝派来索命的近侍，伏地大哭，认罪态度极好，他哭着告诉皇帝的使者：自己实在没有异心，只是想引起皇帝哥哥的注意和宠爱。如今触犯王法，甘愿受死。但是，请皇帝哥哥给一道旨意，以便到了阴间，见到二哥陈叔陵时，能够代皇帝痛斥他的大逆不道。

这一番婉转陈词效果极佳，皇帝下令免其罪，让他以王爷身份回家玩儿去。从此，这陈叔坚脱胎换骨，变得乖极了，再不惹是生非。后来，南陈亡国后，陈叔坚和他哥哥陈叔宝一道，被押解到隋朝首都长安，隋文帝杨坚对这一对难兄难弟相当宽厚，远远不像杀戮宇文皇室诸王那么心狠手辣。陈叔宝被留在长安，陈叔坚则被远远地发落到瓜州，即今日甘肃敦煌地区，改名为陈叔贤，和自己的王妃沈氏一起，开了一家酒馆，沈氏做老板娘，前王爷做店小二，一时间生意极为红火兴隆。到了隋炀帝的大业年间，陈叔贤当上了遂宁郡太守，得以善终天年。

陈叔宝的日子显然比他弟弟好太多了。

其实，谈论中国古代帝王们的生活，是一件极其乏味无聊的事情；但是，在中国，直到今天，这都是一个具有顶级关注度的话题。不管是哪一个阶层的中国男人，只要聊起皇帝的私生活，就会无比兴致勃勃，每个人都一脸色眯眯的表情，那无穷的向往、无限的艳羡清清楚楚地写在每一个谈论者的脸上。

这实在是拜水银泻地般无孔不入的帝王制度与儒家意识形态所赐。

按照马克思主义经典作家的说法，专制制度下，丧失了物质生产资料的劳动者，会同样丧失精神生产的能力；因此，他们没有自己的思想，统治者的思想就是他们的思想。这种情形清晰地贯穿了整个中国古代社会——在儒家意识形态的说教下，明明是凭借暴力手段夺取了国家权力，却被说成是上天之子，在代表上天治理人间；明明是倾举国民力供养着皇帝一族，却被说成是天子化育天下万物芸芸众生。偌大的皇宫里，住着数千美丽女子、数千不男不女的太监，只为了供养一个男人——皇帝。其中，明明透露出深刻的荒诞、黑暗和残暴，却被热烈讴歌为劳动人民勤劳、智慧、勇敢的象征，不要说什么批判性思维，就连正常理性应该有的一点点良知甚至常识，都统统不见踪影。我们能看到的只有谄媚，入骨的谄媚。

从这样的视角看过去，陈叔宝陈后主的妙曼生活也就真的不算什么了。当一种权力至高无上，且除了上天之外，几乎不受任何约束时；当掌握了这种权力，就意味着普天之下都成了他家的私有财产，可以为所欲为时，陈叔宝不过是做了绝大多数男人都会去做的事情而已。只不过他做得更诗意，更浪漫，更有文学色彩，更具诗人气质而已。

金屋藏娇，这句成语中国人耳熟能详，陈叔宝是个诗人，他不像汉武帝那么粗俗。他倾天下财力，用上好的沉香檀木，为自己最宠爱的张贵妃、龚贵嫔、孔贵嫔修建了三座高大宏丽的殿阁，分别名曰：临春阁、结绮阁、望仙阁，饰以珠翠金宝，“瑰奇珍丽，近古所未有”，“微风暂至，香闻数里”。

陈叔宝具有很高的文化与艺术素养，诗书琴画音律歌舞无所不精，还是位不错的诗人，有着丰富的想象力和纯熟的文字表达能力。中国历朝历代喜欢舞文弄墨的皇帝不少，可惜，除了一位南唐后主李煜，没有一个皇帝能够配得上诗人这个称呼的。制造了大量文字垃圾、号称一生写了五万首诗的乾隆皇帝，竟然没有一首诗能够被后人记住。香风氤氲亭台楼阁限制了他们的诗人情怀，这是没办法的事情。

陈叔宝最为热衷的事，就是每天带着美若天仙的宫中女眷们，和众多大臣们一起，在舞榭歌台中吟诗作赋酬答唱和，由美人们评鉴高下。再谱上新曲，令宫中文艺工作者们习而歌之，分部迭唱，形成一浪高过一浪的歌舞高潮。这些宫体诗篇，绝大多数都是赞美张贵妃和龚、孔贵嫔们岁月静好、如花美貌的，似乎看不出任何艺术价值。其中，最有名的一首，就是我们前面提到的《玉树后庭花》。这是一首在中国历史上名气极大的诗，不是因为有什么精湛的艺术价值，而是因为登峰造极的低俗与炉火纯青的浮艳，因为这首诗真切地告诉了人们，南陈是怎样覆灭在奢靡之中的。

来，让我们读读这首诗：

丽宇芳林对高阁，新装艳质本倾城。
映户凝娇乍不进，出帷含态笑相迎。
妖姬脸似花含露，玉树流光照后庭。

平心而论，一个男人热爱一个女子，哪怕像史书上记载的那样，陈叔宝时常把心爱的张丽华抱在怀里，一起批阅奏章，也并非是什么了不得的大事。综合史书所言，大致情况是：张丽华绝代风华，善解人意，熟知世情，思路清晰，记忆超群，帮助陈叔宝批阅奏章时，可以做到条理清晰，张弛有度，无所遗漏，导致陈叔宝对她言听计从。问题是，这陈叔宝似乎过于滥情了些。张贵妃丽华、龚贵嫔、孔贵嫔、袁昭仪、何婕妤、汪修容、王李二美人、张薛二淑媛，粗粗算来，陈叔宝宠爱的女士，有名有姓的就有十来位。如此，若您告诉我，他还有心思治理好国家，我觉得就未免有些过了。

当一种制度、一种政治文化传统，既没有能力防止出现昏君、暴君、庸君，也没有能力阻止像陈叔宝这样的艺术君，以他们的才能、爱好另类地祸害国家时，这些，又有什么可奇怪的呢？问题仍然在于，我们应该怎么看待眼前的这一切。

直到今天，我们的政治精英、文化精英们，仍然在反复给我们讲述红颜祸水的故事。于是，商朝亡了，是因为妲己；西周亡了，是因为褒姒；吴国亡了，是因为西施；西晋亡了，是因为贾南风；北魏亡了，是因为胡太后；北齐亡了，是因为冯小怜；南陈亡了，是因为张丽华；安史之乱了，则是因为杨贵妃；南唐亡了，是因为小周后；后蜀亡了，是因为花蕊夫人；北宋亡了，是因为李师师……他们唯独不告诉我们，为什么会这样？为什么一个男人掌握了公共权力，就几乎可以为所欲为地祸害这个国家及其人民？仅此一端，讲述这些故事的政治精英、文化精英究竟是什么心思？而那些乐呵呵屁颠颠地听着这些故事并心向往之的男人们，又可怜到了多么不堪的程度？

和任何时代一样，陈叔宝的南陈朝廷中，也有胸怀良知并敢于仗义执言的人。中国人习惯上把这种人称之为忠臣。同样，但凡出现忠臣的时刻，常常意味着这个国家的主政者不是出了大问题，就是整个国家走到了大溃败的边缘。傅縡和章华就是这样的两位忠臣。

傅縡官居中书通事舍人，相当于皇帝身边的机要秘书兼皇宫内外的内通外达事务，负责为皇帝起草各种诏书文告并沟通内外。他在陈叔宝做太子时，就是东宫属官，算得上是皇帝知根知底的自己人。此人思维敏捷，文笔极棒，陈叔宝曾经特别倚重他。傅縡恃才傲物，刚正忠直，得罪了陈叔宝周围的一群佞臣，被他们诬陷收受高丽使者贿金，遂被逮捕入狱。在狱中，傅縡不改本性，上书陈叔宝，直言不讳地批评皇帝“酒色过度”，并痛斥朝政败坏，奸佞弄权，“恶忠直若寇仇，视百姓如草芥”，导致天怒民怨，众叛亲离。他恐怕“东南王气，至斯而尽”。

陈叔宝阅后，怒火万丈，想来想去，念他是自己身边老人，遂命人去问傅縡：“我想赦免你，你能改过否？”

傅縡回答：“我心如面，面可改，心才能改。”

陈叔宝下令彻查到底，傅縡终于被弄死在监狱里。

此时，正值隋文帝杨坚为伐陈而紧锣密鼓周密准备之际。大臣章华上书陈叔宝，劝谏皇帝，万不可沉溺在宠臣嬖妾的温柔富贵梦里，否则，“臣见麋鹿复游于姑苏矣”！

陈叔宝倒也干脆，当即下令，捕杀章华。

包围着陈叔宝的人们，都是聪明人，文采风流更兼善解人意。他们的自我感觉不是一般的好，文能安邦，武能定国，个顶个都是不世出之文武全才。于是，只要军事将领们稍有过失，或者没有过失，只是令皇帝感到不开心，便被皇帝下令夺取军权，统统交给了身边的“天纵英才”们。由是，“文武解体”矣。

公元五八八年四月，隋文帝杨坚下诏伐陈。陈叔宝的“二十大罪恶”被制作成三十万份传单，在江南地区广为散发。这可能是到那时为止，中国最早也是规模最大的宣传战、舆论战和心理战，在世界范围内，大约也可以名列前茅。

当年冬，隋朝以晋王杨广、秦王杨俊、清河王杨素为行军元帅，共九大总管，五十一万八千士兵，兵分八路，大举伐陈。

第二年正月，隋军自广陵即今日江苏扬州渡江。不久之后，就发生了那个流传千古的故事——

隋军进入石头城，陈叔宝隐匿在皇宫后花园的一口井中，隋军发现后，在井上呼喊，陈叔宝不敢答应，隋军威胁要往下扔石头，陈叔宝这才叫喊救命。隋军用绳子往上面吊人时，十分惊异其无比沉重，结果，吊上来的是三个人：陈叔宝、张丽华和孔贵嫔。

南陈覆灭后，陈叔宝及其皇室宗族无人受到杀戮，均被隋朝好吃好喝地供养起来，成为南朝所有短命王朝中的异数。隋文帝杨坚几乎杀光了北周皇室，对陈叔宝却很宽厚，封其为三品官衔。每次宴会前，害怕陈叔宝伤心，杨坚每每叮嘱宫廷乐师不许演奏江南音乐。倒是陈叔宝，上奏说，自己只有官衔，没有官位，要求隋文帝杨坚授予自己一个实封官位。杨坚笑笑，看着陈叔宝的背影，对左右道：“叔宝全无心肝！”

除了几个公认的坏蛋之外，宫中女子只有张丽华被杀死，仅仅因为她风华绝代，长得过于美丽且善解人意。

04

杨坚为什么?

公元五八〇年，是为北周大象二年。五月十二日，周宣帝宇文赟忽患暴疾，并很快就病得不能讲话。当时，皇帝的寝宫里只有两个大臣：御正中大夫颜之仪和御正下大夫刘昉。御正这个官职很像我们经常听到的中书舍人，相当于皇帝身边的机要秘书。他们每天侍候在皇帝身边，负责替皇帝起草诏令，一般说来，是皇帝最为信任的人。

如今，皇帝已经不能说话，连身后由谁辅佐小皇帝都没来得及交代。怎么办？由谁来代替不满八岁的小皇帝行使权力？颜之仪认为，应该挑选小皇帝叔叔辈的年长者入宫主持政务，刘昉则认为皇后的父亲杨坚是最合适的人选。二人争执不下。刘昉遂将内史上大夫郑译找来，起草了一份诏书，召杨坚入宫。颜之仪坚决拒绝在诏书上签字，声称宁死也不能从命。刘昉为了取得诏书的合法性，代颜之仪签了字。就此，将杨坚召进皇宫。杨坚不知道发生了什么事情，进宫时十分忐忑不安。见到刘昉、郑译后，才知道他们是要请自己来主持全国的工作。据说，在这个天大的机会面前，杨坚表现得很是踌躇，“固辞不敢当”。刘昉说：“这件事，你要做就快点儿答应；要不然我可做了。”杨坚遂同意进宫侍疾。杨坚的独孤夫人让人告诫丈夫：“大事已然。骑兽之势，必不得下，勉之！”由于有皇帝的诏令，京城与皇宫的警卫部队全部听从杨坚指挥（《资治通鉴》卷一七四；《隋书》帝纪第一，高祖上；《隋书》列传第一，后妃）。

随后，可能已经是植物人的周宣帝宇文赟病死。刘昉、郑译等再次以皇帝的名义，拜杨坚为“假黄钺、左大丞相，百官总已而听焉”（《隋书》帝纪第一，高祖上）。黄钺就是黄铜大斧，假黄钺的意思就是代替皇帝主宰天下，行使生杀予夺之大权；“百官总已而听焉”，就是文武百官都要听从他指挥，否则就要用黄铜大斧砍脑袋。一般说来，历史上，如果有哪一个大臣到了“假黄钺”这一步的话，那么，离皇位也就只有一步之遥了。

杨坚的情形也是如此。

七个月以后，杨坚由随国公，晋爵为随王；又过了一个月，公元五八一年正月，周静帝宇文阐改年号为大定；二月，八岁的周静帝“禅让”帝位，杨坚代周，是为文帝，建国号为隋，改大定元年为开皇元年，以长安为都。

几乎是在弹指之间，杨坚便轻而易举地建立了大隋帝国。

从杨坚建立隋朝开始，一千多年间，直到今天，始终有人认为：古往今来，在中国创立一个新的朝代与国家，没有任何一个其他人，像杨坚建立隋朝那么容易。

秦始皇兼并六国，刘邦楚汉相争，刘秀削平天下建立东汉，曹操刘备孙权三国博弈，“司马昭之心路人皆知”及其后的五胡十六国、两晋南北朝，所有开国君主，无一不是杀得尸积如山血流成河之后，才能踏着滚滚人头走上皇帝的龙椅。如今这杨坚的皇帝宝座，实在是得来太过简单，简直轻巧得不像话，让人完全无法接受。

按照传统政治术语，隋文帝杨坚以“禅让”得天下，依靠的是昔日同僚们的推戴，在此之前，他并没有打下多么深厚的根基。比较起来，同样是“禅让”，王莽在建立新朝之前所从事的工作，不论是在深度还是在广度上，都远远超过了杨坚。

粗粗看上去，这种说法完全可以成立，至少是在现象上道出了当日的部分实情；但是，若不满足于这种谁都可以看到的表面现象，深入到事情的内部再做观察的话，那么，这里面可能隐藏着人类政治运行的一个相当大的玄机。

我们知道，人类历史上的政治生活中，最高权力的获取与传承，有着清晰的规律可以追寻。即便在实行时可能会有某些变形或交叉，但主体不外乎下列三种：

其一，通过血缘关系获取并传承。这种方式建立在某种稳定的文化传统之上。世界上许多民族采用此种模式，日本万世一统的天皇制度是比较突出的一种。

其二，通过暴力手段获取权力，然后，通过血缘关系予以传承。这是许多国家特别是中国历史上政治运行的基本方式。

其三，按照领袖推举制原则，通过众人意志决定权力的传承。在古代社会，更表现为贵族共和，当代则主要表现为现代民主制度，即通过人民直接或间接选举的方式产生政治领袖。世界历史上，许多民族采用这种方式传承政治权力。在《帝国政界往事——前清秘史》中，曾经用很大篇幅讨论了清军入关之前的政治权力传承机制，他们遵循的就是这种贵族共和式的领袖推举制原则。

事实上，古代游牧民族中，曾经普遍采用此种方式传承政治权力。这些游牧民族主要包括匈奴、突厥、鲜卑、柔然、回纥、契丹、蒙古、女真、满族，等等。自古以来，中国东北、北、西北、西、西南部，“一批批骑马民族相继兴起，像巨浪一样卷过东起兴安岭，西至里海之滨的广阔草原。他们在发展过程中表现出惊人的重复现象，似乎意味着这种国家类型自身的内在规律”（张承志《〈骑马民族国家〉译后记》）。其实，这种重复一点不惊人，就和农耕社会的汉人，几千年不断重复自身的很多特性一样，这些不同时代相继出现的游牧民族，不断重复许多显著的相同或相似之处，亦属正常。

——政治上，他们奉行领袖推举制原则。从前辈学者如江上波夫的研究中，我们大概可以知道，鲜卑人的基层社会单位是“邑”，是一个二十余户、百十人口的聚居点。游牧时，邑分成二三户一群，散布在广大的草原上，即成为所谓“落”。“部”由数量不等的邑落构成，有的一部只有数百邑落，有的则拥有几千、上万邑落。部落由氏族繁衍而成，以氏族为核心，加上奴隶、战俘等外来人口，形成一个命运共同体。邑落的首领叫“小帅”，部落的首长称“大人”，都是由部众推举产生，是不能世袭的。史书记载说：鲜卑人有着“习性勇健，善断争讼者，推为大人”的政治文化传统，这些勇敢、聪明、能够公平裁决纷争的“大人”一旦被推举出来，部众们就要严守大人的命令，违反者将要面临死刑的处分。当需要进行大规模联合行动时，则由大人会议开会决定，并推举出更高的领袖。他们没有姓氏，大人的名字就是部众的姓氏（见江上波夫《骑马民族国家》第一部第二章“欧亚大陆的骑马民族”）。

——军事上，他们实行王族掌军制度，重要的军事权力掌握在王族手中。他们对于把部众或权力分成“八”份，似乎具有特殊的兴趣。譬如，突厥人有八方、鲜卑人有八国、契丹人有八部、女真人有八旗；

——在宗教上，他们几乎全部信仰万物有灵的萨满教。他们居住的毡房穹庐，门经常是朝东开的，目的是为了表达对太阳的崇拜与敬意；

——在婚姻上，他们实行多种婚姻制度。譬如："除了生母、女儿和同母姐妹外，他们可以同全部亲族女人通婚。甚至他们还可以同异母姐妹或父亲死后［留下］的妻妾结婚。"（转引自江上波夫《骑马民族国家》第158页）"父亲死后，儿子可以全部娶下生母以外的父亲的所有妻子。哥哥死时，也允许拉走嫂子的行为。"（《马可·波罗游记》）族内婚，外婚制，承继婚，一夫多妻，一妻多夫，姐妹连带婚姻，对偶婚，嫂婚制，等等，都曾经广泛或同时盛行。哥哥死后，弟弟娶嫂子；弟弟死后，哥哥娶弟妹；父亲死后，儿子娶没有血缘关系的后母；叔叔死后，侄子娶婶婶；儿子死后，父亲娶儿媳，等等，均在习俗允许的范围之内。这种情形不是只存在于一两个民族，而是在几乎所有游牧民族中普遍适用。

隋文帝杨坚死后，隋炀帝杨广将父亲宠爱的宣华、荣华两位夫人收进自己宫中；李世民死后，唐高宗李治把父亲的才人武则天立为自己的皇后，都可以看成是这种文化习俗的遗存。唐明皇李隆基把儿媳妇杨玉环立为自己的贵妃，并演出了一幕千古传唱的爱情故事，虽然超出了这个范围，却也勉强可以归入这一习俗之中。至少，知道了这一点之后，我们就不必对隋唐皇室中的宫闱故事过分惊诧了。

——在男女关系上，我们必须注意的是：游牧民族妇女的地位同男人是平等的。因此，汗王后妃不但在政治军事方面有着巨大的发言权，有时，她们甚至是有名的骁勇善战的女将军。譬如，匈奴郅支单于的阏氏们就是一些很有名的将军。从秦汉时期的匈奴开始，一直到中国最后一个帝国大清朝为止，中国境内所有游牧渔猎民族中，妇女的地位都和男人一样，是平等的。在世界上其他游牧民族中这种情形也绝非特例。由此出发，我们也就很容易理解独孤皇后对于大隋帝国的巨大影响，容易理解武则天之所以能够成为中华帝国唯一女皇帝的部分原因。同样，辽代的萧太后，清代的孝庄、慈禧，在某种特定的意义上，均可作如是观。

——最后，不知出于什么样的考虑，这些游牧渔猎民族在对头发的处理上，都有很多类似的做法。譬如，匈奴、突厥、鲜卑、契丹、党项、蒙古、女真及满族，都会把脑袋前部或大部剃光，留下周围的头发，或者用帽子盖住，或者编成辫子垂于脸旁脑后。中国古代史籍中记载说，鲜卑人特别是拓跋部，人称“索头”，就是把头发编成辫子的意思。将游牧民族轻蔑地称之为“索虏”，在古籍中亦属常见。

作为北方游牧民族的重要一支，鲜卑人也具备了上述诸多的文化习俗与特性。这应该是我们理解魏晋南北朝和隋唐时代诸多社会文化现象的关键。

但是，细细检视起来，我们会发现，鲜卑人与匈奴人、突厥人有一个很大的不同。匈奴人与突厥人以蒙古草原为其根本，是纯粹的游牧民族。他们逐水草而居，流动性极强，对定居于土地并没有什么特殊的感觉与喜爱。因此，他们只有在注视中亚细亚内陆大草原时，目光里才会充满深情，那里是他们的家园、他们心目中的天堂。称霸欧亚内大陆是他们真正的英雄梦想。因此，他们才会来去如风，在东到大兴安岭、西到里海之滨的广大草原牧场上奔腾驰骋。他们时常会在一位伟大骑士的带领下，动不动就建立起一个横跨欧亚大陆的大帝国。当那位英雄死后，帝国便流星般地消失在历史的天空之中。哪怕在最为强盛的时节，他们都只是满足于从农业区域里抢掠或敲诈财物，似乎从来没有自己取而代之、在中原华夏建立一个王朝的念头。

鲜卑人则不同，他们起源于大兴安岭以东地区。那里是不见天日的原始森林地带，是向温暖湿润的农耕地带交错过渡的地方。从遥远的新石器时代起，他们就在那里多种经营：春夏农耕，秋冬采集狩猎，亦牧亦农亦猎亦渔亦采集，土地对于他们具有重要的意义。再向东北，西伯利亚的高山、密林、暴风雪遮住了他们忧郁的目光，致使他们只能将视线转向西南方向，转向那一片看起来温暖、富庶而安宁的田土。事实上，在中国境内建立过大规模国家政权的游牧渔猎民族，基本是起源于这一地区的鲜卑人、契丹人、蒙古人、女真人及其后裔满族人。北魏帝国就是鲜卑人在中国历史上的第一个成功尝试。

在从森林、草原逐渐向农耕地区蚕食的过程中，鲜卑人渐渐出现了男系子孙世袭的情况，到了魏晋时期，世袭成为普遍现象。在血腥与残暴中，鲜卑人完成了由推举制的部族联合体到君主独裁制的转变，建立起了与中原几乎完全一样的帝制国家。最高权力的传承也由兄终弟及，转向父子相继。有研究者认为，这是中原文化渗透和鲜卑拓跋氏拥有强大政治军事实力所致。

显然，这不是理念问题，而是文化交融、现实需要与实力对比等因素综合作用的结果。在未来的岁月里，我们将会发现，推举制虽然对于群体长远发展有着明显益处，但并没有成为一种明确的文化自觉，时常会在农耕文化与现实主义的考虑下，被世袭制或暴力夺权所取代。其中意味至为深长。

后来发生的事情，我们已经知道：六镇暴动事实上将北魏帝国的统治强力打断。随后，战乱席卷各地。曾经发生过两千多名皇室成员、外戚、贵族、各级官吏被一次杀死的事件。具有神格特征、曾经神圣不可侵犯的皇帝、皇后与皇太后或者被杀死，或者被投入黄河。表明以鲜卑人为主体的各民族暴动军民，已经对拓跋皇室彻底失去了信任与支持。神圣的传统被打断，神圣的王族被消灭，世间不再有什么东西是神圣不可侵犯的。文明冯太后和魏孝文帝推行的激进变革，直接导致这种结果。于是，反对汉化、恢复鲜卑旧有的文化习俗，在暴动军民中就具有了特别现实、特别激动人心的号召力。

就是在这种情形下，武川镇的青年军人们，推举出了自己的领袖宇文泰。

与其他政治权力传承模式比较，只有在推举—选举制之下，方才可能制度性地将优秀、适宜者选拔出来，这是推举—选举制毋庸置疑的优势。这种模式具有天然机制，在道义与现实两个方面，对被推举者形成很难忽略的制约，使政治权力达成微妙平衡，从而放大了被推举—选举者当权后随心所欲的困难与成本。优秀人物拥有权力后不再优秀的事例，在人类历史上远非绝无仅有；并不优秀者握有权力后，经常表现得更加糟糕，从而将平衡打破。历史告诉我们，在政治生活中，只有当各方力量大致保持某种微妙平衡时，政治方才可能平稳运行。同理，政治权力的取得，来自实力的对比与适宜的条件；当力量不足、条件尚不具备时，仅仅有理想与愿望是远远不够的。一切依时间、地点、条件而转移，说的其实是力量和条件的问题，是必要条件与充分条件是否具备的问题。

杨坚取周代隋，看起来十分偶然，实则大体应该被看作是时势使然，是包括了文化、心理诸多复杂因素在内，各种力量长期博弈的结果。其中，他的父亲杨忠所奠定的家族地位，杨坚本人的长期准备，都发挥了重要作用。而最重要的因素，则可能与宇文邕死后，他的继承者宇文赟很糟糕地打破了政治上的平衡，导致各种政治力量都在寻求新的平衡密切相关。在这个意义上，杨坚的成功，就很难说是偶然的。

杨氏家族并不属于显赫的军人世家。现代人造假学历，是因为社会需要；同样，那时的人们特别看重家世背景，于是，杨忠及其后代给自己家族编造了一个很显赫的祖先，现在看很无聊，当时却极重要。六镇暴动之后的战乱中，杨忠一度在边塞和山东地区游荡，后来追随独孤信，开始渐渐闯出了世面。从史料中判断，他可能至少是那种能够置生死于度外的勇士，因此，独孤信才会和自己的这个老部下结成儿女亲家。大统四年，是宇文泰创建西魏的第四个年头。在河桥之役中，杨忠曾经率五位壮士守住渡河的大桥，一次次挡住了数倍敌人的进攻。在东、西魏之间的长期战争岁月里，杨忠几乎参加了所有重要的战役，并屡屡有上佳之表现。有时，这种表现已经具有了真正传奇般的色彩。

有一次，杨忠镇守蒲坂，接到一个秘密情报，东魏方面的大将司马消难准备投降西魏。杨忠立即和一位级别差不多的将军达奚武带兵前去接应。他们昼伏夜出，深入敌后五百里，却始终没能和司马消难接上头。当时，他们距离司马消难所在的城池只有三十华里。达奚武认为很有可能出问题了，甚至是个阴谋也未可知，主张立即撤退。杨忠表示，宁可前进一步死，绝不后退半步生。于是，他独自带兵前去探路，并在敌人巡夜的刁斗声中，一直摸到城下。达奚武亲自前来劝阻。杨忠表示，任何人都可以跟着达奚武撤退，自己绝不后退。结果只有很少几个部下撤走，绝大部分人宁愿相信杨忠的判断。最后，他们居然真的进了城，并把司马消难接应上，一起撤退出来。

他们渡过洛水之后，大批敌军追赶上来，杨忠只带三千人马殿后。他下令让大家下马解鞍，躺在河边休息。他对大家说："你们只管放心大吃大喝，这里是军事死地，他们肯定不敢过河。"结果，双方对峙在河两岸，对方人数虽然占据压倒性优势，却真的始终没有渡河过来，直到杨忠从容离去。我们知道，在冷兵器时代，有时安排撤退远比安排进攻要难。事后，勇猛善战名气不小的达奚武赞叹说："我达奚武自认为是天下好汉，和你比，我还真的服了。"

颇能说明杨忠某个重要侧面的故事，发生在西魏大统十六年，也就是公元五五〇年。杨忠率部在湖北安陆与梁朝刺史柳仲礼作战，打了一场大胜仗。战役结束后，杨忠大量收敛战败者进献的财宝，并因此对俘虏特别优待。谁知，回到首都之后，柳仲礼还是在宇文泰面前告了杨忠一状。宇文泰没有深究杨忠。杨忠却懊悔至极。他深悔自己做错的事情不是贪财，而是没有早点儿干掉柳仲礼。据说，此后只要他是领军主将，就会想办法把敌方战败的高级人物干掉。在未来的岁月里，我们将在杨老将军的儿子隋文帝杨坚、孙子隋炀帝杨广那儿，发现类似的秉性。

在史书上，我们找不到杨忠和宇文泰过去是否有渊源的证据，但他现在肯定给宇文泰留下过极深的印象。原因是，他曾经在老虎的血盆大口之下，救过宇文泰。当时，西魏组织了一次类似实战演习的大规模围猎，一只猛虎突如其来地冲出来，扑向毫无防备的宇文泰。就在所有在场的人惊愕不知所措时，杨忠冲上去一把抱住了老虎的腰，并用另一只手死死抓住了猛虎的舌头，直到老虎被众人制服。其后，宇文泰一提起杨忠就会用鲜卑语连连赞叹："掩于，掩于。"就是猛虎、猛虎的意思。整个帝国及其军队也传遍了猛虎英雄杨忠的大名。

就这样，独孤信的部下杨忠，虽然不是宇文泰的嫡系，却也被任命为西魏十二个直接掌兵的大将军之一。公元五五九年，北周明帝武成元年，杨忠被封为随国公。当时，明帝宇文毓的皇后是独孤信的长女，而杨忠的儿子杨坚也娶了独孤信最小的女儿为妻。至此，杨忠通过自己的舍生忘死和老领导独孤信这条线，与皇家搭上了关系，杨氏家族进入了皇亲国戚和贵族的行列。

从史书上可以看到，杨忠为杨氏家族奠定了相当雄厚的根基。

除了十二大将军之一的官职和随国公贵族爵位之外，他有五个儿子五个女儿，老大杨坚娶了皇后的妹妹、帝国最高级军职——六大柱国（八位柱国大将军，其中六柱国实际领军）大将军之一独孤信的幼女；老二杨整娶了宇文泰的外甥女；老三杨瓒娶的是宇文泰的女儿、周武帝宇文邕的妹妹。他的五个女儿也都嫁得不错。一个女儿嫁到了另一位柱国大将军李弼家；还有一位嫁给了同是十二大将军的豆卢宁的儿子豆卢通；其他几位也都嫁进了豪门显贵之家。除了亲家独孤信，当时可能还没有哪一位帝国高官，能够用儿女婚事结下如此细密的政坛网络。

与父亲比较起来，杨坚的情形要显得诡谲得多，史书中很难找到此人做皇帝前有什么建功立业、可圈可点的事迹，装神弄鬼之类的玩意儿倒是着实不少。对此，我们已经十分熟悉，这是中国古代谋求政治权力时最为常见的手段，也是夺取权力后，利用神灵天地使之具有意识形态合法性的唯一手段。因此，在所谓堂皇正史中，这种货色才会比比皆是，所谓“神道设教”是也。

名列二十四史的《隋书》，开篇就说，杨坚生在一个寺庙里，随着他呱呱落地，满庭院都充溢着大吉大祥的紫气，叫作“紫气充庭”（《隋书》卷一，帝纪第一 高祖上）。这时，有一个从河东敌占区来的尼姑，对杨坚他妈说：“这孩子大有来历，不是一般人，不能让他待在俗世。”于是，就把杨坚带到了尼姑庵的别馆亲自抚养。有一天，杨坚他妈抱起了自己的儿子，忽然看到这小子“头上角出，遍体鳞起”，吓坏了，把那头上长角、浑身是鳞的“龙儿”掉到了地上。尼姑从外面进来，说：“已惊我儿，致令晚得天下。”（《隋书》卷一，帝纪第一 高祖上）据这部正史说，杨坚“为人龙颜”——长了一副龙脸，额头有五根柱子直入头顶，目光外射，上身长下身短，手上的掌纹是个“王”字，云云。

后来，有学者考证说，这个尼姑是杨家的家僧智仙，那座寺庙则是杨家的家庙。如此一来，这些无法考证的说法也就无须考证了。杨坚在这里的作为，与他的前辈们对佛教和鬼怪的运用，没有任何特殊之处。

我们知道，中国佛教哲学与佛教艺术在魏晋南北朝时达到了一个高峰。云冈石窟、龙门石窟等，这些堪称伟大的宗教艺术作品，就是从鲜卑人的北魏帝国时代开始的。站在这些不朽的佛陀面前，人们无法不感到震撼。今天，我们已经很难想象，究竟出于什么样的心理与精神状态，才会让人们付出如此巨大的劳动？许多学者告诉我们，那是因为当时社会过于战乱流离，人们遭受太多苦难，因此，以此寻求精神寄托与慰藉（参见李泽厚《美的历程·六　佛陀世容》之“悲惨世界”诸节）。这样说，固然可以成立，但很有可能只是皮相之谈，忽略了另外一层更真实更深入的原因。这些巨大的佛陀造像，最初，几乎全部出自北魏帝国皇家之意志，与现世民间之苦难关系不是太大，其潜台词中的逻辑指向，实际是进入中原之后，鲜卑民族在意识形态上的迫切需要。

鲜卑人与其他许多游牧民族一样，相信万物有灵，萨满教为其宗教信仰，萨满意识与仪式几乎贯穿了生老病死的全过程。他们相信，自己的开国英雄是太阳光照耀女人的肚子，导致女人受孕，生下了天神的后代。这和世界上众多民族的始祖神话大同小异。如突厥人的祖先是母狼与天神结合后生下的，因此，突厥人以狼为其图腾和保护神；女真人的祖先是仙女吃了乌鸦衔来的仙果而生下的，因此，满族人给予乌鸦特殊的关照。秦始皇的祖先、刘邦的妈妈都有类似的神话。其功效在于建立王族神圣不可侵犯之地位，并借以形成政治向心力与凝聚力，是人类至今都用来建立意识形态与权力合法性的套路之一。

进入中原，建立北魏帝国之后，深受中原文化影响的北魏道武帝拓跋珪，以其强大的政治军事实力，下令解散鲜卑各部族，命部落民一律归入郡县编制，实现了胡汉融合与统一的一元化管理体制。与此相呼应，他几乎是同时开始推行佛教，将之尊为类似国教的帝国意识形态。其意图非常简单，就是在行政上实行胡汉一体化治理之后，还要在宗教与意识形态上密切鲜卑人与汉族人之间的关系，以达成精神上的一体化。原因十分明显：面对庞大的汉族人口，这个目标不大可能依靠萨满教来达成；同理，对于凶猛剽悍淳朴爽直的鲜卑民众来说，孔孟之道的之乎者也显得过于假模假式，从而格格不入。

为此，拓跋珪在今日大同附近修筑首都平城的同时，下令“国都造佛像，建寺院，许其信者居住”。帝国首都修建了五层塔、耆阇崛山殿和须弥山殿，随后，又修建了宣讲佛家经典的讲堂，修禅的禅堂与沙门房。赵郡的和尚法果也被召到首都，皇帝任命他担任帝国宗教事务管理机构——道人统的最高长官。

这位法果不但识趣而且凑趣，他立即宣讲说：道武皇帝英明睿智崇佛好道，根本就是当今在世之如来。而既然是如来现世，沙门当然就要顶礼膜拜了。于是，法果毫无愧色地打破佛门弟子在家不拜父母，出家不拜帝王的戒律，欣欣然带头跪在了皇帝脚下。就这样，游牧民族君主必须“亦神亦人”的坚定信念，在这老和尚的一跪之下，轻轻转变成了人佛一体。日本学者江上波夫评论道：“人间最高君主和灵界至上之佛陀的一致化，正是北魏佛教的特色。”（江上波夫《骑马民族国家》第二章第四节“鲜卑和乌桓”）

请看看云冈石窟第十六至第二十窟，那里供奉着五尊巨大的石佛，这是最早为北魏皇家开凿的五个石窟。这五尊大佛的相貌，据说是按照皇家父祖五帝的相貌雕制的。在北魏皇家及其御用宗教界人士的心目中，那时的释迦牟尼应该长得长目、高鼻、厚唇、丰颐、宽肩。人类学家说，这是鲜卑人的典型相貌。若干年后，武则天的男性妃嫔大和尚薛怀义，愣是在佛家经典中，找到了武则天是佛母再世的证据；武则天欣然接受，并在洛阳龙门石窟用自己的相貌雕制了一尊大佛，为自己成为中国历史上唯一一位女皇帝铺平了道路。杨坚和武则天的做法，显然是从他们前辈那儿亦步亦趋学来的，属于毫无想象力和创意的劣质抄袭品。由此，我们可以知道，但凡见到大而无当却需要耗费巨大财富的物件儿时，不用问，必定是出自政治的考虑，或者就是权势人物随心所欲的产物。在他们那里，只算政治账，决策人格化，不惜任何代价，包括云遮雾罩满口胡吣，在中国帝制文化之下是有悠久传统的。想想那面目狰狞的龙，倘若没有足够特殊的思维方式和目的，想来人们不会如此这般地描绘“人”的外形。

十四岁时，杨坚被京兆尹也就是帝国首都的最高行政首长聘为功曹。我们知道，古人按虚岁计算年龄，一个周岁十三岁的毛孩子，能够当上帝国首都市政府级别不算低的官员，显然是可以做多种理解的。十五岁时，由于父亲的功劳，杨坚被授予散骑常侍、车骑大将军、仪同三司、封纪县公；十六岁又升迁为骠骑大将军、加开府，成为帝国的高级官员。所谓仪同三司，指出门时可以使用与三司相同的仪仗，开府仪同三司就是不但可以使用仪仗，而且可以有自己的办事机构和办事人员。《隋书》记载说，宇文泰见到杨坚时，曾经赞叹说：“这小伙风度不像咱们代北人。”

明帝即位之后，将杨坚的贵族爵位由县公进为大兴郡公，并任命他为小宫伯。这个职位属于宫廷侍卫官，一般由高干子弟出任，既有笼络、考察的意思，也有放在那儿当人质，便于监视的考虑。古代帝王任命官吏时，时常会让人暗中给他们相面。据说，相者赵昭看了杨坚的相之后，对皇帝说：“普六茹坚不过是个做柱国将军的材料”——杨忠、杨坚的鲜卑姓氏是普六茹——随后，这个两面三刀的小子私下里悄悄对杨坚说：“您应当是天下的君主，只是必须要大开杀戒才能安定天下，请务必记住在下的话。”（《隋书》卷一，帝纪第一 高祖上）我们不知道这种情形是否可能。因为，当时，这个小小的普六茹坚还不满十六岁。后来，杨坚当权后，杀得昏天黑地，包括待他们杨家不薄的宇文泰、宇文邕的儿孙们，被他杀得七零八落。可以想见，他是从这种编造出来的说辞中保持住自己心理平衡的。

当时，北周上层政治关系特别复杂，杨坚在其中的角色也十分含混不清。

被推举为领袖的宇文泰，自己并没有做皇帝，而是立了一个北魏拓跋皇室的傀儡皇帝，所以史称西魏。经过二十二年经营，西魏日益发展壮大，宇文家族也已经树大根深。宇文泰临死时，因为儿子年幼，所以将身后托付给了侄子宇文护。宇文护获得重臣们拥戴后，立即迫使西魏影子皇帝退位，扶持宇文泰的嫡子建立北周政权。这就是北周的第一个皇帝孝闵帝。显然，这种做法已经和鲜卑的推举制原则相去甚远，倒是和曹操、曹丕父子建立魏，司马懿司马昭家族建立晋，形神俱似。结果，引发了几次惊人的事件：

先是六大柱国中的两位——赵贵和独孤信，不满意宇文护的做法，结果，赵贵被宇文护处死，独孤信被迫自杀；随后，只有十六岁的孝闵帝，在身边近臣的撺掇下，想要除掉宇文护自己掌权，结果被宇文护发现后废黜；由他同父异母的哥哥宇文毓继位，是为周明帝，就是独孤信大女儿所嫁的那一位；谁知，两年后，周明帝又莫名其妙地病死，再由他十七岁的弟弟宇文邕继位，就是历史上名气不小的周武帝。许多人相信，周明帝宇文毓是被宇文护毒死的。

这种频繁的权力斗争，表明西魏—北周的权力传承机制相当混乱，他们还有很长的路要走。宇文护就是在这种混沌状态中，主持国政十五年。在此期间，宇文护大体按照宇文泰制定的基本国策治国，北周发展得很不错。正是因为有了这个基础，宇文邕才会在后来很短的时间里，实现了北方的统一。因此，很难完全否认宇文护的政治才干和功绩。仔细检视起来，皇帝宇文邕和宰相宇文护之间，实在没有什么政治上的分歧。他们之间的全部问题就在于——谁来执掌权力。因此，随着宇文邕年龄的增长，这位号称富有才干的皇帝，与宰相宇文护之间就势必会有一拼。中国帝制文化传统具有天性凶残的基因，这种情形是其必然的逻辑后果，这是没有办法的事情。

在这十几年时间里，宇文护发号施令，代皇帝执掌大权。宇文邕则表现得极为谦抑。逢年过节，他一定带领兄弟子侄们亲临宰相府，向宇文护一家人嘘寒问暖；在太后面前，宇文护可以大模大样地坐在那儿侃侃而谈，皇帝却要赔着小心，侍立在一旁。表面上，皇帝对宇文护尊崇有加，商量事情时，从来不提反对宰相的看法，暗地里，他却一直在争取元老重臣们的支持。同是六大柱国之一的于谨，是鲜卑大族，在其当时，是极少见的文武全才，其威望地位与宇文泰、独孤信差相仿佛。宇文泰脱颖而出与于谨的支持大有干系；宇文泰死后，又是于谨带头给宇文护行大礼表示拥戴，使宇文护顺利接掌大权。为此，宇文邕下了极大功夫争取于谨。下面的这个小故事，可以让我们直观地知道，皇帝的这种功夫下得有多深——

有一次，宇文邕按照差不多一千多年前周代的礼仪，前去视察太学。他恭恭敬敬地给扮演教化“三老”的于谨行迎拜大礼；然后，跪着给“三老”割肉、敬酒，侍候“三老”用餐。待“三老”吃好喝好后，皇帝再面北而立，聆听“三老”教诲。

就这样，久而久之，天平渐渐斜向了宇文邕。偏偏那宇文护的儿子们不成器，倚仗父亲的权势，一而再、再而三地干了很多替他们父亲招人痛恨的事儿。结果，导致一些元老重臣支持宇文邕对付宇文护。

终于，有一次，宇文护从外地返回京城，宇文邕安排亲信扼守住皇宫，然后，极为亲热地拉着宇文护到后宫去见太后。宇文邕告诉宇文护：太后春秋已高，可是太喜欢饮酒，会伤害身体。边说边从怀里掏出古代经典《尚书·酒诰》，请宇文护以此劝谏太后。那一世精明的宇文护信以为真，与太后见过礼后，真的捧着《酒诰》在太后面前朗诵。站在身后的皇帝宇文邕抡起一根玉珽，猛击宰相宇文护后脑，将其击倒在地。事先安排好的人们冲出来，当场将执掌朝政十五年的帝国最高行政长官杀死。

就这样，历史上口碑很好的宇文邕，和自己的前辈一样，没有能够在权力传承上建立起具有意识形态和道义支持的合法性。这看似无关紧要，实为要命之所在，为他身后的巨变，埋下了深长的伏笔。在阴谋和暴力中取得的权力，常常会在阴谋与暴力中失去，有时，这既是一种逻辑后果，也是一种真正的宿命。

这十五年，杨坚从十五岁到三十岁。上面谈到的那些任命、相面之类都发生在此期间，包括杨忠死后杨坚继承了父亲的随国公爵位。因此，正史中对他的有些记载显得很可疑。

《隋书》说：宇文护执政期间，特别猜忌杨坚，“屡将害焉，大将军侯伏侯寿等匡护得免”（《隋书》卷一，帝纪第一 高祖上）。我们知道，宇文泰是被一批和他声望、地位差不多的人推举出来的，这批人就是后来的六大柱国。宇文泰将后事托付给宇文护时，这些地位崇高的元老们表示了拥戴之意，从而具有了某种推举制的意味。按照鲜卑人的推举制习俗，部落大人一经推举，就极有权威，可以处死违抗命令的人。后来赵贵、独孤信被宇文护轻易处死，并且波澜不惊，显然与此有关。与独孤信们比较，当时的杨坚之流差得不是一星半点。说宇文护特别疑虑杨坚，屡屡想干掉他却做不到，可能和那些装神弄鬼的胡扯一样，并不可靠。否则，宇文护执政期间对杨坚的那些任命就变得很难解释。

周武帝和杨坚的关系则更是耐人寻味。

周武帝宇文邕在历史上评价不低，是个精明强悍的皇帝。他灭掉北齐，重新统一了中国北方。可惜他三十六岁就死了。有人说，老天爷要是肯多给他几年岁月，重新统一中国的事业，可能就会完成在他的手里。那样的话，就不会有杨坚和隋朝什么事儿了。

宇文邕比杨坚小两岁，他对杨忠父子特别好。在他当皇帝期间，杨氏家族的地位扶摇直上，成为帝国最重要的皇亲国戚和高官显宦。譬如，他曾经提出让杨忠出任地位崇高的太傅，被宇文护断然拒绝。后来，皇帝做主，让杨坚的同胞弟弟杨瓒娶了皇帝的妹妹为妻，并且同样在皇帝的旨意下，杨坚的大女儿杨丽华成为太子妃，嫁给了宇文邕的儿子宇文赟。这种情形显然和宇文邕拉拢帝国重臣、培植力量对付宇文护有关。政治游戏需要高度现实，需要很理性地让情势朝自己希望的方向倾斜，与此同时，用另一种力量牵制这种倾斜，使之不至于失去控制而翻车，然后，达到一个新的平衡。倾斜——牵制——平衡，再倾斜——再牵制——再平衡，所有政治都是在这个基本原理下运行的。可是，政治人物经常算错账。原因是，人，不可能彻底理性，时时会受智商、情商的限制与影响，在现实挤压、过强的心理预期或心理干预下，常常会一厢情愿，结果，扶持起来的力量比自己要对付的力量可怕许多，导致事情演变得完全脱出自己的预期。

杨坚可能就是宇文邕这种错误的受益者。

中国历史上，此种情形多到数不胜数。原因在于：中国帝王政治是一种高度人格化的运行体制，一个人一种情景，理性程序的调节控制常常形同虚设。因此，人与人之间的倾轧和尔虞我诈具有特殊残酷阴狠的性质，除非运行机制得到改变，否则，这是没有办法的事情。号称雄才大略的宇文邕，大约无论如何也不会想到，他一手提拔起来的杨坚，会在自己死后仅仅两年半，就成了宇文家族的掘墓人。

只有放在这个大背景下，我们才能明白下列这些云遮雾罩的记载——

据说，宇文邕的弟弟齐王宇文宪曾经对皇帝说："普六茹坚相貌非常，我每次见到他，都觉得不舒服。这小子恐怕不是久居人下之人，最好早点干掉他。"宇文邕回答说："他不过是个将军的材料而已。"没有理睬宇文宪。

宇文邕的几个儿子都不成器，太子宇文赟更是个扶不起来的纨绔，经常挨宇文邕鞭打。有一次，宇文邕重用的近臣王轨喝完酒后，捋着周武帝宇文邕的大胡子说："真是个可爱的好老头，可惜儿子不成器。"据说，就是这个王轨，曾经直截了当地对皇帝说："皇太子不像人君，普六茹坚貌有反相。"皇帝很不高兴，说："要真是天命的话，也没办法。"（以上见《隋书》卷一，帝纪第一 高祖上）

杨坚很少的一点功德建树，后来也被罩在神灵鬼怪当中。在周武帝宇文邕消灭北齐统一中国北方的战争中，杨坚立过几次战功，被进位柱国，受命为定州总管，并迅速成为帝国重臣。据说，定州西门关闭了很久，一直没有使用，北齐时，曾经有人要求打开这扇门，以方便行人。北齐文宣帝不许，说是："当有圣人来启之。"杨坚当了定州总管后，就是从这门进的定州，人们"莫不惊异"（《隋书》卷一，帝纪第一 高祖上）。鬼话说多了，有时就会连自己都信以为真。当时，宇文邕如日中天，在帝国体制下，若真有这种传闻，恐怕很难不让他知道。以宇文邕干掉宇文护的劲头，他大约不会给杨坚留下实践这些东西的机会。因此，这些很有可能是杨坚夺位前后，以天命建立自己合法性的努力的组成部分。

因此，只有将这一切放到皇帝宇文邕与宰相宇文护的斗争中时，才可以得出合乎常识的结论。因为，只有在这种情形下，杨坚这种双方都要争取的人才有可能两家通吃：既在宇文护手下不停地加官晋爵，又在宇文邕那里受到不同寻常的关爱，直至成为最重要的皇亲国戚，直至宇文邕死后，成为有资格攫取最高权力的人。

就这样，宇文泰、宇文护、宇文邕这三位精明强悍的政治领袖，历尽艰难困苦生死搏杀创建起来的一切——从西魏到北周，居然都成了为杨坚的大隋朝打工。这太不可思议了，但事实就是如此简单。否则，我们势必就要相信天命所归那些更简单的鬼话；虽然看上去有些变态或是弱智，但既然古往今来全国人民都信，也就不算丢人。何况，堂皇正史就是这么告诉我们的。

现在，距离夺取最高权力，杨坚的必要条件和充分条件还差不少。不过没关系，宇文皇室的继承人，很快就会用自己的作为，为他弥补上几乎所有不利因素。

公元五七八年，是为北周建德七年。前一年，北周消灭北齐，统一了中国北方，国势蒸蒸日上。五月，宇文邕率兵北击突厥，希望解除后顾之忧，然后一举统一全中国。然而，六月，只有三十六岁的宇文邕，于进军途中病逝。太子宇文赟继位。杨坚由太子的岳父，自然升格为皇帝的丈人。

从史料看，宇文邕的这个儿子的确是个超级纨绔。为此，这厮挨过不少鞭子和棍子，宇文邕也多次威胁要废掉他的太子名号。无奈，他几个儿子没有一个是成器的。宇文邕的弟弟宇文宪是个文武全才，能力和威望都很高，继位的呼声也很高。宇文邕自己就是从哥哥宇文毓手中继承的皇位，按理说再传给这能干的弟弟也是顺理成章。可是，宇文邕不愿意，他只想着自己的儿子，哪怕明知这小子不是个东西。

宇文邕死后，在遗体告别时，宇文赟抚摸着挨打的伤疤，骂道："早就该死，死得太晚啦！"然后，就急急忙忙地阅视父亲的妻妾宫人，挨个和她们睡觉（《资治通鉴》卷一七三）。

在执掌国政后的岁月里，宇文赟最先考虑的国家大事之一，就是如何干掉自己的叔叔宇文宪。

宇文宪是齐王，由于功高望重而出将入相。宇文赟对一个先帝留下的重臣说："你要是帮我干掉齐王，我就把他的官职给你。"那个臣子叩着头回答："先帝遗命，不许滥杀骨肉。齐王功高德茂，乃社稷重臣，若无故害之，则臣为不忠之臣，陛下乃不孝之子矣。"宇文赟很不高兴，把他赶出皇宫，后来，连理由也没找就把他赐死了。一般说来，中国皇帝，哪怕是人渣皇帝，若想干什么的话，都会有大把同样是人渣的臣子们前来凑趣。果然，有几个家伙，包括后来帮了杨坚大忙的郑译，实在编不出像样的理由，于是，就把宇文宪骗进皇宫，愣是用绳子勒死了。几位和宇文宪比较接近的重臣也被一一杀死。《资治通鉴》记载说，当时，因为对齐王宇文宪和其他几位都找不到合适的罪名，所以只能称呼他们是"伴死"，就是结伴去死（《资治通鉴》卷一七三）。

王轨的鲜卑名字叫乌丸轨，是先帝宇文邕最信任的近臣之一，能干而且忠诚。他曾经多次建议宇文邕杀杨坚并更换太子，后来被宇文邕外派为徐州总管。如今太子熬成了皇帝。有一天，皇帝指着被父亲打的疤痕，慢悠悠地问郑译："我脚上的伤是怎么来的？"郑译回答："就是因为乌丸轨。"说着，就把王轨捋着宇文邕胡子说的那番话，告诉了皇帝。王轨总管的徐州"控带淮南"，与南朝近在咫尺，王轨曾经说，自己要想保命，是易如反掌的事情。但是，王轨认为“忠义之节不能违”，何况自己受先帝厚恩，无法忘怀，只能在此等死，寄希望千年之后，人们能够了解我这颗心。不久，皇帝派人去徐州，杀死了王轨（《资治通鉴》卷一七三）。

为了防备有人对自己不满，皇帝派人暗中监视朝臣，记录他们的一言一行。史书记载说：“小有乖违，辄加其罪。”结果，公卿百官，很少有人没挨过鞭抽棒打，被处死或罢免官职的数不胜数。帝国官场几乎所有的人都战战兢兢，不知道什么时候会轮到自己（《周书》卷七，宣帝纪）。

尉迟炯是宇文泰的外甥，也是帝国重臣。他的孙女叫尉迟炽繁，长得很漂亮，嫁给了皇帝堂兄宇文亮的儿子。按照制度，尉迟炽繁以宗亲入宫朝贺，谁知被皇帝一眼看上，便灌她喝酒，愣把她留在了宫中。宇文亮父子正领军打仗，被逼得无路可走，只好造反。结果全家被杀。尉迟炽繁则被正式迎进皇宫。

杨坚的女儿就是这位皇帝的皇后。中国历史上，宇文赟是唯一一位给自己册封了五位皇后的皇帝，包括那位尉迟炽繁。搞得杨皇后明明是正宫娘娘，如今却成了五分之一皇后，这份郁闷真是不说也罢。

有一天，不知为什么，皇帝大怒，命令杨皇后“引决”，就是自杀的意思。皇帝的老丈人杨坚吓得一声不敢吭。他那位出身匈奴的独孤夫人，在皇宫门外为女儿求情，磕头磕得血流满面，皇帝女婿才算回心转意。史书没有记载原因，只是记住了皇帝对杨皇后放出的一句狠话：“我早晚要杀了你们全家。”然后，就和关于杨坚的所有故事都没头没脑一样，皇帝派人去召杨坚进宫，命令左右做好准备，说是只要杨坚露出惊慌的模样，就立即干掉他。据说，杨坚神色自若，没有任何异样，这才逃过一劫。

从东汉王朝垮台后，历经三国两晋南北朝，直到杨坚被拥戴建立隋朝，将近四百年间，几乎所有政权都是通过阴谋与暴力建立起来的，没有任何一个王朝曾经完成了意识形态支持下的政权合法性建设；于是，所有这些政权都成了短命王朝。如今，宇文泰这个不成器的子孙宇文赟，替人们将通往最高权力的道路打扫得干干净净。由于他的工作卓有成效，致使那些怀有不同目的的人们，在拥戴杨坚改朝换代时，几乎没有什么需要克服的心理障碍。事情进行得仿佛是推举制原则遥远而又忧伤的回声。

公元五八〇年，即北周大象二年五月，宇文邕死后刚刚两年，发生了本篇开始的一幕。

八个月后，八岁的周静帝宇文阐将皇位“禅让”给自己的外祖父杨坚，隋朝就此建立。

据说，古代汉语中本来没有“隋”这个字。杨坚所建立的大隋帝国，是从他父亲随国公爵位的“隨”字，去掉走之旁而来的。杨坚不喜欢这个“走之”，认为既然已经得到了“隨国”，就不能让它再“走之”，只要去掉它，就可以子孙万代永保江山了。另外一个说法可能更准确：这个走之旁“辶”在古文字里写作“辵”（读绰），是走走停停、忽走忽停的意思。一个国家的大号里若含有这种意思，也确实不太像话。于是，就去掉了这个偏旁，另外愣造出一个“隋”字。

谁也没有想到的是，后来，这大隋朝的国运，比那走走停停、忽走忽停可不知糟糕了多少倍。不要说千秋万代，他们的子孙杨广只用十几年时间，就证明给他们看：自说自话一厢情愿多么没有意义。从而，再一次论证了一个特别浅显、人们却时常忘记的道理：怎么说并不重要，怎么做才是关键。

05

隋文帝与他的小康社会

公元五九四年，是为隋文帝开皇十四年。这一年，华夏大地多灾多难。

先是首都长安发生地震；随后，关中各地大旱，一直持续到秋天，滴雨未下，庄稼颗粒无收，百姓陷入大饥荒之中。隋文帝杨坚派遣身边的工作人员，到民间去了解百姓的生活情况，“得豆屑杂糠以献。上流涕以示群臣，深自咎责，为之不御酒肉，殆将一期”——工作人员回来后，将老百姓吃的糠菜团子献给皇帝看，皇帝流着眼泪展示给文武百官，然后，深刻地自我批评，沉痛地将责任归咎于自己，并且为此不喝酒不吃肉，长达一个月时间（《资治通鉴》卷一七八，隋文帝开皇十四年七月）。

随后，杨坚率领长安官民“就食于洛阳”——到洛阳去找饭吃。他下令，在他经过时，先头部队不许驱赶百姓。于是，男女百姓掺杂在皇帝的仪仗队里，一同向洛阳进发。遇到扶老携幼的，要引马为他们让路，并安慰勉励他们；走到艰难崎岖的地方，皇帝还会命令侍卫们扶助父老（同上书，隋文帝开皇十四年八月）。

这是一幅君民扶助、共渡灾荒的图景，在中国历史上很少见，所以很动人。圣人说：“食色，性也。”像皇帝那样吃很多肉睡很多女人，是不少人的最高理想。如今，连皇帝都不吃肉了，百姓能不感动吗？“期”在古代汉语里有一个用法，当一整年或一整月讲，读音为“jī”，发“基”音。只要不是说说而已或者秀给人看，不要说一年不吃肉不喝酒，就是坚持一个月，也表明，这位皇帝心里倒还真装着百姓。

隋文帝杨坚在位二十四年。纵观此人一生之治国实践，在上层政治斗争中，他严厉甚至严酷，称得上心狠手辣；在国家治理中，他严明而又严肃，是个称职尽责的皇帝。经过他的努力，社会繁荣稳定，国家达到了空前昌盛的程度。隋世之盛，史称小康。按照古人的说法，三代以降，没有大同，小康已是最高评价。为此，隋文帝时常受到崇高赞誉。中国历史上绝大多数时刻和绝大多数皇帝，对此望尘莫及。

在家庭生活上，他基本是个好儿子，是个好丈夫，应该说也是个好父亲。然而，他深爱的五个亲生儿子，无一善终。他本人，可能也是死在了自己亲生儿子的手上。一个繁花锦簇的大隋朝，转瞬之间便天下大乱，成了和大秦帝国一样二世而斩的短命王朝。

这是帝国的悲剧，也是中国政治文化的悲剧。

儒家意识形态里，有三组重要概念：

其一，溥天之下，莫非王土；率土之滨，莫非王臣；

其二，君是臣纲，父是子纲，夫是妻纲；

其三，君让臣死，臣不能不死，不死是为不忠；父叫子亡，子不得不亡，不亡则为不孝。

这三组概念将中国政治文化传统的核心，表述得大体清晰完整。

请记住这些概念。因为几乎我们叙述的所有事情，都与此密切相关。或者换句话说也可以成立：中国历史上，政治领域所发生的一切，大致都渊源于此。

这种文化，令中国帝制传统下的政治权力具有太大的诱惑，太小的制衡；过多的刚性，过少的选择。致使政治权力的转移，永远笼罩在血雨腥风之中，具有极度残酷的阴谋与暴力性质；也成为昏君、暴君、奸臣、佞臣数不胜数、层出不穷的文化性、制度性温床；中国历史上一次一次尸积如山、血流成河的朝代轮回，是这种文化的题中应有之义。平心而论，中国的政治文化传统，的确具有重大缺陷。

郑译是杨坚青年时代的同学，当时是周宣帝宇文赟最为亲近倚重的臣僚。史书说他“素知杨坚相表有奇，倾心相结”（《隋书》卷三十八，列传第三 郑译）。有一次，在皇宫中的永巷，杨坚私下请求郑译帮忙。郑译回答说：“随公您德高望重，日后我还要托您的福呢。”当时，郑译是内史上大夫，其职权是皇帝身边掌管最高机要的负责人。这则记载特别短暂，透露出的大量信息却是别有风味。

从史书中看，推戴杨坚的这些人绝大多数都有显赫的家世背景或重要的军政职位，许多人和杨坚一样，属于开国元老的后代子孙，靠父兄的功勋恩荫得到地位与权势；他们中的很多人和杨坚一起长大，或者是青少年时代的同学和好友，或者是用儿女亲家之类结下的关系网络，有些人曾经跟随宇文泰、宇文邕，一刀一枪地从战场上冲杀出来，具有不可小觑的政治能量。这样一批人拥戴杨坚夺权，显然有他们各自的目的。一旦夺权成功，他们和杨坚之间的关系立刻就会发生微妙的变化。后来的官修正史，譬如《隋书》之类，极力想要人们相信，他们拥戴杨坚是因为杨坚长了一张龙脸，这实在是过于搞笑了。即便用当时的视角观察，也很容易发现：杨坚在龙椅上坐稳以后，这帮人中的很多人都不得善终，不是应在本人身上，就是应在他们子孙后代身上，罪名大多是心怀怨恨、图谋不轨之类。这表明那些拥戴者们对杨坚的龙脸并不那么心悦诚服，天命所归云云，基本可以被视为扯淡。

对此，《隋书》的作者冷言冷语地评论说：这帮人见机而动，也许是众人里的先知先觉者；就算一时大富大贵，也是灾祸说来就来，“得之非道，可不戒与”！这番话，可能道出了当时的大部分实情。“君子爱财，取之有道。”在《隋书》作者的眼中，这帮家伙贪图富贵，取之无道，灾祸找上他们当然是分分钟的事情。这种情形也表明，杨坚试图神格化自己的努力成效甚微，他要走的路很漫长——需要摆平这些拥戴自己的功臣们，防止他们再去拥戴其他“天命所归”的人；需要用治国实践证明自己就是那个最适合天命的人。仔细审视杨坚的工作，除了把国家治理得还不错之外，其他大体可用五味杂陈、一言难尽来形容。

李穆在宇文泰时代就是个传奇人物。他最早跟随宇文泰起兵，是个开国元勋级的人物。邙山之战是宇文泰与高欢之间的一次惨烈大战。激战中，宇文泰被敌人团团围住，并从马上摔下。李穆已经脱出包围圈，见此情景，又翻身杀进来。他策马来到宇文泰身边，用马鞭一边抽宇文泰，一边大骂。然后，命宇文泰骑上自己带来的马，再一同杀出重围。敌人看宇文泰挨打挨骂，以为他不是什么要紧的大人物，也就放过了他俩。就这样，宇文泰全身而退。战后，宇文泰与李穆相对而泣，并对身边的人说：“帮我成就大事的，就是这个人。”随后，赐以铁券，可以免死十次。回到京城后，想起李穆那匹救命的马，宇文泰将皇家马厩里的所有类似的骏马，全部给了李穆。从此，李穆及其家族成为西魏—北周时期最为显赫的家族之一。除了没有女儿嫁给皇帝之外，李穆本人的威望、地位应该远在杨坚之上。

结果，这么一位元老，却相当坚定地支持杨坚从宇文泰的后人手中夺走皇位。当时，李穆的官职是武官最高一级的上柱国、并州总管。杨坚被推为宰相后，有几支重要的力量起兵反对杨坚。他们派人来联络李穆，认为他应该起来捍卫皇室的尊严。李穆的儿子认为，天下精兵尽在并州，也建议父亲起兵。结果，李穆派人给杨坚送去一个熨斗，祝愿杨坚独操威柄熨平天下。随后，又把一副只有皇帝才能使用的十三环金带献给杨坚，表达了自己的支持。从而，极有效地帮助杨坚解除了后顾之忧（《资治通鉴》卷一七四）。

此后，李穆被杨坚拜为太师、上柱国、申国公。当时，文臣最高的衔位是太师，武臣最高是上柱国，国公则是皇族之外最高一级的贵族爵位。就此，李穆算是地地道道的位极人臣了。不仅如此，他的子孙哪怕还是襁褓中的婴儿，都全部拜为仪同，整个李穆家族有一百多人同朝为官。史称“穆之贵盛，当时无比”。而且，隋文帝还下令，从今以后，只要不犯谋逆之罪，李穆哪怕犯了一百次死罪都不予追究。

李穆和杨坚死后，在杨坚的儿子杨广手里，李穆的子孙被杀得七零八落。前面提到《隋书》作者的那些评论，就是在讲述李穆家族的事迹后所发（《隋书》卷三十七，列传第二 李穆）。这是后话。

梁睿则是这些功臣中的另一种类型。

梁睿的父亲是西魏宇文泰时代的太尉。宇文泰曾经把一批有功之臣的孩子，收养在皇宫里，梁睿就是其中之一。小时候，他和宇文泰的儿子们既是同学，又是朋友，感情极好。长大后，此人在军事和政治两个方面俱有上佳之表现。史书说他在战场上“每战有功”，在政治上“俱有惠政”，是个文武全才。

杨坚掌政之后，有三股政治力量起兵反对他，其中，治下在今日成都的益州总管王谦发动了十数万人，声势浩大，最后就是平息在了梁睿手里。为此，梁睿晋为上柱国，任益州总管。后来，梁睿在西南地区恩威并施，“民夷悦服，声望愈重”，弄得杨坚心里特别不舒服，“阴惮之”——私下里有点忌惮他。梁睿则“内不自安”——内心很不安。于是，梁睿开始向古代先贤学习。秦王嬴政的大将军王翦和汉高祖刘邦的宰相萧何，都曾经以贪小便宜自污，以消减帝王的猜忌。如今，梁睿也大肆收受贿赂，向自己身上泼脏水。然后，在给中央的报告中，很多东西都不按照事实去写，以致前后有一百多人在皇帝面前抱怨。梁睿则赶快向皇帝谢罪。皇帝的反应是“慰谕遣之”，安慰教育他一通，然后，放了他一马。结果，梁睿不但自己得以善终，子女也都过得不错。到隋炀帝时，想起他的好处，还给死了十多年的老先生追加了爵位。

不是所有人都能这样做功臣的，于是，他们中的很多人就死得很难看。

宇文忻的父亲是北周大司马，封许国公。宇文忻十二岁时，就能驰马如飞左右开弓，曾经对亲友们说：“自古以来，一说起名将，就把韩信、白起、卫青、霍去病传为美谈；我看他们为人行事，没什么了不起的。他们要是生在我这个时代，肯定不会让这几个家伙独得大名。”从十八岁开始，他果然屡立大功，真的成了名闻遐迩的名将。

宇文忻和杨坚曾经是感情极好的朋友。在反对杨坚的三大政治力量中，相州总管尉迟炯的声望最高。相州是北齐首都邺城的旧地，治下在今日河北邯郸磁县南部。尉迟炯是宇文泰的外甥，也是被宇文赟立为五位皇后之一的尉迟炽繁的祖父。他号称拥兵百万，声势最为浩大，杨坚为此寝食俱废，一夕数惊。宇文忻就是杨坚派去征伐尉迟炯的主要将领之一。当时，两军在邺城外大会战，有数万百姓男女站在城下观战。开战后，尉迟炯迅速占据上风。宇文忻叫道："太危险了，顾不了那么多了！"随后，突然向观战的老百姓发起攻击，数万百姓大惊，呼声震天，拼命夺路而逃，把尉迟炯的部队冲得大乱。宇文忻趁机全线进击，一时间兵败如山倒，尉迟炯全军溃散，他本人也自杀而死。为此，杨坚抑制不住自己的喜悦，称赞宇文忻"诚天下之英杰也"。从此成为帝国重臣。

谁知，好景不长。宇文忻"有威名于当世"，以至于军队中有任何一件好的事情，哪怕和宇文忻没有关系，人们也会传说是宇文忻所为。导致杨坚"由是微忌焉"。不久，杨坚就找个理由撤销了宇文忻的职务。宇文忻好生无聊，开始和一位名叫梁士彦的人过从甚密。

这个梁士彦曾经也是一个威名赫赫的人物，周武帝宇文邕在世时，梁士彦是个真正的英雄。他在杨坚夺位的过程中功劳不小，也曾经在征讨尉迟炯的战役中冲锋陷阵，史书记载中，说杨坚对他同样"忌之"，将他免职，使他和宇文忻的处境几乎一模一样。这么两个倒霉蛋儿聚在一块儿，难免会发发牢骚。结果被人告发，并演绎成了一个绝大的叛逆阴谋。当时，梁士彦七十二岁，宇文忻六十四岁。在人生七十古来稀的时代，这两位龙钟老者被形容得如此老当益壮，也算是个异数。最后，梁士彦和他的五个儿子一起，全家被杀；宇文忻被杀后，全家人沦为奴隶。

从史料上揣度，当时的帝国官场可能相当恐怖，因为时不时就会有人被告发，而且罪名都是很吓人的谋逆大罪。有一位大臣名叫王世积，史书形容他"容貌魁岸""风神爽拔"，很有人中豪杰的气度。这个人不但外表长得气派，打起仗来也号称"每战有功"，因此，进位上柱国，"上甚重之"——皇上很看重他。谁知，这家伙不识抬举。他看到杨坚性情猜忌刻薄，有功之臣大多获罪，很害怕，又没有梁睿的心机智慧，于是，只好酗酒，每天喝得酩酊大醉，免得和当政者啰唆惹祸。皇帝一看，很关心他，以为他染上了酒病，下令让他住进皇宫里，命医生每天守着给他治病，弄得他苦不堪言，只好撒了第一个谎之后，继续撒第二个谎，去圆前一个谎。最后，他信誓旦旦地告诉皇帝，在皇帝的关怀下，自己的酒病已经痊愈。皇帝这才放他回了自己的家。

不久，他的一个亲信部下犯罪，成了官府的通缉犯。这厮跑来找王世积，请求援助。此时的王世积已经被皇帝吓破了胆，哪里还敢招惹是非，没有接待这个亡命部下。结果，这小子后来竟然把状一直告到皇帝面前，他编了一套完整的故事，告诉皇帝说，王世积蓄谋已久，早就想谋反了。最后，王世积终于死在了谎话上，并且牵连进去不止一个“同谋”。那个告发他的家伙则一步登天，被拜为上大将军。

元谐是北魏皇族，性情豪爽有格调，是杨坚的老同学，青少年时代起，两人就是莫逆之交，“甚相友爱”。后来立过不少功勋。被告发谋反，并牵连一批人同被处死，全家沦为奴隶。

王谊，少年时慷慨有大志，弓马娴熟，知识广博，是杨坚的老同学，而且是儿女亲家。从周武帝宇文邕的时代，便屡立大功。宇文邕临死时嘱咐太子说：“王谊乃社稷之臣，你要让他在你身边，参与最高机密，不要派到外地去。”可是，老子英雄儿混蛋。那不成器的宇文赟有点害怕王谊的刚正不阿，继位不久，就把王谊远远地打发到南方去了。

宇文赟死后，反对杨坚执掌大权的第三股政治力量是司马消难，就是当年被杨坚的父亲杨忠接应出来的那位叛将。这司马消难本来是高欢的女婿，后来因为拈花惹草，害怕高欢怪罪，所以投降了宇文泰。他的女儿是杨坚将要废掉的小皇帝的小皇后，所以，他才是当今真正的国丈。无奈，这位仁兄当年没有出息，如今还是一样徒有其表。他起兵后，杨坚派王谊前去征伐。两军象征性地打了一架之后，这位国丈便一溜烟儿地又投奔了南陈。

作为儿女亲家，杨坚当了皇帝后，还曾经到王谊家去玩儿，双方“相与极欢”。最后，王谊也被告发谋反。据说，定案后杨坚见了王谊一面，他悲怆地对王谊说：“我和你老兄是老同学，很怜悯你，可是，法律的尊严怎么办？”遂下令赐死。王谊时年只有四十六岁。

在这些拥戴杨坚夺权的功臣中，元胄死得最为莫名其妙。

元胄是北魏皇帝的正宗子孙，祖父是濮阳王，父亲是武陵王。元胄武艺超群，须眉俊朗，“有不可犯之色”。在多次征战中，以军功晋升为大将军。刘昉和郑译伪造皇帝诏书，召杨坚进宫并拜为宰相之后，元胄忠心耿耿地跟随杨坚。当时，杨坚以公主将要出嫁为名，将北周皇族五位亲王骗到京城，赵王看出杨坚的夺权意图，安排了一次鸿门宴，准备刺杀杨坚。杨坚害怕食物中毒，自己携带饭菜前去赴宴。席间，元胄舍生忘死护卫杨坚，三番五次将赵王按在宴席上。最后，元胄强行搀扶杨坚离去，并用自己的身体把赵王挡在门口，使赵王始终没有找到动手的机会。赵王恨自己痛失良机，用手猛拍桌子，以至于手指都迸出血来。杨坚曾经感叹：“保我成此大业的，是元胄啊。”随后，杨坚找理由陆续把赵王等五位亲王及宇文泰、宇文邕等人的子孙五十九人全部杀死，元胄则受到特别的信任与重用。

谁也没有想到的是，后来，杨坚的儿子蜀王杨秀在四川胡来，结果，竟然把千里之外的元胄牵连进去，说是元胄与杨秀私相往来，莫名其妙地把他开除了公职。当时，一个叫上官政的官员被流放到岭南；元胄有一个朋友叫丘和，是个将军，也因罪被撤职。元胄和这个丘和一起喝酒，他对丘和说：“上官政是条好汉，也不知道现在怎么样了？”不料，第二天，那丘和竟然为这一句话给皇帝打了个小报告，而皇帝也竟然就为这一句话，下令将元胄处死。丘和则被拜为代州刺史。

在所有人里，刘昉、郑译二人对杨坚坐上龙椅的帮助最大，这两个人的结局也最富有悲喜剧色彩。

刘昉的父亲是北魏大司农，相当于帝国最高财政长官。宇文邕时代，以功臣之子入宫陪侍太子，因此，与宇文赟的关系极为密切。宇文赟病重不能讲话之后，刘昉与郑译一起，将杨坚推上主持中央工作的位子。前面谈到，郑译是杨坚的老同学，二人关系很深；《隋书》谈到刘昉与杨坚的关系时，是这样表达的：“昉素知高祖，又以后父之故，有重名于天下”，于是，坚持推举杨坚。可见，刘昉与杨坚的关系也不浅。

据说，这两个人各自有自己的打算：刘昉希望杨坚出任大冢宰，即宰相，自己任小冢宰，就是副宰相；郑译则希望出任大司马，成为帝国最高军事长官。杨坚做了宰相之后，却调了一个个儿：让刘昉担任宰相府司马，让郑译做了宰相府长史。宰相府很像今天的国务院，司马的职能大体可以类比为国防部长，长史则类似于国务院唯一副总理兼秘书长的样子。一时间，二人权倾朝野，内外瞩目。当时的人们形容说“刘昉牵前，郑译推后”——刘昉在前面拉郑译在后面推，方才把杨坚弄到了皇帝的宝座上。

当时，尉迟炯、司马消难、王谦相继起兵反对杨坚，杨坚的日子极为难过。为此，他希望刘昉或郑译二人能够有一人代表自己到前方去督战监军，刘昉表示自己没打过仗，不合适；郑译则告诉杨坚，自己的母亲年事已高，也不合适。杨坚很不高兴。这时，高颎自告奋勇，要求前往。杨坚欣然同意。高颎离开宰相府之后，派人回家替自己辞行，他本人连家都没回就直接上了战场。从此，高颎脱颖而出。

那刘昉当了宰相府司马之后，并不关心前方军事，每天和一些富商大款搅在一起，吃喝玩乐，宰相府事务丢三落四，一塌糊涂。当时，前方正吃紧，史书记载说，杨坚深恨之，让高颎接替了他宰相府司马的位置。后来，因为战争和灾荒，杨坚下令禁酒。不料，那刘昉竟然让自己的一个爱妾悄悄开了个酒吧，牟取暴利，被监察部门举报弹劾。杨坚下令不予深究。又过了一段时间，百无聊赖的刘昉和梁士彦、宇文忻这两个不得志的老头混在一起，结果，被牵连进这桩真假莫辨的谋反大案，稀里糊涂地丢了性命。

郑译的命运比刘昉好一些。此人精通音律，可能是个吊儿郎当的艺术型人才。他和刘昉一样，也是对宰相府事务毫无兴趣，也是对钱财大款异常热心。因为是老同学，又在拥戴自己的事情上有大功劳，杨坚曾经许诺郑译免死十次。如今，杨坚没有办法，只好私下里告诉宰相府官吏，有公事就不要去麻烦郑秘书长了，免得耽误事儿。后来，这家伙犯了一个错误：不和自己的母亲住在一起，被监察官弹劾大不孝，当时是个很严重的罪名。杨坚处理他时，表现出了少有的潇洒和幽默，他对郑译说："好主意我没听你出过多少，倒是满耳朵灌满了你贪赃枉法的消息。留你一条命吧，世上多了一个不忠之臣；杀掉你吧，地下又添了一个不孝之鬼。不管是阳间还是阴间，都够麻烦的。我也不知道应该拿你怎么办，给你一部《孝经》，你回家去好好读吧。"后来，这厮不但得以善终，还给子孙留下一份很不错的家业（以上诸人事迹见《隋书》卷三十七至四十，列传第二至第五）。

杨坚摆平功臣们的努力大抵如此。与朱元璋之类比较起来，不论那些罪名是真是假，他还算是比较节制。若是与被某些学者称颂为"雄才大略"的明太祖朱元璋或是他的儿子明成祖朱棣比较起来，杨坚简直可以说是仁慈了。因此，他很少受到指责。

中国的政治文化在世界范围内，可能是独一无二的；即便和深受中国文化影响的日本、朝鲜、越南比较起来，也具有极大差异。

功臣和杀功臣这一对怪异的双胞胎，就是在这个政治文化母体里孕育和茁壮成长起来的。从春秋时代，甚至可能更早，就有了“狡兔死，走狗烹；飞鸟尽，良弓藏；敌国破，谋臣亡”的政治格言，表明这一传统具有多么悠久漫长的历史。“过河拆桥，卸磨杀驴”之类的人生智慧，数量之多流传之广，在世界上大约没有哪个民族能够比拟。

中国人时常怀着高贵的同情心，怜悯这些功臣，谴责杀功臣的人。其实，只要稍微分析一下就会发现：在帝国特定政治文化与儒家意识形态的逻辑下，功臣的功能除了立功之外，就是拿来给人杀的。因为，这些功臣可能或者已经给皇帝带来不快、不安与忧虑了，他们对皇帝地位与威信的威胁，可能给政治运行带来不利影响，从而破坏国家的安定团结。这样一来，对于皇室和国家来说，杀掉他们成本最低、收益最高，成了一个特别自然而然的选择。“生杀予夺”这四个字，是中国君对臣、上对下、官对民之权力关系的最准确说明。哈姆雷特念念叨叨的“活着还是死去”、人类殚精竭虑的“得”还是“失”，在中国根本就没有那么复杂，绝大多数情况下，只在一念之间耳。

这样一个文化传统，历经两千多年而不衰，且没有出现任何改变或替代方案，已经表明了强大的生命力。说明这是一个解不开也没有解的方程，根本就是从娘胎里带出来的死结。能够创造出这样独特政治文化者，没有理由不为自己的智商与情商骄傲。

在杨坚领导下，隋帝国恢复战争创伤，社会经济发展迅速，政治、法律诸方面的建树对后世颇具影响力；他可能还在有意无意之间，开启了中国社会的一个巨大转型，从而，令隋唐时代成为中国历史上最为伟大的时代。因此，人们对隋文帝杨坚给予了更多赞誉。甚至有人认为，在中国历史上，杨坚如果不是第一优秀，至少也是最优秀的帝王之一。表明在治理国家的业绩、证明自己是天命最合适人选的问题上，他做得十分成功。

我们知道，古代中国是一个经典的人治社会：皇帝是上天的儿子，代表冥冥之中的天帝治理人间世界，帝国的全部理想与希望都寄托于皇帝之一身。这种情形反映在经济上，自然而然地就表现为倾全国之力供养皇家。粗粗翻一翻历朝历代的财政收支，就会发现，古代中国的中央财政开支，大体上可以划分为三大块：其一是军费，主要用于供养军队与国防设施；其二是行政经费，主要用于支付政府官员工资；其三是皇家开支。通常情况下，这三笔开支大体相等，皇帝一家人的开销有时会略低于其他两笔开支；在许多年份，皇家的开支会低于供养全国军队的费用，但是超过全国所有政府官员的开销；在个别年份，甚至会超出上述两笔开支即供养全国军队和政府官员费用的总和。知道了这一点，我们就可以明白：为什么我们能够拥有令人骄傲不已的故宫、天坛、圆明园、颐和园了。百十年前，那些都是皇帝的私人庭院、私家园林，不是什么人都可以进去“到此一游”的。

因此，中国历史上有一个特别好玩儿但却极为真实的景象：皇家精神和物质欲望与国家财政、国民经济、国家安全呈现紧密的、如影随形的反相关关系——每当皇家欲望程度较低时，国家财政状况、国民经济发展、国家安全程度就高；每当皇家欲望高涨，上述三个方面就会低迷；当皇家精神消费与物质消费的欲望累加起来失去控制时，上述三个方面就会陷入灾难，甚至崩溃。这种景象在帝国历史上曾经无数次重复出现，是中国历史发展的真正规律，称得上百试不爽。

事实上，为后代史家所称颂的小康社会之所以出现在隋文帝杨坚之手，与此干系极重；而号称极盛的大隋帝国，转瞬之间便断送在隋炀帝杨广手下，则根本就是这个规律发生作用的结果。

从历史记载上看，杨坚的勤政与节俭在中国历代帝王中十分少见。据说，他每天天还没亮就开始听朝办公，直到夕阳西下还不知疲倦，事无巨细，皆自决断，致使他的侍卫、臣子们常常吃不好饭、睡不好觉，极为辛苦。他时常派遣身边工作人员，化装成普通人到民间采访吏治得失、风俗疾苦，事无巨细，无不留意。他自己外出时，凡是在路上遇到上书告御状的人时，必定停车勒马亲自询问处理。当时和后来，均有许多人谈论过杨坚这种事必躬亲、勤政到了极致的风格。在杨坚去世后的遗诏里，曾经说道："我之所以不分昼夜寒暑地日理万机，并不是我喜欢这样，而是为了百姓的缘故。"（《隋书》卷二，帝纪第二 高祖下）应该说，大体符合实际情况，并没有什么矫饰。

杨坚和他的独孤皇后自奉极俭，他们的日常用品经常都是旧的甚至是损坏后修补过的。平时，两人每餐饭只有一道肉菜，衣服都是反复浣洗穿用。有一次，皇帝要合一服药，其中的一味药材在皇宫中居然到处找不到。独孤皇后想要赏赐给大臣妻子一样东西，宫中也是没有。地方官和臣子向京师进贡地方土特产品、吃喝玩乐之珍玩器物，是为帝国历史悠久之传统陋习，杨坚建立隋朝后立即下令，不许再行进贡。后来，曾经将亲信人物进贡来的物品当众销毁，丝毫不假以颜色。历史上会说漂亮话的政治人物数不胜数，能够像杨坚这样说到做到的数不出来几位。当时，有一盒明珠，价值八百万，一个高官想以此拍皇后的马屁。独孤皇后说："这不是我所需要的。外敌屡屡入侵，将士疲惫不堪，不如拿那八百万奖励给为国家立功的人们。"百官听说这件事情后，都来祝贺皇后的贤德（《隋书》卷三十六，列传第一 文献独孤皇后）。

杨坚痛恨贪官污吏，对他们的惩治极为严厉。有一次，杨坚派遣身边的一批人，护送西域来的使节出玉门关。沿途的地方官难得有机会拍天子近臣的马屁，于是，这帮人一路上收受了一些东西。杨坚听说后大怒，他将这批人抓起来，亲临刑场眼看着将这几十人杀死。其中，有些人接受的只是马鞭之类不大的礼物。他经常暗地里派人向各类官员行贿，有受者必死，绝不宽贷。在杨坚当政的二十多年间，曾经多次处置高级别的贪官，包括曾经立过大功的人甚至他自己的儿子。

有一个叫卢贲的高官，在杨坚掌政之初，曾经带领精兵包围朝廷要害之地，对文武百官宣布："想富贵的，就老老实实听话。"结果，众人果然听话，使杨坚得以顺利执掌大权。后来，这家伙成为封疆大吏，一度官声很好，很是做了几件造福百姓的好事。谁也没想到的是，有一年天大旱，粮米价钱飞涨。这厮下令不许治下的老百姓卖粮，他自己则囤积了一批粮食牟取暴利。偏偏这件事情撞到了杨坚的枪口下。杨坚立即下令将他开除公职，废为平民。杨坚自己还说："因为你过去的功劳，我不忍杀你，是在徇私舞弊。"后来，这家伙郁郁寡欢地死在家中（事见《隋书》卷三十八，列传第三 卢贲）。

杨坚的一个儿子因为骄奢放纵，盘剥百姓，并贪污大量公款，被杨坚下令幽禁在家里。这个儿子得了重病，请求父皇宽恕。杨坚说：我辛辛苦苦创建大业，你作为我的儿子却如此败家，我不知道宽恕你之后，怎么对待别人？当时，许多朝廷重臣为这位皇子求情，杨坚说出了一句千古名言："我是五个儿子的父亲，要是按照你们说的饶了他，那为什么不专门为皇帝的儿子制定一部法律？"（《隋书》卷四十五，列传第十 文四子）三年后，杨坚的这个儿子在幽禁中病死。

说实在话，就凭这一件事情，杨坚就注定要受到中国历史永久的尊敬。

上行下效，上梁不正下梁歪，这一类格言只有在人治的环境里才可能产生；而在帝国时代，又只有皇帝的榜样方才有效。《资治通鉴》记载说：在隋文帝杨坚治下，人们大体上只穿普通的布料衣服，没有人穿用绫罗绸缎，装饰佩戴之类也只是铜铁骨角，没有人使用金玉之饰。“故衣食滋殖，仓库盈溢。”（《资治通鉴》卷一百八十）

在杨坚的领导下，隋王朝不到十年时间，就把南北分裂数百年的中国重新统一起来。随后，迅速平息南方各地的割据叛乱，并第一次将强大的突厥骑兵制服，后来，那无比骄傲的天神之子突厥可汗，甚至申请改穿中原衣服，希望大家像一家人一样共同生活。杨坚死后十几年，当繁华富庶的大隋帝国，在杨广这败家子手里轰然垮塌时，拿下锦绣江山的李世民抑制不住内心的喜悦，因为，他亲眼看到隋文帝杨坚储存起来的粮食，可以供帝国使用五六十年。历史学家感叹说：“隋朝之富，实史所罕见也。”

的确，有些历史学家说得没有错。当时，经过三国孙吴政权之后，数百年间，江淮平原即我们今天所说的长江中下游平原逐渐开发得花团锦簇，中国经济重心已经开始由北向南的转移过程，遂使杨坚的隋家天下平添了偌大的经济实力。但，即便如此，没有杨坚的努力，国家的这种富庶也是无法想象的。看看在杨坚手下，陈叔宝失去美丽女子张丽华的同时，失去富饶江南的浪漫故事，我们就可以明白这个道理。同样，如果你到故宫、颐和园，还有北京大大小小的皇家园林、王爷府邸看看，再欣赏一下那些精美无比价格高昂的蛐蛐罐、鼻烟壶、大烟枪之类，大概就会明白，为什么会有晚清那些天文数字的战争赔款了。

任何制度上的缺陷和弊病，必定与当权者的利益相关联，因此，制度上的革故鼎新在任何时代、任何国家都很艰难。人类历史上，很少见到轻而易举就实现了的制度创新。否则，丹青史册就盛不下伟大政治家们的事迹了。这是中国历史上皇帝宰相众多，像样的政治家找不出来几个的重要原因。杨坚在制度创新上极有洞察力和创造力。他在抛弃朽烂的旧制度时，既大刀阔斧，又干净利落；而几项崭新的制度建设，称得上是开启了一个伟大的时代，对后世的影响长达千年以上，由此，理应受到应有的正视。

九品中正制或九品官人法是实行多年的干部选拔制度。按照这种制度，负责选拔人才的中正，根据家庭背景、声望、才能、品德，将各地候选人分成九个等级，选拔做官。因此，回报丰厚的中正一职迅速被高官显宦所垄断，全国从南到北、从中央到地方的官职，成了这些垄断家族的囊中之物。到杨坚的时代，曾经发生过一个很经典的故事：北齐的羊烈与毕义云争夺兖州大中正一职。毕义云对羊烈说：我家世世代代出任本州刺史，你家不过是我家的门客故吏而已，你怎么敢和我争？羊烈回答说：自从你家毕轨被杀，一两百年间，你家已经没什么像样的人物了。这几年的刺史，都是战场上换来的，何足为贵？哪里像我家，汉朝时做过河南尹，晋朝时做过太傅，名德学行，美名百代传颂？（《北齐书》卷四十三）这些故事表明，如此制度已经从根子上蜕变为按照门第高低选用官吏。

“上品无寒门，下品无士族”，是当时中国官场与政治的现实。高门大族子弟，只要凭借家世背景，哪怕无知无识缺德少才都可以官居高位，甚至有记载说，有生理学意义上的白痴，只因为出身高贵，便做了大官甚至皇帝。时间久了，这些高门大户的子弟很少有成器的，他们花样百出地享受人生。男人们吃药、饮酒，涂口红、搽胭脂、男身女态，他们“肤脆骨柔，不堪行步”，出入走路需要扶持；“体羸气弱，不耐寒暑”，仿佛攀比一般看谁更弱不禁风，变成了一批真正的人渣和废物。

一般说来，国家管理是否有效，归根结底取决于实施这些管理的官吏；而这些官吏是否称职，又取决于任免与制约这些官吏的制度与程序。在身处其中的岁月里，杨坚必定已经深切了解到了这种机制的弊端，因此，公元五八三年即隋文帝开皇三年，杨坚当政后的第三年，他就下令废除中正制，撤销所有中正们的职权。同时，针对官场弊端规定：各级官员不许到自己的家乡任职，不许带十五岁以上的家人赴任，任期三年，不许重任或连任，将选拔任命各级官吏的权力统一到中央政府的吏部，等等。

公元五八七年即隋文帝开皇七年，杨坚下诏，命令全国各州每年举荐三人到中央，特别优异者可以参加秀才科；公元五九八年即隋文帝开皇十八年，杨坚下令五品以上京官和总管、刺史等人，可以以志行修谨、清平干济二科推荐人才（《隋书》卷二，帝纪第二 高祖下）。以科举士，就此形成科举制度的雏形。从史料中判断，公元五九五年即隋文帝开皇十五年的一次考试，提到了功名和笔试，可能是最早的秀才科考试。明经和进士两科考试，这个时期可能也已经开始。《旧唐书·房玄龄传》记载说：房玄龄“年十八，本州举进士，授羽骑尉”。以年龄推算，这个时间是在隋文帝杨坚执政的开皇年间。也就是说，公元五八一年到公元六〇〇年之间，可能就已经有了秀才、进士、明经三科科举考试，而不是始设于隋炀帝时代。

这一系列制度创新，具有伟大的、革命性的力量与意义。豪门贵族对国家权力的垄断第一次被剥夺，“自己人”“圈内人”才能做官的弊病得到有效消解。虽然还只是刚刚开始，但是，一种任人唯贤的制度露出了令人鼓舞的霞光曙色——不但是中国，而且在全世界范围内，人类第一次可以通过自己的努力，而不是血统和恩赐，来改变自己的命运。此后，在上千年间，这项制度从平民百姓普通人中，为国家治理选拔出了无数优秀人才；只有到了明清时代，科举制度才日益演变得一塌糊涂；但丝毫不妨碍它曾经有过的伟大和真正意义上的进步。

当年，苏绰代替宇文泰起草文告，宣告："今之选举者，当不限资荫，惟在得人。"意在敦促杨坚的前辈不拘一格，搜求人才。宣言的用处并不是很大，只有形成了适当的制度，方才会大显神通。事实上，恰是这一制度的实施和普及，才在全国范围内打开了让人才脱颖而出的大门，一个奔放豪迈、高歌猛进、超越任何时代的大唐盛世，才会降临到中国大地。

一千两百多年以后，欧洲一位伟大的启蒙运动者，对此给予了崇高赞美，认为其深层精神直接教会了西方人建立现代文官制度；一千五百年以后，一位美国学者冷静地指出：这项制度是中国给予世界的伟大礼物，对世界的影响超过孔老夫子不知多少倍。

杨坚当政晚期，曾经下令废除太学、四门学和州县学等官办学校，只保留了国子学一所和七十二个学生。后来，这件事情受到猛烈抨击，甚至直到今天还有学者认为是隋文帝杨坚的一大弊政。殊不知，这一举措很有可能和他上述制度变革的思路是一致的。有不止一种史料谈到，当时的儒学教育基本垄断在世家大族手中，致使真正的学者变成珍稀动物。"贵游子弟多无学术"，"明经求第，则雇人答策；三九公宴，则假手赋诗"，抄袭、剽窃、枪手、捉刀成为普遍现象。杨坚曾经对这些学校和儒学教育寄予厚望，如今，他深感失望和痛心。他认为，这些懒散的学生既不能成为道德的典范，也不能成为能干的官吏，不如撤掉，免得浪费民脂民膏。从大量历史记载中可以知道，儒学教育的确是培养伪道学家和伪君子的有效途径，《儒林外史》中所描述的一切并非仅限一时一地。杨坚没有冤枉他们，他的做法十分明智。

杨坚的另外一项制度建设则获得广泛的称许。他废除汉、魏以来个人开府式的三公九卿制，建立了机构式三省六部制格局——对宰相制度的改革。汉魏时期，宰相地位崇高，个人权力很大，对于整个国家管理也自然影响巨大。杨坚的做法旨在削弱这种影响。他用三个机构，取代了宰相的地位与权力。这三个机构是内史省、门下省和尚书省。内史省后来变成中书省，是国家方针大计的决策机构；门下省是审议机构，有权力驳回中书省的决定；尚书省则是执行机构，负责执行中书省议决、门下省通过的政令。这是一种带有明显牵制、平衡效果的设计，显然来自杨坚取得最高权力的经验，和他扩大君主集权、防止臣下尾大不掉的意图密切相关，却也对权力的正当使用有着极大的促进作用。

到初唐时代，这套制度经过不断完善，形成了相当有效的三权分立体系。资料庞杂，我们无法进行量化分析，但几乎可以肯定，这种权力分立，对于国家的繁荣兴旺，或者换句话说，对于大唐盛世的到来，具有不可忽视的积极作用。随着岁月的推移，我们将会看到，唐明皇李隆基时代，李林甫专权和安史之乱的发生，导致大唐盛世的崩溃，肯定和这种权力分立的牵制与平衡遭到破坏，有着直接的关联。

对于地方政权的设计，也在杨坚的时代走向理性。

汉代设立郡、县两级地方政府，两者都直接对京师负责，行政效率极高。后来，代表中央监察郡县的刺史，逐渐成了封疆大吏，出现了中央之下、郡县之上的州一级政权机构，大略相当于今天的省级建置。最后，演变得一塌糊涂，在三个方面变成了帝国的噩梦：

其一，在政治上，刺史实际上拥有了任命下属的权力，包括任命郡县级官员。遂使省部级官员的亲朋故旧遍布各地，形成牢固的权力关系网络，政治迅速走向腐败。

其二，在经济上，任何一位被任命的官员都可以获得工资、津贴、土地和赋税徭役、司法方面的豁免特权，这些除了来自中央财政之外，主要取自当地百姓。致使从官府到百姓的财政负担日益沉重。

其三，这种情形合乎逻辑的后果，必然是一步胜过一步的急速膨胀。各级各地的官员们，有太多的理由需要更多的机构来安置他们的自家人。因此，不顾行政是否需要、布局是否合理，各级政权机构变得越来越多。到杨坚的时代，豪门大族滥用权力，着迷一般地寻求增设地方机构；而京城里的权贵，包括皇亲国戚、宫女、太监们，在收到越来越多好处的情况下，也乐于促成更多州、郡、县的设立。最后，方圆不到百里的地面上，会设立若干个县级单位，不满两千户人家，会有两个相当于今天地专级单位的郡级政权。一份出自北齐皇家的诏书曾经谈到一个更为有趣的情景：有的州，相当于我们今天的省级行政单位，实际只管辖了一百户人家；有的郡，下面的属民只有三户（《北齐书》卷四）。

由此，我们可以知道，当中央政权变得昏庸颟顸或者软弱无力时，各级官吏们将会富有何等宏大的想象力、创造力和魄力。

公元五八三年，也就是杨坚创立隋朝第三年的开皇三年，一个叫杨尚希的大臣告诉杨坚：多如牛毛的地方政府机构，吃掉了绝大多数财政开支，国家税收少得可怜，而人民遭受的搜刮一点不少。情形有如十羊九牧——十只羊有九位牧羊人（《隋书》卷四十六，列传第十一 杨尚希）！收到杨尚希的报告后，当年十一月底，杨坚就下令“存要去闲，并小为大”，一次性废除所有郡五百多个，恢复了两级地方机构设置，并在这两级地方机构中，也实行了裁撤合并。结果，行政开支大减，税收剧增，而人民遭受的痛苦大幅度减轻。这样的举措，不可能不受到当时人民与后世史家的热烈欢迎。

杨坚在法律制度方面的努力，也受到人们普遍的赞扬。公元五八一年，杨坚刚刚坐上皇帝的宝座，就立即下令制定新法典，表示出依法治国的愿望。当年年底，新法典已经颁布试行。一些被视为理所当然的酷刑，在新法典中被废除，比如枭首、车裂、凌迟，等等。两年后，皇帝命令修改试用后的法典，将原来的一千七百三十五条法律条款，简化合并为五百条，这就是著名的开皇律。虽然目前我们只能看到开皇律的残卷，不过，历朝历代的人们给予这部法典很高的评价，使我们大致可以窥见其面貌。据法学史学者判断，这部法典出色地综合了中国法律传统，后来的大唐律，就是直接以它为样板制定的。此后一千多年间，它基本成为中国各个时期法律的模本。明朝末年学者王夫之曾经对这部法典给予了不无夸张的评论："现在的法律大概都在那时框定了，给后世政治留下的恩泽太长久啦。一千多年来，不是没有暴君酷吏，他们之所以不能施展其暴虐，是因为法律框在那儿了。"（王夫之《读通鉴论》卷十九）今天，我们知道，他说的远不是事实。譬如，他生活那个朝代的开国皇帝朱元璋及其儿子朱棣，其暴虐就够令人发指了。

在中国历史的绝大多数时刻，法律只是给人民制定的。皇家及权贵们，时常处于法律之外——这是法律虽然表现得很庄严，却也常常很随意，仿佛是个摆设的唯一原因。事实上，就连制定了这部法典的隋文帝杨坚，也时常违反法典的规定。譬如——

他可能不止一次亲手打死犯了轻微过失的工作人员。有一次，他在宫廷大殿上鞭打一位官员，过后，他十分懊悔，觉得这样做与皇帝的身份很不相符，他很真诚地叹息着表示：应该废除鞭刑。谁知，时隔不久，他就在暴怒中，用马鞭把一个犯有很小过失的人活活打死；

他会因为某一个官员渎职，在狂怒之中，罢免全国所有相同职权官员的职务；

他将发生在帝国首都的抢劫行为，看成是对他个人皇帝权威的挑战，因而下令，抢劫财物价值在一个铜板以上，只要是在京师发生的，就要公开处死；

他多次逾越法律，处死不愿揭发别人罪行的人和接受很小礼物的官员。

《隋书》记载说：大理寺即国家最高法院的两个法官，会在皇帝发火的时候，把他们希望重判的案件报告上去，结果，他们常常可以如愿；这两个家伙中的一个，知道杨素是皇帝最为倚重的大臣，于是，经常有意无意地把犯罪嫌疑人的名字讲给杨素听，杨素需要以此在皇帝面前表现自己的能力。于是，导致许多人因为这个缘故被判处死刑。史书记载说，那些被押赴刑场处死的人，无不大呼冤枉，仰天而哭（《隋书》卷二十五，志第二十 刑法）。

在发生所有这一切的同时，因为担心出现冤假错案，隋文帝杨坚又会花费大量时间，反复核查全国各地报告上来的司法判决，甚至经常废寝忘食。为此，史学家们着实花费了不少赞美的笔墨。

这样一些事迹，若是综合起来，会让人特别容易联想起一个词汇，一个现代心理学上的词汇——心理变态。事实可能的确如此。一位西方汉学家写到：杨坚的青云直上使他一生被自危感和自大狂所折磨，从而，促使他去寻找一切令他感到放心的形式和上天眷顾的象征。他特殊地喜爱祥瑞，一生都在佛教中寻求自己地位的合法性和正当性；皇宫里每天晚上都要举行佛教法事；他几乎对所有人都感到怀疑，他易怒，又易于陷入伤感，他那让一般人都觉得有些过分的节俭，甚至到了吝啬的程度。这一切，受到儒家学者们津津乐道的赞美。而在现代心理学看来，几乎无一不是心理变态的典型症状（参见《剑桥中国隋唐史》，中国社会科学出版社 1990 年，第 62—63 页）。其实，在帝王政治传统下，中国那些取得最高权力的人们中，真的很难找到没有心理变态的案例。只要读几本心理学著作，再去对照那些正史中的帝王本纪，发现这一点并不困难。

《剑桥中国隋唐史》的作者公允地评价说：虽然处于这种心

理状态之下，隋文帝杨坚仍然是一位坚强和有成就的统治者。

诚如我们在过去的岁月里已经看到的那样，杨坚所开创的事业，很多都对中国历史发生了深刻而长久的影响。这些影响有些持续了至少一千年以上，有些则远远超越国界，具有了世界性的价值和意义。

然而，在阅读关于他的史籍时，仍然会时常令人感到疑惑：杨坚和他的亲人们幸福吗？他做到这一切时，付出的代价是不是太大了？

未来，当我们对他的家庭生活有了更多了解之后，这种疑惑可能会更深。

06

看哪，皇帝这一家子

公元五九三年即隋文帝开皇十三年，早春时节的一个傍晚，皇宫后角门“咣当”一声被踹开，看门的军士还没有来得及上前查看，一匹骏马已经从门里疾驰而出，差点把手持火把的军士撞翻。军士向后躲闪，张嘴刚要骂人，猛然发现骑在马上的竟然是面如凝霜的皇帝。他慌忙捂住嘴巴，赶快下跪向皇帝致敬。只见皇帝单人独骑，早已远去。

军士伸头向门里张望，宫中庭院寂无一人。军士大惑不解。他刚刚关上门，却又慌忙打开。只见两位当朝重臣高颎和杨素又策马而来，军士连忙迎上前去。杨素向他询问皇帝的去向，军士指给他们。

杨素警告他管好自己的嘴，然后不耐烦地用马鞭将军士拨拉到一旁，与高颎向军士指的方向追去。

隋文帝杨坚与独孤皇后的感情很好，是中国历史上少见的一夫一妻皇帝家庭。如今，二人结婚已经三十多年，独孤皇后也年近五十，杨坚却在此时喜欢上了一个年轻的宫女，并且看来是动了真情。结果，事情很快就被独孤皇后发觉。

这天，皇帝下朝后，又来到这个宫女的住处，结果发现皇后已经派人将宫女杀死，连尸体也不知扔到了何处。皇帝大怒。他冲出皇宫，漫无目的地在旷野奔驰，一直跑到了距离京城二十多里的荒山之中。皇后慌了，急忙请皇帝最信任的高颎、杨素帮忙。二人在山谷中找到了皇帝。史书记载说："二人扣马苦谏。杨坚叹息道：'我贵为天子，而不得自由！'高颎说：'陛下难道要为了一个妇道人家而轻天下吗？'杨坚这才好受了些。君臣三人在荒山里待了很久，直到半夜才回宫。"（《隋书》卷三十六，列传第一 后妃）

独孤皇后一直等在宫里。见到杨坚，她哭着向杨坚认错；高、杨二人在边上劝解。最后，皇帝摆酒，二人算是和解。

谁也没有想到的是，此后，独孤皇后仿佛变了一个人似的。很久很久以后，历史学家们才注意到，就是从这件事情以后，一向通情达理、表现出色的独孤皇后，仿佛真的变成了一个缺少教养与见识的妇道人家，在未来的岁月里，主导了一连串儿悲惨的故事。不但折腾得皇家儿女一塌糊涂，就连大隋帝国三十七年的短暂国运，都与此干系极深。

独孤皇后和杨坚算得上是一对患难夫妻。当年，宇文泰死后，柱国大将军独孤信反对宇文护，结果被迫自杀，独孤一家人都被流放到了四川，在流放地一待就是十七年，直到宇文护死去一年多，方才获准返回京城。这件事情发生在公元五五七年。从时间上推算，有学者认为，杨坚和独孤姑娘可能是在前一年，即公元五五六年结的婚。宇文护似乎没有因此为难过杨坚。

独孤皇后是独孤信最小的女儿，名字叫独孤伽罗，这个名字显然与佛教有关。她的大姐是周明帝的皇后，她的女儿是周宣帝的皇后，论门第之贵盛，当时没有人可以比拟。但她每每表现得谦卑自守，从不盛气凌人，在家中则柔顺恭孝，颇懂妇道。当时的人们都认为她是一个贤淑女人。

杨坚的父亲杨忠是独孤信的部下，据说，独孤信很欣赏杨坚，觉得他仪表不凡，所以愿意女儿下嫁；而杨坚则很郑重地向岳父承诺：只和妻子伽罗生育儿子。那时的男人三妻四妾是很正常的事情，杨坚做这样的表示，可能和尊重匈奴族的习俗有关，可能和他很看重这门婚事有关，也可能和他与独孤伽罗的感情有关。后来，虽然岳父一家很倒霉，但杨坚还是信守诺言，说到做到，他的五个儿子都是独孤皇后所生。

随着杨坚政治地位的不断提高，这个家庭面临的风险也越来越大。杨坚与独孤生的长女杨丽华是周宣帝宇文赟的正宫皇后。不料，这个皇帝女婿不按牌理出牌，一口气给自己封了五位皇后，成为中国历史上唯一一位拥有五位皇后的皇帝。他逼迫杨丽华自杀，究竟是因为宫闱之中争风吃醋，还是矛头暗指杨坚，如今已经很难考证。当时，杨坚不敢出面，贵族妇女独孤伽罗为了救女儿，在皇宫门外叩头求情，磕头磕得直至血流满面。

在公元五八〇年那个紧张的夏天，随着宇文赟死去，帝国充满了不确定性。虽然有刘昉、郑译的推戴，但杨坚所面对的整体形势并不是特别有利。宇文赟年纪轻轻，突然暴病而死，杨坚准备得大概很不充分。这应该是他一度犹疑不决的主要原因。在首都紧张得仿佛要爆炸的气氛中，独孤夫人这位匈奴女子镇定地告诉丈夫：你已经骑在虎背上，想下来是肯定做不到了；除了勇往直前义无反顾，你别无选择。

杨坚夺位成功，独孤伽罗成为了皇后，不久就发生了那件价值八百万钱的明珠“事件”，独孤皇后表示，自己不需要如此贵重的东西，有这么一笔钱，不如奖励给前线的将士们。她处理得恰到好处，博得文武百官的一致赞誉，人们有理由为帝国得到一位贤德的皇后而欢欣鼓舞。史书上说：“百僚闻而毕贺。”

杨坚对自己的这位皇后宠爱而又敬重，夫妻二人同心同德地打理着如今已经属于自己的天下。每天一大早，皇后都要陪着皇帝一起乘车前去上朝，丈夫上殿处理朝政，妻子就在后阁里等候。皇后身边的宦官们侍候在皇帝身边，随时把朝堂上讨论的国政报告给皇后，皇后觉得有不妥当之处，便立即让宦官转达给皇帝。史书说，这种做法“多所弘益”——就是带来了非常多的益处。退朝之后，两口子一同返回寝宫，“相顾欣然”。两个人朝夕相处形影不离，日子过得很快乐。据说，在许多军国大事上，独孤皇后的意见常常与杨坚的看法吻合，所以，宫中的人们称呼二人为“二圣”。

我们曾经谈到过，在匈奴、鲜卑等游牧民族中，男女地位是平等的，在重大国政上，妇女的意见有时会发生决定性影响。深受鲜卑文化影响的杨坚——普六茹坚与出身鲜卑化匈奴族的皇后独孤伽罗的表现，显然符合这种文化习俗。

史书上记载了两件事情，用来说明独孤皇后的通情达理、顾全大局：其一，皇后的表哥犯罪，依照法律应该处死。杨坚考虑到皇后的缘故，决定赦免他的死罪，独孤皇后听说后表示，法律就是法律，哪里可以因为私情损坏国家法律的尊严。结果，她的这位表兄终于被处死。

第二件事情，发生在独孤皇后同父异母的弟弟身上。当时发生了一桩巫蛊案，案情十分离奇，有些莫名其妙，不过后果很严重，因为独孤皇后得了一种怪病。查来查去，发现施行巫蛊的居然是皇后的异母弟弟。杨坚极为恼火，下令处死自己的这个内弟。为此，独孤皇后连续三天不吃不喝，为弟弟求情。她的理由是：如果这个弟弟犯法糟蹋了百姓，我自然不敢多说什么；如今，只是涉及了我个人，所以请求免他一死。

最后，杨坚同意减死一等。

因为父母死得早，独孤皇后时常会把对父母的怀念转移到其他人身上。譬如，她经常会对臣僚们健在的父母殷勤致意，或送些礼品给他们。听说大理寺——最高法院裁决死刑犯，皇后会难过得流泪。这样的一位皇后，受到臣民们爱戴，显然是在情理之中。这种情形一直持续到那位宫女的出现。

这个宫女姓尉迟，她不是普通的宫女，而是尉迟炯的孙女。我们已经知道，尉迟炯是宇文泰的外甥，杨坚夺位时，三股反对杨坚的政治力量中，尉迟炯的势力最大。尉迟炯家可能是个盛产美女的家庭，他的另外一个孙女就是前面曾经提到的尉迟炽繁——周宣帝宇文赟愣把她从远房堂哥手中夺来，并封为五位皇后之一。宇文赟死后，尉迟炽繁被杨坚下令出家为尼；尉迟炯起兵失败后，他的家人沦为奴隶。这个宫女应该就是那时入宫的。《隋书》对她的介绍只有三个字："有美色"——长得很漂亮。

从史料中看，杨坚当上皇帝后，也曾经按照皇家制度，配备了三宫六院众多的妃嫔女官等等。但由于独孤皇后和杨坚感情甚好的缘故，在很长时间里，杨坚可能过的是事实上的一夫一妻制生活。史书上的表达是：皇后"性尤妒忌，后宫莫敢进御"，表明后宫里没有人敢来招惹她。如今，皇后年近五十岁时，比皇后大三岁的皇帝遇上了这位漂亮的尉迟宫女，并"见而悦之，因此得幸"。于是，很不幸地发生了本篇开始时的那一幕。

这一事件的发生几乎对所有人都是灾难性的。历史学家们说，从此，即从发生此事的公元五九三年，到公元六〇二年独孤皇后去世，在她从四十九岁到五十九岁的将近十年时间里，皇后对于家庭、宫廷和国家施加了许多不利的影响。这完全可以理解，因为按照现代人的说法，这十年，皇后正好处于更年期中。这真是加倍的不幸。

想想看，在此之前的二三十年里，她与皇帝情深意笃，甘苦与共，高度和谐地治理着自己的国家；临近暮年，偏偏遭受这种心灵上的重创，史书形容说：独孤皇后遭此事件后，“意颇衰折”。可以想见，在此情形下进入更年期，也真是情何以堪。假如再考虑到她和皇帝之间的深厚感情与多年默契，那么，这种影响产生的后果，很有可能就具有了没人能够阻挡的力量。

令人稍微感到意外的是，独孤皇后把高颎当成了自己的第一个打击对象。

高颎的家世和独孤家族曾经具有极为密切的关系。高颎的父辈是独孤信的幕僚，具有家臣的性质，因此曾经跟随主公赐姓独孤。在很长一段时间里，当了皇帝后的杨坚一直称呼高颎为独孤，从来不叫他的本名本姓，表现出一种含有特殊意味的亲切。在各种史书中，对高颎都给予了很一致并且是极高的评价，这种评价很有可能是准确的。事实上，整个隋朝历史上，除了杨坚之外，能够称得上是政治家而且是大政治家的人只有一个，那就是高颎。

独孤皇后本来对高颎很好。一个原因是两个家庭长久的渊源，还有一个原因是，高颎的妻子是贺拔家的女儿。而杨坚的父亲杨忠、独孤的父亲独孤信都曾经是贺拔胜的老部下。所以，还没有成为皇后时，独孤经常与高颎家来往；自己家遭遇不幸之后，她也可能在高颎家里得到过很亲切的慰藉和心灵上的支持。

杨坚夺权之初，面对并不很乐观的局面，心里没底。当时，高颎在周武帝宇文邕的麾下，屡立大功，表现得聪敏且很有器量格局。杨坚早就知道高颎精明强干，既懂军事，又多智略，因此，派人秘密征求高颎的意见。高颎听到来人暗示之后，立刻就明白了杨坚想干什么。他很是爽快地表示：“我愿意接受差遣，为杨公奔走效力。纵然事情不成，我也会坦然面对灭族之祸。”由此，在杨坚夺权的过程中，他坚定不移予以支持，并发挥了极大作用。当时，平息尉迟炯反抗的前敌最高统帅，其实就是高颎。史书说他“有文武大略，明达世务”，“以天下为己任”。自开国之日起，高颎便担任宰相，当朝执政近二十年，直到走向繁荣富庶的顶峰。

史家认为，高颎乃一代名臣，隋朝能够达到天下大治，实乃“颎之力也”（《隋书》卷四十一，列传第六 高颎）。

很多年以后，大隋朝天下土崩瓦解，李世民已经牢牢掌控了唐朝大权，他还不断地听到人们谈起高颎，听到人们为他被冤杀鸣不平。起初，李世民颇不以为然。后来，听到这种赞美实在太多了，他忍不住将高颎的各种资料找来看，看完后，他大为感叹，认为人们所言不虚，高颎实在是个了不起的高人。

尉迟宫女事件发生后，独孤皇后对于两性关系变得高度敏感。她不断派人私下里侦察自己儿子和大臣们的私生活，只要他们不是原配妻子的妻妾们怀了孕、生了子女，皇后就敦促皇帝惩罚他们。是故，可能有数量不少的官员受到罢官或削爵的惩处。皇后听说，在皇帝为尉迟宫女伤心时，高颎曾经对皇帝把自己说成是“妇道人家”，为此，独孤皇后十分恼火，并恨上了高颎（《隋书》卷三十六，列传第一 后妃）。

偏偏在这个时候，独孤皇后的好朋友、高颎的夫人去世了。独孤皇后对杨坚说：“高宰相年纪大了，如今夫人又去世，皇帝应该为他再娶个夫人。”杨坚认为皇后的想法很好，就对高颎说了。高颎很感动，流着眼泪对皇帝说：“我老了，每天忙完国事以后，回到家里只是吃斋念佛，读读佛经而已。陛下这么关心我，我很感激，至于再娶妻室，就不必了。”皇帝听了，也就没有勉强。偏偏就在这个节骨眼儿上，高颎很喜欢的一个妾怀孕并生了个儿子。皇帝听说后，非常高兴。没想到，皇后特别不以为然。她对皇帝说：“我不明白陛下怎么还能为他高兴？高颎根本就不可信任！当初，皇帝要为他再娶一位夫人，他心里想着这个小妾，当面欺骗陛下。今天，他的诡计已经暴露，皇帝哪里还可以再信任他？”

皇帝一听，觉得很有道理，心里也开始有了芥蒂。就此，一位在中国历史上都称得上伟大的政治家——宰相高颎，在皇帝眼中开始变得有些怪怪的。

当时，杨坚准备讨伐辽东，高颎坚决劝阻，杨坚不听，下令由自己的儿子汉王杨谅为元帅，再由高颎担任元帅长史，就是元帅的主要助手，实际负责所有军政事宜。结果，出兵后，遭遇连绵阴雨和洪水，军中传染病流行，不得不撤兵。皇后对皇帝说：“这个高颎当初就不想去，陛下一定要他去，我就知道会是这么一个结果。”

汉王杨谅是个毛孩子，是杨坚最小的儿子。因此，出兵时，杨坚命令高颎全面主持军中工作。过去，每当有大的军事行动时，都会这样安排。高颎因为皇帝的信任，每每都以公事为重，并不瞻前顾后，也不大理会汉王的意见，导致那毛头小伙子心里很恨高颎。回到京城以后，这小子听说母后如今不喜欢高颎，就跑到独孤皇后那儿哭诉说：“儿子幸亏没被高颎杀掉，还能见到母亲。”独孤皇后跟杨坚一说，杨坚的心里一下子失去了平衡，感觉特别不舒服。

恰好当时正在处理一桩谋逆大案，其中有一些没影儿的事情牵扯到了高颎。这种情况过去也曾经多次发生，因为君臣之间的知音默契，从来没有酿成过什么问题。如今，杨坚心里对高颎已经有了疙瘩，这些八竿子打不着的事儿就真的都成了大事。为此，有五位重臣为高颎鸣不平，杨坚更加恼怒，索性把这些大臣们一起交给有关部门审查，搞得再也没有人敢为忠心耿耿的高颎宰相说话。就此，当了将近二十年宰相的高颎被罢职回家，闭门思过。

和晚年的独孤皇后对两性关系特别敏感一样，晚年的杨坚对权力和皇帝地位的合法性特别敏感。高颎被罢免后，有一天，皇帝到三儿子秦王杨俊家里玩儿，想起了高颎，派人把他召来陪酒侍宴。高颎心情很激动，可能也很伤感，抑制不住地热泪长流。那独孤皇后到了晚年也是特别容易动感情，结果，两个人相对哭泣，一时间，坐在边上的人们都哭起来。

杨坚则很冷静地告诉高颎："不是我对不起你，是你自己对不起自己。"并对侍候在身边的近臣说："我对高颎情同父子，有时见不到，也跟就在眼前一样。自从他被解职以后，我就把他忘得一干二净，就好像从来没有过这么个人似的。当臣子的，不要自以为老子天下第一，以为君主离不开自己。"这番话，可能说出了杨坚内心深处最真实的感受。

不久，有人打小报告给皇帝，主要内容是说高颎心怀不轨。有关部门要求皇帝处死高颎，杨坚说："这两年因为谋反大罪，杀了好几个人了。如今要是连高颎都杀了，天下人会怎么看我？"遂下令将高颎开除公职，废为平民。

据说，高颎的母亲是个不得了的老太太。当年，高颎刚刚当上宰相时，这老太太就警告高颎说："如今，你富贵已经到了极点，就差被砍脑袋了。你要好自为之。"

为此，高颎常常如履薄冰，唯恐招来灾祸。如今，被废为庶民，高颎表现得很轻松，甚至不无欢喜。他以为自己可以平安落地，免于更大的灾祸了。这件事情发生在公元五九九年，就是隋文帝开皇十九年（以上事见《隋书》卷四十一，列传第六 高颎）。

一年之后，在独孤皇后的大力主张下，发生了对于大隋朝影响更为巨大的事件——太子杨勇被废黜，立杨广为新太子。又过了不到一年，在废宰相和废太子两件大事上全都达成心愿的独孤皇后，撒手西去。

两年后，杨坚也在懊丧之中追随妻子而去。

随着岁月的推移，我们将会看到，在新皇帝手中，高颎终究还是没有能够逃脱厄运。而在独孤皇后和杨坚主导的这场悲喜大剧中，他们可能无论如何也没有想到，贵为天家骨肉天潢贵胄，他们的五个亲生儿子，竟然没有一个能够善终；他们倾注一生心血的隋朝的宿命，在太子废立之际也就此注定。而令人最哭笑不得的是，这一切，居然真的大都与一位妇人的爱情和更年期综合征有关！

杨勇是杨坚与独孤皇后的长子，小名叫睍地伐，应该是匈奴或者鲜卑语。杨坚建立隋朝之后，他就被立为太子，在二十年的皇太子生涯中，他对国政经常提出自己的见解，杨坚也每每都会采纳，有时还会十分嘉许。杨坚对自己的家庭生活十分满意，有一次，他在朝堂之上，很从容地对群臣说："过去的帝王都有很多内宠，导致大家彼此倾轧，实在是亡国之道。我没有其他姬妾，五个儿子都是一母所生的同胞兄弟，是正儿八经的真兄弟，看来是可以长治久安了。"

从史书的描绘中，我们大体可以知道杨勇的性格与为人。他是个性情中人，很好学，有辞赋文学造诣，性格宽仁厚道，做事情直率任性，不太掩饰自己的真实想法，也不屑于矫饰自己的行为。这种性情，在没有利益冲突的普通人中，会成为值得信任的朋友；而在事关重大权益的复杂争斗中，则常常成为敌对方很好的靶子。果然，他不太善于体察父母节俭的习性，导致了父皇最初的不满。

这是一件不大的事情，起因是杨勇穿了一件想必很富丽昂贵的蜀锦戎装，杨坚看到后很不高兴，他觉得儿子有可能就此走上贪图奢侈的路子，自己必须帮助他防微杜渐。为此，杨坚引经据典长篇大论地训诫了杨勇一顿。惜墨如金的官修正史花了不少篇幅记载这场教导，却没提效果如何。天下甚少有喜欢父母大道理的子女，杨勇想必也是如此。

如果说这只是小事一桩的话，那么，下面这件事情就决然不能说是小事了。可惜，杨勇还是没有能够体察父皇的心事——

这一年冬至时节，百官前去太子东宫祝贺。杨勇大模大样地排开仪仗礼乐，接受了百官们的朝贺。杨坚知道后，当朝质问百官：这是什么礼数？并由此又是一番引经据典长篇大论的告诫，然后，下令取消任何对皇太子的朝贺活动。史书说：“自此恩宠始衰，渐生疑阻。”皇帝对太子有了不小的疑虑。

平时不是问题的问题，会在心里有病之后，变成不小的问题。譬如，高颎的儿子娶了太子杨勇的女儿为妻，以前，皇帝并没有觉得是个问题。如今偏偏在对高颎不太舒服的同时，又觉得这个儿子也不称心如意；倘若皇帝觉得宰相高颎分明在暗中帮扶太子，这可就不是小事了。

加倍糟糕的是，此时此刻，独孤皇后在对高颎怀恨在心的同时，也对太子越来越反感，原因还是发生在两性关系上。

杨勇和自己父母奉行的一夫一妻制不同，他有不少妻妾。他曾经和五个小妾生了十个子女，其中一个孩子的母亲竟然是没有名分的宫女。这一点，可能会极为有效地勾起母后的联想。

太子正宗的太子妃是独孤皇后做主为他娶的，他偏偏就是不喜欢这位正妻，特别宠爱一位姓云的昭训级别的姬妾，并将对她的礼遇提到了和太子妃同样的地步。这时，正值独孤皇后遭遇尉迟宫女之后，年近半百的皇后很有可能会物伤其类，觉得儿子的这个做法特别可恶，令人特别无法原谅。

不久，太子妃得了心脏病，从发病到去世只有两天时间；而那位姓云的昭训则由此全面接管了太子东宫的内政，这使独孤皇后感到忍无可忍。史书说：皇后“弥不平，颇遣人伺察，求勇罪过”——皇后特别愤愤不平，加紧派人侦察太子的隐私，多方搜求儿子的罪证（《隋书》卷四十五，列传第十 文四子）。

这时，杨广出场了。他是自己出任制片人，自编、自导，然后自演了隋王朝巨大悲剧的全能型人物——既是王牌编剧，又是皇家导演，拉开的是帝王级超豪华阵势，还做了一次真正的改朝换代领衔主演。

杨广小名阿𡡉，可能也是匈奴或鲜卑语，排行第二，比大哥杨勇小两岁，比弟弟杨俊大三岁。他长得非常英俊漂亮，小时候就很敏慧，在所有的孩子中最受父母喜爱。他好学，有出色的文化修养，文学才华也很不错。《隋书》中形容他的性情时，使用的词汇和形容他父亲的几乎一模一样："沉深严重"——城府极深，不苟言笑，极为严肃庄重，因此，"朝野属望"——朝野上下对他寄予厚望。

就和许多同胞兄弟的性情差异很大一样，杨广在许多方面都和杨勇不同。比如，杨广也有不少姬妾，但经常只与正妻萧妃朝夕相处，这一点，很像他的父母。据说，他很小心地不让那些年轻美丽的姬妾们露面，在人前走动的王府女性大都丑陋、年老，而且衣着俭朴。甚至有史书记载说：为了防止母后厌烦，他曾经悄悄杀死了不止一个自己的孩子。原因是，那些孩子不是正妻所生。由此，皇后更加讨厌杨勇，而一再称赞杨广的德行。

有一次，杨坚和独孤皇后到杨广的住所去，进门后发现，乐器的琴弦大多都是断的，上面布满灰尘，看上去很久没用过了。皇帝夫妇甚感欣慰，觉得这孩子不好声色，令人满意。

有一次，杨广参加狩猎，遇到大雨，左右给他披上雨衣，他说："所有将士都淋湿了，我怎么能单独穿这玩意儿。"遂令部下拿开。

平南陈胜利时，杨广是名义上的前敌最高统帅。当时，南陈有几个大臣，在陈后主陈叔宝那儿特别受宠，江南人普遍憎恨这几个家伙，认为他们是导致国家灭亡的奸臣。杨广下令，将这几个人处死，并查封所有库房，不取一分一毫。由此，“天下称贤”——普天下的人们都认为他是一位贤王。

隋文帝杨坚统一全国之后，由于南北分裂数百年，文化习俗上形成了很大差异。杨坚下令一刀切，全部派遣北方的官吏去治理南方，结果，遭遇到南方地区的普遍反抗。杨坚在实行严厉镇压之后，将杨广派到扬州，镇守江南。杨广在那里一直生活了将近十年。在此期间，南方地区陆续平息下来，可能和杨广富有文化修养并推行了一套温和的政策有关。此后，杨广对于江南地区特别是扬州，极为着迷，包括开凿大运河、至死不愿意离开扬州，可能都和这十年时光有千丝万缕的联系。

公元五九九年，是为隋文帝开皇十九年。这一年，宰相高颎被开除公职，废为平民；他可能是保护杨勇太子地位的最后一道屏障。就在这一年，杨广在被立为太子之前，最后一次从扬州回到长安述职。许多史学家们相信，这一次长安之行，令杨广了解到了许多有利于自己的动态，这才下决心取代哥哥杨勇的太子地位。

按照皇家制度，镇守扬州的杨广，每年都要回长安述职一次。杨广每次来朝时，车马侍从都特别俭朴；在接触朝中大臣时，他执礼极为谦恭，史书甚至使用了“礼极卑屈”这样的字眼。人类的弱点之一，就是只喜欢看表面现象，特别是看别人对待自己的表面现象。因此，当时朝臣们对杨广的推崇赞誉，是所有皇子诸王中最高的。

临离开长安时，杨广前往皇宫向母亲辞别，使这次长安之行达到高潮——当时，已经过了而立之年的儿子，跪在母亲脚下，为自己不能守在母亲身边而哭泣得抬不起头来。母亲面对这深情眷恋自己的儿子，同样悲从中来，泫然泪下。母子二人相对悲泣。

杨广告诉母后：“儿臣性情见识都很愚下，谨守着当弟弟的本分，不知道怎么得罪了太子哥哥，他总是对我恶狠狠的，就像恨不得杀了我一样。我时常很恐惧，害怕被人毒死。我真是怕极了。”

爱子的话，勾起了独孤皇后的满腔怒火，她老人家滔滔不绝地宣泄出了自己的悲愤：“睍地伐越来越招人讨厌，我的忍耐已经快到极限了。我为他娶了个好媳妇，本想着能够帮他光大基业，他竟然根本就不和人家做夫妻，反倒和那个阿云生育出一群猪狗不如的东西。我那儿媳妇本来好好的，突然就得病死了，肯定就是被人毒死的。事已至此，我也就不深究了。如今怎么又对你起了这么歹毒的心思？我还在，他就敢这样，我死后，还不把你当成俎上鱼肉了？！每每想起东宫没有一个正经孩子，要是你父皇千秋万岁之后，你们兄弟还得向阿云生的孩子礼拜问安，这是令人怎么忍受的大苦痛啊！”

母子二人就这样悲不自胜，呜咽不止。

《隋书·杨勇传》写到：此别之后，杨广知道母后已经十分厌恶太子，“始构夺宗之计”——开始策划夺取太子之位。

此后发生的一切，具有十足的戏剧性和故事性，很像那些惨不忍睹却又天天都在播出的电视剧情节。我们只能把这些情节记录在此的唯一原因，仅仅是因为在现有史料中，完全找不到能够挑战或者质疑这些情节的资料。此外，平心而论，一个好端端的、花团锦簇的大隋朝，转瞬之间便在杨广手中土崩瓦解，终究是没有人能够推翻的现实；这让人实在想不出有什么理由去挑战那些史料。当然，具有特殊的心理素质，或者特别的动机驱动，或者未来又有新史料问世，则另当别论。

就和杨坚当年夺位需要众多帮手一样，如今的杨广也不乏重量级人物共襄盛举。

宇文述是武川镇时期的老将军，资历极老。和高颎的父亲给独孤信做家臣被赐姓独孤一样，宇文述原本姓破野头，因为给宇文家族做家臣，所以被赐姓宇文。因为有这样寄人篱下的身世，所以宇文述资格虽然很老，为人却特别和蔼可亲。当年，杨广担任名义上的平陈元帅时，几乎所有前敌大将都不怎么理会他，遇事只听元帅长史高颎的调遣。唯独宇文述对意兴阑珊的年轻元帅特别好。这给杨广留下了极深刻极美好的印象。

后来，杨广出镇扬州时，便特别请求父皇将宇文述调到离自己不远的寿州。如今，宇文述成了杨广最为重要的助手。

宇文述为杨广筹划了一条十分稳妥的夺位路线图。路线图从宇文述这里出发，通向他的好友杨约，再从杨约那儿，延伸到他的哥哥——高颎之后最受皇帝信任的当朝宰相杨素，然后，从杨素那里，直达皇帝杨坚与独孤皇后。

事实证明，这个筹划达到了神妙的境界。

杨约是一个极为特殊的人物。小时候，他十分顽皮。有一次，爬到树上后摔下来，被树枝刮坏下身，从此丧失了生育能力。长大后，他沉默寡言，极少交游，却偏偏和为人姿态很低的宇文述成为至交。杨约博览群书，甚有谋略。因此，他的哥哥、当朝宰相杨素特别信赖并倚重他。

宇文述找到杨约后，约他一起喝酒，然后赌博取乐。古代官府并不像今天这样，拿着鸡毛当令箭，把赌博看成多么不得了的事情，从天家皇室到贩夫走卒，赌博只是一些不同的娱乐方式而已。和其他任何方式的娱乐一样，赌博也有可能导致可怕的后果或惹出大麻烦。比如，汉景帝的弟弟赌急了眼，操起赌具打死了自己的堂兄弟。结果，成了吴王七国之乱的导火索，就属于此类。眼前，我们看到的这场赌博也是如此。杨约没有想到的是，这是一次真正的豪赌。他不可思议地一口气在宇文述手里赢来了天文数字的金银珠宝。

当他看着那些宝贝，连自己都有些不好意思时，宇文述告诉他：这一切都是晋王杨广送给他的礼物。随后，宇文述给杨约讲了一番大道理，令通今博古的杨约大为叹服。这番话，几乎道出了中国帝王政治文化传统的全部秘密，被司马光全文收录进了《资治通鉴》。我们无法知道温公是怎样得到这些东西的，但哪怕纯粹是君实所杜撰，只要不是诚心假模假式的读者，应该都能够从中读出百般滋味——

宇文述说：

“循规蹈矩固然是臣子应该遵守的原则，审时度势却也是识时务者的法宝。古往今来的贤人君子，都会与时俱进趋利避祸，你们兄弟功名盖世，当权也有不少年头了，朝臣中受过阁下一家屈辱的，还能数得过来吗？更糟糕的是，太子殿下很多事情都不能如意，所以切齿痛恨当朝执政者。你们兄弟的确很受皇帝信任，可是想要干掉你们的人也不在少数呀。皇帝一旦抛下群臣，你们到哪里去寻找遮风挡雨的地方呢？现在，皇后不喜欢太子，皇帝也早有废黜之意，你肯定是知道的。若能够通过贵仁兄之口，立晋王为太子，晋王必定刻骨铭心地感激拥戴之大功。那时，不就去掉了累卵之危险，而迎来了泰山之安稳吗？”

史书记载说：“约然之”——杨约同意宇文述的说法。

随后，杨约和哥哥杨素谈了自己的看法，建议宰相哥哥：为了长保富贵，传至子孙万代，应该尽快着手进行，免得夜长梦多。史书记载说：“素从之”——杨素听从了弟弟的劝告。

几天后，杨素进宫陪伴皇帝皇后吃饭。席间，杨素漫不经心地对皇后说：“听说外面的人们认为晋王很像皇上，端庄稳重，还孝顺。”

没想到，皇后听到杨素的话，竟当场哭起来。她又一次激动地滔滔不绝：

“你说得一点不错！我那儿子真是个孝顺的孩子。每次我和皇上派人去扬州，他都要在州境边上迎候。一提起离我们这么远，就哭；我那媳妇也真够可怜的，我派去看她的婢女，她都要陪吃陪住陪游玩。哪像睍地伐和阿云这一对儿，整天黏在一起大吃大喝，就喜欢和小人们搅在一起。我真可怜我那阿从，总是害怕他被他们害了。”

据说，杨素在席间讲了不少太子不成器的故事。饭后，皇后派人赏赐给了杨素许多珠宝，表彰他对自己大儿子的揭发与批判（以上事见《资治通鉴》卷一七九）。

就这样，当了二十年太子的杨勇，曾经受到过无数人的追捧和爱戴，如今，几乎所有人都对他避之唯恐不及，就剩下太子孤零零的自己了。

平心而论，杨勇在那个位置上，并没有犯下什么了不得的过错，他只是不太乖巧，不太有眼力见儿而已。诚如我们所看到的那样，他最大的错误，在于他有这样一位母亲，一位进入更年期时，情感不幸遭遇重大挫折的亲生母亲。

公元六〇〇年，是为隋文帝开皇二十年。十月初九日，皇太子杨勇及其诸子全部被废为庶人。十一月初三，以皇二子、晋王杨广为太子，并将废太子交新太子看管。

史书记载说，当天，天下地震，首都长安刮起罕见大风。有历史学家认为，这是上天的警告。是否如此，姑且存疑。

整个皇太子的废、立过程，充满了中国式的政治智慧，到处都是收买、胁迫、叛卖、狡诈、献媚、告密、威逼利诱、罗织罪名、设局下套、屈打成招，等等。显得无比龌龊，很杂乱，也很无聊，姑且从略。其间，只有一件副产品，给人留下特殊深刻的印象，令人百感交集，欲说还休，值得记录在案。这就是大将军史万岁的被冤杀。

少年时代，史万岁便熟读兵书。他的父亲逢人就说自己的儿子有未卜先知的本领。十五岁时，他跟随父亲参加对北齐的战争。一次战役前，他悄悄对父亲说，此战必败。结果，开打后，还真让他说中了。后来，类似的事情一再发生，表明这个人在军事上有一种特殊的感觉和悟性。

有一次，在行军路上，主帅指着天上飞的一只大雁让他看，他随手一箭，就将那大雁射将下来。从此，又有了神箭手的盛名。

他是个军事天才，对政治却总有些懵懵懂懂。因此，杨坚夺位时，他拎不清自己该做什么，结果，稀里糊涂地被卷进杨坚的反对派里，最后，不但丢了所有官职，还被充军流放到敦煌去做戍卒。

不久，隋军与突厥军队在敦煌附近交战。隋军主帅有心成全史万岁，让他去向突厥主将挑战。结果，两人交手后，不到两个回合，敌方的主帅就被他从马上挑了下来。从此，史万岁名声大噪。突厥骑兵只要一听说敦煌戍卒的名字，就会远远避开。

陈朝灭亡后，江南发生了大面积的反隋暴动，史万岁前去参与平定。当时，反政府武装分散到了深山密林中打游击战。史万岁带领两千人马，进入深山，辗转数千里，大小七百战，在深山里迷失了方向，连续几个月和外面主力部队失去联系，所有人都以为他们必是全军覆没了。后来，史万岁用竹筒做成漂流瓶，向山外传递信息，这才被接应回来。就此，他又被晋升为大将军。

史万岁淳朴直爽，从不向权势低头。有一次，他在西南地区的军事行动中，收受了一颗极为珍贵的祖传明珠。回军路过四川时，镇守成都的越王杨秀知道了这件事情，便派人向他索要。史万岁听说皇帝的儿子想强迫自己献出宝贝，想也没想，伸手就把那颗明珠扔进了金沙江。几年后，那个地方又发生了动荡，杨秀趁机报告皇帝，说是就因为当年史万岁向人家索贿，才留下今天的后患。隋文帝杨坚大怒，立即下令将史万岁斩首，多亏众多人等为他求情，他才算逃过一劫。

史万岁和杨素的关系不是太好。部分原因是因为史万岁的军事才华过于耀眼，成为杨素在军队中的主要竞争对手；还有部分原因，则是因为史万岁始终不买这位当朝第一权臣的账。

此次，皇帝因为废立太子，弄得心力交瘁，心情极坏。偏偏史万岁也心力交瘁，心情极坏。原因是，在此之前，史万岁领兵与突厥骑兵交战，向皇帝报了战功，杨素则认为史万岁斩获的首级根本不是敌军，而是边疆牧民。因此，卡住军功赏赐就是不肯发放，搞得史万岁无法同跟随自己作战的弟兄们交代。因此，在朝廷发生废立太子的重大政治斗争之际，这位仁兄又一次拎不清孰重孰轻，还在为那军功的事奔波。

有一天，皇帝忙了一整天没有见到史万岁，随口问了一句史万岁在哪里？杨素故意说，可能在废太子杨勇那儿。其实，当时史万岁就在皇宫门口，他正在向几位参战的战友赌咒发誓，一定向皇帝据理力争。听到皇帝宣召，他急急忙忙跑进大殿，见了皇帝就愤愤不平地谈起这桩公案。本来就满肚子邪火的皇帝，以为他真是从杨勇那儿来刁难自己，不由分说就命令把史万岁拖出去乱棍打死。过一会儿，想想不对，赶快派人去收回命令。结果，不知是不是和杨素有关，行刑的人竟然比平时快了几拍，早已干净利索地把一位威震敌胆的大将军活活打死了。

就在这杀机四伏的日子里，有一位名叫袁充的政治科技工作者提交了一份科研报告，欢欣鼓舞地向皇帝报喜说：经严格测定科学分析，大隋立国以来，日影越变越短，白昼越变越长，表明上天对天子和大隋王朝的嘉许。皇帝一听，自然也欢欣鼓舞，认为太子新立，应该改元以报答上天的恩惠。新年号定为充满慈爱情怀的“仁寿”，取的大约是“仁者寿”之古意。

一年半以后，公元六〇二年即隋文帝仁寿二年八月，独孤皇后病逝。宫廷中的政治历史学家宣布：皇后本来就是菩萨转生，如今已经回归极乐世界。此后，没有证据能够证明这位菩萨于大苦大难中超度过什么人。

从后来发生的事情看，上天也没有对废太子有过任何特殊的关爱。他必定痛切感到自己所遭受的不公正对待，必定对父子天性抱有希望，因此多次请求面见父皇，均被看管者成功挡住；后来，他数次爬上关押自己的皇宫院落里的大树，朝父皇居住的方向狂喊，试图让父皇知道自己的冤屈。杨素告诉杨坚，废太子被疯魔缠身，已是无可救药。杨坚遂决定不再见这个儿子。

杨坚死后，继任皇帝杨广立即以父皇遗命的理由，派人杀死废太子杨勇哥哥；杨勇的十个儿子除长子后来被毒死外，其余全部在流放地被杀死。大隋皇长子一系遂绝后。

杨俊是杨坚的第三个儿子，比二哥杨广小三岁，小名阿祇。前面曾经简略谈到过他的情况。这是一个很富贵也很不幸的皇子。他只有十岁的时候，便被立为秦王；可能受皇宫中崇信佛教的影响，这小王爷曾经一度向往过出家做和尚。领兵打仗时，因为害怕杀生得罪佛祖，连累得那些渴望立功的将军们都失去了机会。

后来，被派遣镇守晋阳，在今山西太原附近。

最初，他的名声很好，杨坚非常高兴，曾经下诏予以褒奖。后来，不知怎么搞的，这位王爷越来越奢侈，贪赃枉法，放高利贷，把当地百姓坑得不轻。皇帝派人下来调查，有一百多人受到牵连。谁知，王爷并不想痛改前非，而是换了一种方式继续操练。这回是贪污挪用公款，修建仅供自己一人享用的超豪华楼堂馆所。史书形容说，杨俊有巧思，大约在土木工程和装饰装修方面富有创意，是个天才的工程师兼能工巧匠。他不但自己设计，而且亲自动手，为王妃制作出精美的七宝面罩；他造了一座水殿，用香粉涂壁，玉砌金阶，雕梁画栋之间，环绕着铜镜，点缀着宝珠，极尽华贵精美之能事。于是，秦王杨俊每每召来宾客妓女，在其中灯红酒绿，轻歌曼舞，快乐无比。

谁也没有想到的是，这种天上人间般的快活境界，竟然是被王妃打碎的，而且，出手便一招致命，厉害无比。

秦王妃是一位大将军的女儿。她痛恨丈夫不尊重自己的感情，于是，不愧是将门之女的王妃，没有什么商量地就在王爷吃的甜瓜里下了毒药，导致那杨俊大病。杨坚恼火至极，将儿子召回京城，撤销其一切职务，幽禁在家闭门思过；并且对为杨俊求情的人，说出了那句千古名言：“我是五个儿子的父亲，要是按照你们的意思饶过这小子，那干吗不为皇帝的儿子另外制定一部法律？”

三年后，杨俊在幽禁中病死。他有两个儿子。十几年后，天下大乱。宇文述的儿子宇文化及发动兵变，绞死了隋炀帝杨广，并将杨俊的两个儿子次第杀死。

杨秀是杨坚的第四个儿子，比二哥杨广小五岁。八岁时被封为越王，后来，被派遣镇守益州，就是今天的四川成都。这是一个胆子很大的皇子，容貌魁伟，有一部辉煌的大胡子，会多种武功。不知道为什么，史书说，朝臣们都很怕他。杨坚曾经几次对独孤皇后说：“这小子将来肯定不得好死。我在还不用担心，到他们兄弟时，他必会造反无疑。”

在成都任上，这厮做的一些事，的确有点不太靠谱。譬如，推荐不三不四的人担任重要军职，狩猎时，用弹子伤人，抓当地土人做奴仆，还要把他们阉割为宦官。这些还都算小事，皇帝当然不会太计较；后来他的仪仗服饰都和皇帝使用的一样，并且为废太子杨勇愤愤不平，这就让皇帝和新太子杨广万难接受了。

此后，发生的事情没有太多新意。据说，是在杨广和杨素的默契配合下，杨秀被征召回京。到长安后，皇帝组织的专案组越查问题越多。最后，共列出十大罪状，至少可以让他死十次。《隋书》作者认为，这些罪状大多是杨广指示杨素栽赃陷害的。对此，我们既无法证实，也无法证伪，只能姑妄听之。

最后，杨秀请求父皇让自己和最喜爱的儿子关押在一起，就这样稀里糊涂地结了案。

杨广继位后，杨秀父子继续关押着。宇文化及兵变后，杨秀和他的所有儿子全部被杀死。

杨坚的最后一个儿子，是老五杨谅，比杨广小六七岁的样子。六岁左右时，被册封为汉王。他的三哥杨俊被召回京城幽禁起来时，他被派去镇守并州，就是今天的山西太原。当时，太原地区号称天下精兵所居之处。杨广继位后，杨谅起兵反抗，被杨素三下五除二就打散了他的天下精兵，迫使他投降了事。他起兵前后的作为，既没有太多新意，也没有什么悬念，只是一个志大才疏的公子哥儿，自命不凡却又寡谋少断的故事而已。

杨谅投降后，群臣认为其罪该死。杨广说：自己的兄弟没有几个了，还是曲法饶他一死吧。最后，杨谅被幽禁至死。他的儿子也在宇文化及兵变后被杀。

杨坚与独孤皇后所生的孩子，只有一个女儿杨丽华，勉强可以算是得到善终，却也活得无滋无味。

杨丽华是周宣帝宇文赟的皇后。可能和某种家族遗传病有关，宇文泰、宇文毓、宇文邕都是劳累后暴病而死。因此，宇文赟只做了一年皇帝，十九岁就退位做起了太上皇，让不满八岁的儿子做了皇帝，就是周静帝。杨丽华不到二十岁就成了皇太后。结果，宇文赟还是没有躲过去，一年多一点也暴病而死。

周静帝不是杨丽华所生，但因为杨丽华曾经是正宫皇后，所以，算是小皇帝的嫡母皇太后。如今，杨坚不由分说夺了外孙的皇位，并很快让小皇帝得病死掉。杨丽华也从皇太后位置上跌为皇帝的女儿；而她的独孤母亲，又从昨日皇太后的母亲，变成当今皇后。搞得杨丽华悲愤莫名，几次三番要找自己的父亲说理，弄得杨坚不好意思见女儿的面。为此，杨坚只好把女儿从皇太后册封成公主，准备帮她再找一个好婆家。无奈，已经当过太后的女儿坚决不买账。最后，她可能是守着自己的亲生女儿终老一生的；而她的独生女和女婿后来全都死在了她的弟弟杨广手中。

公元六〇四年，是为隋文帝仁寿四年。七月，隋文帝杨坚患重病于仁寿宫，宰相杨素等人入阁侍疾，召太子杨广入居大宝殿。杨广担心皇帝去世后措手不及，遂写了一封信给杨素，向他征询善后事宜；杨素给杨广回信，将最重要的事项梗概报告给太子。不料，宫中工作人员误把这封回信送到皇帝手上。皇帝看后大为恼火，恰好这时皇帝的宠妃宣华夫人去洗手间回来，皇帝看到她神情很不自然，问她发生了什么事？宣华夫人含着泪告诉皇帝："太子无礼！"于是，皇帝急令在宫中侍疾的兵部尚书柳述和黄门侍郎元岩速召废太子杨勇。杨素立即通知杨广，以皇帝的名义将柳述、元岩二人逮捕，并用太子东宫的警卫部队替换了皇帝的卫队。

随后，命跟随太子十数年的太子右庶子张衡入皇帝寝宫侍疾，将所有宫中人员全部集中隔离起来。史称："俄而上崩，故中外颇有异论"——一会儿工夫，皇帝就死了，因此，朝野上下议论纷纷。

所谓"异论"，基本的指向是认为杨广、杨素、张衡谋杀了隋文帝杨坚。此后一千多年间，这是占主导地位的说法；偶尔出现的质疑声十分微弱。近年来，重新评价隋炀帝杨广的声音越来越强，很多人认为上述史书记载漏洞百出，不宜完全采信。可惜的是，到目前为止，尚没有任何史料能够对此种声音予以支持，因此，只能让这个疑云笼罩的谜团继续成为谜团，直到足够权威的证明出现为止。

从公元五八一年即隋开皇元年，到公元六〇四年即隋仁寿四年，隋文帝杨坚在位二十三年，加上隋炀帝杨广的十四年，隋朝一共只延续了三十七年。在中国所有大一统帝国中，隋朝只比秦朝的寿命长一点点，是第二个短命王朝。

时间虽然短暂，这个朝代却具备了中国帝王政治文化的所有要素；就和我们所不停看到的那样，唯其短暂，帝国政治的特征反而看得更加清晰，包括卷入其中的人们的命运。在这种政治文化面前，大约需要极为特殊的心理素质，才能感受到其中的魅力。

在未来的岁月里，好不容易坐上皇位的杨广，曾经有过特别扬眉吐气的时日，只是时间太过短暂。在他手里，不到十四年时间，繁荣曾经达于极致的隋帝国便烟消云散，遂使他背负了最为恶劣的历史骂名。

近年来，随着价值观念的大幅度摆动，有人力图为他洗刷这种恶名。只是，面对我们将要看到的那段历史，不知道一条大运河是否足够承担起这份历史的重量。毕竟，在当代世界里，一个民族价值观念的内核，不是仅仅靠实用就能够撑得起来的。

07

大业五年：那失重的感觉真好

公元六〇七年，是为隋炀帝大业三年。只有三十八岁的杨广，意气风发。

作为大隋帝国的第二代君主，他在父亲杨坚手中，继承了一个繁荣稳定、蒸蒸日上的伟大帝国。开运河，建洛阳，修驰道，筑长城，登上皇位短短三年时间，皇帝已经从事了不止一项大工程。这些工程，每一项都具有气壮山河、前无古人的气概，每一项都充满宏大壮丽、激动人心的审美情怀。

如今，时值秋高气爽的阴历八月，皇帝率领旌旗蔽日、千里不绝的五十万将士、十万匹战马，来到北部边塞榆林，皇帝将在这里会见边疆少数民族的首领，他要用亘古未见的强大阵势，让整个世界知道：大隋帝国的强盛是无与伦比的，任何人都必须在大隋天子面前俯首称臣。

为此，帝国的能工巧匠们，为皇帝精心制作出了世间从未有过的大手笔道具：

——一个巨大的、里面可以容纳数千人的营帐。皇帝在营帐中举行了盛大的歌舞宴会，果然达到了“诸胡骇悦”的效果，所有宾客无不感到震撼与愉悦，《资治通鉴》记载说：他们“争献牛羊驼马数千万头”。

——一座宏伟的观风行殿。这是一个巨大的、可以拆卸拼装的宫殿，殿脚装有轮轴，能够快速推移行走。宫殿上面可以容纳侍从、卫士数百人。

——一座更加雄伟的行城。这是一个周长将近一公里的组合城堡，以巨大的木制构件为骨架，同样可以拆卸拼装，外面包裹着幕布，布上彩绘着楼阁，远远看上去，与真正的城堡没有区别。

这些伟大的设计与制作，一夜之间出现在草原上，令胡人们震惊，在他们的观念中，只有天神才能做到这一点。因此，当他们前来朝见大隋天子时，走到十里之外，便开始屈膝叩首，没有人敢于骑在马上。

来到皇帝面前以后，所有的王公贵族全都以最为崇高的礼节向大隋天子致敬，没有任何一个人敢于抬头仰视皇帝。史书记载说：“帝大悦，赋诗曰：‘呼韩顿颡至，屠耆接踵来；何如汉天子，空上单于台！’”（以上事见《资治通鉴》卷一八〇）皇帝在巨大的喜悦中，询问天下：今日万国来朝之盛况，与只能走上空荡荡单于台的汉武帝比较一下，感觉如何？

设身处地地想象一下，这种成就感，的确令人眩晕。

隋朝建立的几十年间，正值公元六世纪与七世纪之交。人类在漫长的中世纪里，酝酿着巨大的变动。在东西方世界的中心地带，伊斯兰教先知穆罕默德崛起，并迅速建立了阿拉伯帝国。东罗马—拜占庭帝国面临着新的挑战，世界再也不是过去的世界了。而在遥远的东方古国，杨广则在风华正茂的三十五岁登上皇位。

时间是公元六〇四年即隋文帝仁寿四年七月二十一日。第二年元旦，改年号为大业元年，表现了新皇帝建功立业的宏图大志。

从十二岁被封为晋王起，到三十岁成为太子，杨广镇守过帝国最具战略意义的北部重镇——晋阳，就是今天的山西太原；参加过抗击突厥的战斗；二十岁那年，作为皇帝的儿子，他被任命为前敌最高统帅，在名义上，指挥了统一全国的平陈之役；然后，在南方此起彼伏的反抗浪潮中，坐镇扬州近十年，终于使江南成为帝国繁华富庶的大花园。而他自己，也与温柔秀丽的扬州，结下了终身的不解之缘，令他许多重大的治国决策，都打下了江南的鲜明印记。

从三十岁到三十五岁，是他身为太子即皇帝接班人的五年。父皇杨坚曾经规定：太子只是接班人，外朝文武百官不准跪拜称臣。杨广对此的反应，则是做得更加彻底，他打破帝国千百年来的传统，在自己的权限范围内规定：就连太子东宫的臣僚们，也不准对自己称臣。这使父皇杨坚极为欣慰。不久，杨坚把原来看押在内史省的大儿子——废太子杨勇，转移到了二儿子——新太子杨广的东宫关押。在利益尖锐对立的二者之间做出如此安排，可以表明杨坚对这个儿子满意与信任的程度。

从其一生行事判断，杨广外表沉默寡言，其实文采飞扬、激情满怀，是一个具有诗人气质和文学家才华的人。我们完全可以想见，对于他来说，东宫岁月可能是相当难熬的五年。这时，他距离帝国的最高权位只有一步之遥，但却必须表现出对权力毫无兴趣的模样，不能让敏锐英明的父皇产生一丝一毫的疑虑。他已经有了相当丰富的阅历和经验，对国家管理必定有了自己完整的判断。但是，他必须韬光养晦，把所有的一切都藏在心里，让父皇觉得自己无欲无求，可以放心。

这是没有办法的事情，中国历史上的所有太子可能全都经历过这种煎熬。

在给一位昔日知己的信中，杨广流露出了对于太子生涯的极度厌倦：每天都要战战兢兢、如履薄冰；一切都要按照父皇的旨意照本宣科；任何时候，他都只能规行矩步或者正襟危坐。他无限怀念当年驰骋沙场的军旅生涯，渴望能够投身建功立业或者治理百姓的工作中去。然而，纵然满腔激情与抱负，现在，他也只能冷眼旁观父皇施政治国。

登上皇位后，再也没有任何人与任何力量可以压抑他那近乎无限的想象力和浪漫情怀。如今，他已经是这片广大土地至高无上的君主，他具备了世间无人能及的权力与地位，他拥有无限广阔的空间来实现自己的梦想，他将成为超越千古的伟大帝王。

在这样激动人心的时刻，偏偏他的父亲又是一位节俭到了吝啬程度的皇帝，在二十四年时间里，为他留下了一个富饶的帝国和数不清的财富。这些财富正好可以支撑他那喷薄而出的创造欲望；他坚信，自己将率领臣民建设一个做梦都无法想象的美好世界。因此，他几乎是迫不及待地展开了那些伟大的工程。

杨广登上皇位后，很快就离开帝国首都长安，来到了洛阳。当时，有一位宫廷术士，据说算命很准。他认为：杨广是木命，而帝国首都长安在西部；西方属金，金克木，皇帝不适于长期居住在首都。杨广深以为然。这可能是杨广大力营建洛阳，并且特别不愿意长时间待在长安的重要原因。平心而论，即便是在二十一世纪的今天，这种说辞对于各个阶层的中国人依然具有重大影响力，何况在对此坚信不疑的古代社会。因此，作为国家元首，杨广的作为完全可以理解。

一般来说，这种信仰很难顾及最终结果。譬如，杨广已经严格按照算命大师要求的去做了，却仍然仅仅十四年就丢掉了江山，自己也死于非命。

问题在于，在儒家意识形态和帝国高压政治传统下，用极为崇高并冠冕堂皇的词汇，掩饰自己的真实意图，似乎已经成了人们的本能。从无权无助的人民，到至高无上的皇帝，生活在这个国家的人们无不如此。杨广更是这样。

当年十一月，杨广下令征发男丁数十万，环绕洛阳挖掘近千公里的长堑。这条长堑起自龙门，东接长平、汲郡，到新乡东北部的临清关，渡河抵达开封、汝州，直到上洛、商州，成为防止骑兵冲击、保卫洛阳的永久军事设施。

随后，十一月二十一日，他便正式颁布诏书，宣布了自己将要修建洛阳的计划。在诏书中，他将这一计划完全归结为是遵循天道、效仿古代圣贤，是为了国家的安危和人民的长远利益，等等。

他再三告诫臣民，务必节俭，一定不要让豪华的楼堂馆所出现在自己的时代。有证据显示，几乎与此同时，有关部门已经按照皇帝的指示精神，开始修建规模宏大的显仁宫，“采海内奇禽异兽草木之类，以实园苑”（以上事见《隋书》卷三，帝纪第三炀帝上）。

此后，在几乎所有治国决策中，杨广都采用同样的方式：将自己的一切决定都与神圣的目的和圣贤的教导联系起来，在执行层面则基本按照相反的方向操作；嘴上说的和心中想的、实际做的之间，常常存在巨大的差距。其结果自然而然是：在一次次崇高的宣言之后，国家一步步陷入万劫不复之中。后来，李世民评价自己的这位表叔时说：隋炀帝发布的所有政令文告中，充满了尧舜这些圣贤才会说出的神圣词句，而社会却出现了桀纣这种最坏的暴君才能造成的苦难。应该说，这样的评价可能是符合当时的实际情况的。后代的人们之所以特别厌恶这位皇帝和那个时代，这可能是主要原因之一。

大业元年三月十七日，杨广任命首席宰相杨素为建设东京洛阳的总指挥，工程正式启动。到第二年正月，大功已经告成。十个月时间，建设起一座都城，而且据说具有高度鉴赏力的皇帝，对工程十分满意。在以人力为主的古代社会，不难想象这种惊人的效率背后意味着什么。

对于隋唐时代的洛阳，现代人所知不多。在有限的考古发掘中，我们大体可以知道：那时的东京洛阳和西京长安的格局很像，分别由三个城墙围成的建筑群构成；洛阳的面积大约是长安的一半，最北面是宫城，是皇帝居住的地方，东西长一千四百米，南北宽一千二百七十米，墙厚十五米；由此很容易知道，皇帝一家居住庭院的面积是一点七八平方公里。宫城南面正中为应天门，北面为玄武门，玄武门是皇宫的北大门，进入门内就是皇后妃嫔们起居的深宫。唐朝中前期多达五六次宫廷政变差不多都在玄武门一带发生，显然与皇宫内廷的布局有着密切关系。

宫城南面是皇城，是皇帝和朝臣处理国政的地方；皇城围绕着宫城的东、西、南三面，东西墙和宫城城墙形成两段夹墙，皇城南门为端门，在宫城南门应天门和皇城南门端门之间有一条南北向的大道，道路两侧分布着中央政府的各个部门，门下省在路东，内史省即后来的中书省在路西，东西两端各有朝堂，是文武百官等候上朝的地方。在宫城和皇城外面，包围着郭城，里面是官吏私宅和百姓居处。据说，洛阳的郭城东十五里二百一十步，南十五里七十步，西十二里一百二十步，北七里二十步。周围共五十里六十步。折合今天的公制，当年洛阳城里的面积大约四十五平方公里，城墙周长在二十五公里左右。

古人认为，北极星永恒不动，是宇宙的中心，上帝就居住在这个中心的紫微宫里，太微宫是神仙们的府邸，天上普通人住在天市。皇帝是昊天上帝的儿子，代表上天治理人间，故人间的京城就是仿照天上的布局结构的。所以，宫城又叫紫微宫，皇城又叫太微宫，皇宫前面的大街就叫天街。按照今天的天文知识，这些堂而皇之的说辞显然是狗扯连环，乃是真正的坐井观天夜郎自大；然而，帝国博大精深的意识形态和所有庄严美好的政治理想都是建立在这种基础之上的。这可能是这些意识形态和理想从来就没有实现过的部分原因。

从史书记载中，我们可以知道，修建洛阳城时，共动用了二百万人力，历时十个月完成。请记住这些数字，它们很重要。在未来的岁月里，我们将会看到，正是这样一组一组的数字，组合成了帝国大厦坍塌的密码。

几乎在修建洛阳的同时，皇帝又下令开凿大运河。我们还记得，皇帝任命杨素为洛阳工程总指挥，是在公元六〇五年即隋炀帝大业元年三月十七日，第二天，三月十八日，皇帝就发布了另外一道诏书，表示自己要到“淮海观省风俗”。

皇帝说：只有了解民情，才能做出正确决策。自己作为皇帝寝食不安，日思夜想的就是要百姓过上好日子。修建东京洛阳是为了百姓的安危，到淮河南北视察，是为了直接听到百姓的呼声，以便皇帝更好地决策。

三天后，皇帝下令，调集河南各郡百万人力开凿通济渠，调集淮南十万人同时动工开凿邗沟。这就是人们习惯上所称呼的京杭大运河的第一期工程。这一期工程开通了大约两千里的河道，是将已有的运河与天然水系沟通而成，并不是凭空愣挖出一条大河来。

邗沟最开始是由春秋末年吴王夫差所开，是沟通长江与淮河的唯一通道，也是中国最早的运河。十几年前，隋炀帝杨广的父亲隋文帝杨坚为了准备对南陈的战争，曾经重修过邗沟，从淮安通到扬州，全长约三百华里。淮安时称山阳，所以将这段运河称之为山阳渎。

通济渠则是以洛阳为起点，功能在于连接黄河与淮河这两大水系。它从洛阳的西苑开始，将谷水和洛水引进黄河，再将黄河引到板渚，从板渚通向淮河。通济渠利用的古代运河，是中国人特别熟悉的鸿沟。

鸿沟是战国时代魏国人开凿的运河，前半段叫汴水，从荥阳流到开封；后半段经过徐州进入泗水，再导入淮河。

从三月份开工，到八月十五，运河的第一期工程便宣告竣工。这个速度也很惊人。这条运河长一千多公里，宽六十多米，沿河修建了御道与河堤，道旁堤上植树成行，沿河修建皇帝离宫四十余所。为了保证工程质量，曾经使用装着一丈长铁脚的木鹅，来检查河床的开掘深度，木鹅顺流直下时若被河底泥沙阻滞不前，表明河深未达标准，所有参加施工的人员全部要被处死。由此，我们大体可以知道工程的速度和效率从何而来。

至今，民间仍流传着许多关于隋炀帝开运河的恐怖传说，可能远非空穴来风。譬如，通济渠流经的河南、安徽地区，从隋唐时代开始，就广泛流传着“麻胡吃人”的故事。一千多年过去了，安徽淮北地区的大人们，直到今天还在用“麻胡来了”这句话，吓唬半夜啼哭或者不听话的小孩子。从文化人类学的角度看，这种文化现象和“狼来了”一样，本身必定蕴含着极为残忍和恐怖的集体记忆。

京杭大运河的第二期工程为开凿永济渠，时间是三年后的大业四年正月，官方记载表明，此次工程征调了河北诸郡百万人工，引沁水南通黄河，北到今天北京西南部的涿郡。这条运河可通龙舟，后来称之为“御河”。

又过了两年，大业六年年底，开始了第三期工程，凿通自京口即今日江苏镇江到余杭即今日浙江杭州的运河。至此，南到杭州，北达北京，全长二千余公里，沟通钱塘江、长江、淮河、黄河、海河五大水系的大运河全线贯通，南北连成一气，成为古代中国南北交通的大动脉。运河沿岸的许多地方，后来发展为繁荣的经济与人文荟萃之地。

在他愿意的时候，杨广显然是一位心思细密的皇帝。公元六〇五年即隋炀帝大业元年三月二十一日，京杭大运河第一期工程启动；之后，仅仅过了九天，三月三十日，皇帝便命令一位宰相级别的官员，前往江西山区采伐木材，一是用于洛阳宫殿的建造，二是打造沿运河下扬州的龙舟。从掘长堑到建洛阳，从开运河到造龙舟，皇帝的部署首尾呼应一气呵成，显然是经过周密思考的。这又是一个不小的举动。

《隋书》记载说：从三月三十日皇帝下达命令砍伐木材，到八月十五日杨广登船下扬州，中间只有不到一百四十天时间，共造出大小舰船数万艘。这个数字很吓人。就算只有一万艘，每天也要造七十艘以上。《大业杂记》上说：龙舟高四十五尺，宽五十尺，长二百尺；共有四层，上层有正殿、内殿、东西朝堂，中间两层有一百二十间房间，都用金玉装饰，下层为工作人员、警卫、侍从们的住处。即便其他的船只没有皇帝乘坐的龙舟这么大，要在如此短促的时间里，造出这么多的船，也是一件很难想象的事情。我们所看到的最为保守的数字，就出在这本《大业杂记》中，作者认为，皇帝的龙舟队共有二十二种、五千余艘。这样，平均每天也要造出三十五艘方能交账。《资治通鉴》写道：“官吏督役严急，役丁死者十四五，所司以车载死丁，东至城皋，北至河阳，相望于道”（《资治通鉴》卷一八〇）。可见工程中死掉的人数十分惊人。

从杨广登上皇位开始，到坐上龙舟下扬州，时间一年多一点点。粗粗算来，在这一年中，掘长堑，建洛阳，开运河，造龙舟，四大工程同时并举，已经征发了三百五十万左右民工。崇高的宣言与奢华的实践之间相映成趣，巨大的反差令人无法不印象深刻。那些宏大的劳动场面，假如不是用皮鞭棍棒之类监控的话，想必是极为壮观的。

因此，皇帝的这一次扬州之旅，便不可能不壮观。

杨广的一生中，有许多令人费解的东西。譬如大规模出巡就是一个很难理解的谜。

他在位十四年，共有十次大规模出巡。每次出巡，他都要携带数量巨大的随行人员，他的朝廷官员、皇后妃嫔、公主王孙常常都要倾巢出动，陪着他四处招摇。甚至一些被关押起来的政治犯，比如他的弟弟杨秀和废太子杨勇的儿子，也经常跟在出巡的队伍中。

这一次下扬州，刚刚死了丈夫的陈后主的妻子就是他的同伴之一。他的一些年纪大或身体不好的臣僚，经常是死在陪伴皇帝出巡的途中；而有些政治犯，也是在出巡时，于途中被毒死或干掉。为什么会这样？迄今为止，没有任何人能够给出令人信服的解释。

《隋书》记载说，杨广在洛阳上船时，文武百官五品以上者都上了楼船，九品以上者乘坐的是黄篾。整个龙舟船队首尾相接达二百里（《隋书》卷三，帝纪第三 炀帝上）。我们知道，《隋书》撰写的年代，距离隋炀帝下扬州不过二十几年时间，许多当事人还活在世上。写作班子由魏徵牵头，称得上名家云集；他们许多人的作为与作品在后世享有盛誉，如颜师古、孔颖达均有崇高之学术地位；很难想象这样一些人会用信口开河来为自己的名字添加耻辱。因此，这些记载总体上应该是可信的。否则，便根本无法解释，为什么短短五六年时间，隋炀帝就会在全国各地陆续激起全方位、大面积的暴力反抗。

《资治通鉴》描述当时情景时写到：各种大小船只数千艘，后宫、诸王、公主、百官、僧、尼、道士、蕃客——少数民族代表乘坐之；还有数千艘战舰，载着警卫部队。共有挽船士即纤夫八万余人，负责拖拽后宫妃嫔等高级船只的纤夫有九千人，他们统一的名字叫“殿脚”，全部身穿锦绣衣袍。船队行进时，光彩映照山川，两岸护卫的骑兵，旌旗蔽野。所过州县，五百里内都要献上吃喝，各种山珍海味不一而足。每当船队启航时，都有大量没有吃完的食品被掩埋抛弃掉。

对于富有艺术气质的人们来说，这种场面应该是特别激动人心、特别令人陶醉的。不幸的是，几乎所有证据都在证明：我们的皇帝杨广就是一位富有此种气质的诗人。这可能使他很难安静下来，只有通过一次比一次更加宏伟的成功，他那沸腾的激情才能得到些许抚慰。如今，哪怕已经创造出了前无古人而后无来者的伟大业绩，他也只能感到短暂的满足；皇宫中平庸、琐碎的时光，完全无法满足皇帝非凡的心灵，超越千古的事业永远都在召唤他渴望不朽的灵魂。这些因素，可能构成了他那许多宏大举动的心理基础。

公元六〇六年即大业二年三月，皇帝离开扬州，返回洛阳。当时，皇帝排开的仪仗队长达二十华里。为了修治皇帝出行时的銮驾仪仗，曾经命令全国各州县贡献羽毛。一时间，中华大地出现了到处都是罗网陷阱的壮观景象；那些长有美丽羽毛的禽兽们争先恐后地向四处逃亡，《隋书》描述道：“禽兽有堪氅毦之用者，殆无遗类。”司马光评论说：皇帝与朝廷的仪仗、服饰，“文物之盛，近世莫及也”（《资治通鉴》卷一八〇）。

就这样，初夏时节的四月，皇帝在千乘万骑、繁花锦绣之中，施施然、气昂昂回到刚刚建设完成的东京洛阳。

公元六〇七年即大业三年，征发河北十余郡丁男凿太行山，修通到达太原的驰道；继而发丁男百余万修建从榆林到紫河之间的长城。榆林治下在今日内蒙古托克托西南一带，紫河位于今日内蒙古清水河县北之浑河。

就是在这一年，皇帝率领五十万将士、十万匹战马，加上他庞大的巡游队伍，浩浩荡荡来到榆林郡，出现了本篇开始时的一幕。在塞外草原，展示了亘古未有的景象。突厥启民可汗率领归他管辖的三千五百名各部酋长，以最谦恭的礼节，迎接皇帝的巡视。在盛大歌舞宴会上，皇帝慷慨赏赐给了他们数不清的绢帛，光是启民可汗一个人就得到了二十万段。盛夏时节的草原变成了名副其实欢乐的海洋。

这次巡视，有一个副产品，那就是皇帝在启民可汗那里见到了高丽的使节。这次见面，为未来埋下了伏笔。尽管当时谁也没有想到，后果竟会是如此具有灾难性。

先皇帝杨坚在世时，曾经派遣大军讨伐不肯屈膝称臣的高丽，因为遭遇洪水和传染病，不得不撤军。后来，双方一直处于敌对状态。隋文帝在处理与高丽之间的关系时，和他一贯的治国理念相符，比较理性与克制，不会在重大国是决策上感情用事。

高丽则一直试图在隋朝这个庞然大物身边，尽量拓展回旋空间，不断派遣使节接触隋朝周边的各种势力，建立尽可能广泛的统一战线。

如今，两个冤家不期而遇。尴尬的启民可汗只好带高丽使节前来参拜杨广。杨广拿着劲儿，并不直接理睬那个使节，而是让一个大臣宣布自己的诏书说："启民可汗对我真心实意，所以我要来看看他。明年我将会去涿郡，你回去告诉高丽王，他要是来朝见，会受到和启民可汗一样的礼遇；他要是不来，我会率启民可汗一起到他那儿去巡行。"这等于是向高丽国王发出了战争宣言。

因此，一进入公元六〇八年即大业四年正月，皇帝便立即征发河北男女百余万开永济渠，即从洛阳北到今日北京段的运河，是为京杭大运河的第二期工程。显然，杨广已经为再次征讨高丽做军事上的准备了。

七月，征发丁男二十万筑榆林西面的长城。

公元六〇九年，是为大业五年。这一年，不但在大隋朝是可圈可点的一年，在中国历史上也是值得大书特书一笔的年份。原因是，中国皇帝在这一年亲临河西地区，并在张掖亲自主持举办了一次大规模的国际交流活动。实际上，这既是一次外交上的各国首脑峰会，也是一次大型文化交流会，还是一次超级博览会与展销会。这样大规模、多主题的国际嘉年华盛会，不仅在中国历史上是第一次，就是在世界历史上，可能也是第一次。

当时，皇帝派遣高级官员前去准备这次盛会，史书使用的词汇叫“啗之以利”，就是承诺给诸国丰厚的利益，诱惑其前来朝见（《资治通鉴》卷一八〇）。最后，共有二十七个西域地区与中亚地区的国家元首或是使节，前来朝见大隋皇帝。

在皇帝的旨意下，所有外国人，不论是政府官员还是商贸人士，但凡是前来共襄盛举的，在旅途和到达目的地之后，一律可以享用大隋朝政府免费提供的交通工具、住宿和饮食。

六月十七日，杨广来到燕支山，就是今天甘肃省山丹县达黄山。高昌、伊吾以及二十七国首脑和使节，已经等候在那里。他们戴金佩玉，身披豪华披风斗篷，焚香沐浴，载歌载舞。届时，各级官员们早就组织武威、张掖一带的百姓“被自发地”身穿节日盛装，前来参加盛会。凡有服装修饰不够鲜艳的，一律由官府“督课之”——就是官府有责任令他们鲜艳起来。一时间，方圆数十里，真的到处都鲜艳起来，一派歌舞欢腾的景象（《资治通鉴》卷一八一）。

在燕支山下，皇帝又一次搭起观风行殿，殿上陈列着中华文物，殿下上演着歌舞百戏，皇帝则在殿内大宴宾客。

在欢乐的气氛中，一位西域首领向皇帝陛下献上了西方数千里土地；杨广当即宣布在今日之青海、新疆地区设立西海、河源、鄯善、且末四郡；并宣布大赦天下，宣布举行盛会的陇右各郡免税一年，皇帝御驾经过的地方，免税两年。由此，将欢乐推上了高潮（《资治通鉴》卷一八一）。

欢乐的好日子不能太过短暂。于是，皇帝将这些中外宾客们一起带回了帝国首都长安；两个月后，皇帝又盛情将他们领到东都洛阳，请他们在那里共度新春佳节。

这是烈火烹油一般的隋炀帝大业五年。这一年，杨广四十岁，登上帝位刚刚五年。在这五年中，就像我们看到的那样，他真是做了太多的事情，将大隋朝的繁荣推上了顶峰。司马光说："是时，天下凡有郡一百九十，县一千二百五十五，户八百九十万有奇。东西九千三百里，南北万四千八百一十五里。隋氏之盛，极于此矣。"（《资治通鉴》卷一八一）

然而，接下来的春节，皇帝却很不开心。原因是，大年初一那天一大早，有几十个人，白衣白帽，手持鲜花，焚香念咒，自称是受弥勒佛派遣，前来皇宫祈福。他们径直进了建国门，守门的士兵不但没有阻止，反而向他们行礼致敬。他们趁机扔掉香烛鲜花，夺取士兵手中的武器。最后，虽然被悉数击毙，却在众多外国朋友面前着实丢了帝国与皇帝的脸面。为此，杨广下令首都戒严，挨家挨户搜查形迹可疑之人，被逮捕的有一千多户人家。因为这起意外，皇帝只好将春节大联欢推迟到正月十五举行。

据说，正月十五闹元宵就是从这一年开始的。时间是公元六一〇年即隋炀帝大业六年正月。

在司马光笔下，帝国东都洛阳的这一年正月，实在是值得中国人永久纪念的时光。

从正月十五开始，天下奇能异技全部汇集到了皇宫前的端门大街。戏场周围五千步，表演各种歌舞器乐的文艺工作者达一万八千人，声闻数十里。每天从黄昏到黎明，灯火光烛映照天地，如此盛况一直持续到了月底。

这还不算。当时，洛阳城里有三个大市场：东市叫丰都，南市叫大同，北市叫通远。皇帝下令将东市整饬一新，允许所有外国朋友在那里进行国际贸易。当时，所有临街房屋全部重新规划后，用上等帷帐统一装饰装潢，将所有珍贵货物摆满货架，所有员工一律穿上盛装。为了让那些外国佬知道帝国富裕的程度，皇帝下令将所有寒冬凋零的树木，全部用五彩绸缎缠绕、装饰起来，就连卖菜的摊位，都必须铺设最高级的龙须席待客。而最为富有创意的是，命令所有酒楼饭店，只要有外国朋友路过，就必须将他们邀请进来，以酒肉招待，不醉不饱不得离开；并且不许收费。要告诉他们，中国富裕，吃饭喝酒从来都不收钱。

史书记载说："胡客皆惊叹。"（《资治通鉴》卷一八一）

据说，在此期间，皇帝曾经多次微服私访，与民同乐。他必定深切感受到了那激情澎湃、无限美好的时光。

大业六年正月，真是令人骄傲、令人陶醉，难道天下丹青史册上曾经有过这样的盛况吗?

当然，事实证明，对于那些心怀敌意的人，再无微不至的款待都无法改变他们已经有了成见的眼睛。譬如，有人吃饱喝足之后，仍然很不友好地提问道："我看你们国家有人穿得很破烂，连身体都遮不住，天寒地冻，这么好的绸子干吗要缠在树上？为什么不给他们穿在身上呢？"据说，被问到的人很尴尬，不知道应该怎么回答（《资治通鉴》卷一八一）。

事实上，但凡皇帝能够静下心来想想这个美中不足的问题，那不祥的兆头可能都不会泛滥成如此可怕的灭顶之灾。可惜，皇帝身处巅峰之上，他的确感到了美中不足。然而，这个不足，却不是自己治下人民的痛苦呻吟，而是前来朝贺的人群中仍然没有高丽国王的身影。于是，命中注定，他再也没有机会挽救帝国和他自己的命运了。

就在这一年，隋炀帝杨广启动了战争机制。他下令向全国富人征收一项特别税，用来增加战马的数量；同时，命令有关部门核查军备，务求精新，有不用心者，立即斩首。

第二年，公元六一一年即隋炀帝大业七年二月，杨广乘龙舟从扬州直达涿郡，途中下诏征讨高丽。

关于隋炀帝发起的这场战争，一千多年时间里基本是受到谴责的。近些年来，有学者希望重新评价隋炀帝，因此，认为高丽国王的政策具有扩张性，不仅仅是对中国皇帝不敬，而且已经威胁到了中国的国家安全；故隋炀帝发起这场战争并不只是为了穷兵黩武（参见刘善龄《细说隋炀帝》，上海人民出版社 2005 年第一版，第 259 页）。《剑桥中国隋唐史》的作者则认为，下列因素促使杨广做出了这个决定：

其一，他的帝国威严和帝国处于宇宙中心的观念；

其二，他要恢复汉代光辉业绩的迫切愿望；

其三，他对所有敢于抗拒中国仁爱影响的人必能取得伟大胜利的想象；

其四，他身边顾问们出于现实政治的考虑（《剑桥中国隋唐史》，第 144 页）。

但是，不管怎样理解皇帝的动机，都没有人能够否认：这是一个缺少理性、显然没有经过深思熟虑的决定；这个决定引发的后果，毫不容情地将隋王朝和皇帝本人，从荣耀的顶峰抛向了灾难的深渊。这种后果，不知是否会令那些为隋炀帝战争政策辩护的人们，陷入尴尬的境地：一个如此具有正义性的战争决策，怎么就把决策者及其帝国送进了坟墓？

平心静气地观察当日的情形，很容易发现：即便没有这场战争，隋炀帝杨广已经过度耗费社会资源，把自己庞大的国家拖到了灾难的边缘。譬如：他登上皇位的第一年，就同时展开了四项巨大工程：掘长堑，建洛阳，开运河，造龙舟。这些工程征发的青壮年劳动力，可能已经达到三百五十万人左右。

按照司马光的记载，修建洛阳时，“每月役丁二百万人”（《资治通鉴》卷一八〇）。从隋炀帝大业元年三月，到大业二年正月，修建洛阳历时近十个月。如果司马光所言不虚的话，当时全国青壮年男劳动力已经全部被征用过一次以上了。当时，国家法令规定：每个男丁每年必须无偿地、食宿自理地为国家工作二十天；考虑到往返路程，这个时间必定会更长。难怪在不同的史料中，都曾经谈到过，开凿运河时，男丁不够，国家已经违法征用妇女了。

春秋战国时代，曾经有人算过一笔账：一个普通农家，在正常年景下，达到维持温饱和简单再生产的程度时，其收支状况已经是个负数；基本没有扩大再生产的能力。这样的农家，占中国总人口的百分之九十五以上。他们的生存状态极为脆弱，一旦出现异常情况，下面的四个词汇就会特别频繁地进入人们的视野：民不聊生，辗转沟壑，人相食，饿殍遍地。在中国史书中，这四个词称得上史不绝书、比比皆是。

所谓“异常情况”，一般是指灾荒、战争、传染病和统治者随心所欲地驱使人民服劳役。生活在两千五百多年前的孔老夫子，把“敬事而信”“节用而爱人”“使民以时”，列为衡量统治者是否合格的三项基本标准。所谓“敬事而信”指的是极为虔敬地对待每一项施政方略，说到做到，以庄重诚信为治国之根本；“节用而爱人”说的是统治者要节制自己在物质和建功立业方面的欲望，用以爱养民力；因此，就需要“使民以时”——按照农业节气做事，不要没完没了。其原因非常简单：一旦统治者随心所欲、不按农时驱使人民服劳役，就意味着农民一家人可能失去一年的口粮，他们将会立即陷入水深火热之中。

杨广是一个具有极高文化素养的君主，以大力提倡儒家文化著称；他又是一个生长在权势富贵之中的纨绔，似乎全然不知道，别人和他一样，也需要吃饭。因此，看看他历次征发劳役的皇皇诏书，就会发现，尽管里面通篇都是崇高词汇，却基本都把孔老夫子的三项基本标准抛诸脑后，时常在一年之中最为关键的农忙时节，大规模无偿征发劳役，随心所欲地从未考虑过别人的死活。这是战争尚未开始，国家已经动荡不安的主要原因。

另外，一个本来是绝对正面而积极的因素，也在国家的错误决策中，变成了促使社会解体的消极力量。

在先皇帝杨坚的铁腕治理下，隋王朝形成了一支高效、精干、无情的官吏队伍。这支队伍保证了国家相对廉明的高速运转。如今，在杨广的指挥下，这支队伍同样效率很高，却使社会付出了惨痛的代价。

譬如，著名的元弘嗣就是一个极有意思的例证。

元弘嗣曾经在一个残酷无情的上司燕荣手下工作。燕荣当青州总管时，专门挑选了一批五大三粗的流氓维持治安。这帮家伙只要看到不顺眼的人，就先捉到官府暴打一顿再说。结果，打得小偷强盗谁也不敢到青州地面作案。一时间，青州成了全国治安先进地区。

有一次，燕荣发现了一种可以做鞭子的荆棘，就要身边的人以身试鞭，看看效果如何。挨打的人不干，说是自己没有过错。燕荣答应他说：这次打完可以抵销以后的过错。不料，后来那人真的犯了错，提出抵销挨打时，燕荣告诉他说：没有错时都要打你，何况如今你还有错！然后，不由分说把那个倒霉蛋儿打了一顿。

当初，元弘嗣死活不肯到燕荣手下工作。先皇帝杨坚就给燕荣下了一道命令：打元弘嗣十板子以上，必须报告皇帝批准。燕荣痛恨元弘嗣在皇帝面前矫情，就派他负责管理粮食入库，只要发现有一粒谷壳，就要把元弘嗣摁在地上打个七八板子。一天下来，常常要打三四次。这元弘嗣职位很高，差不多相当于省级领导班子里的二把手，却被一把手活活折磨得生不如死。

如今，轮到元弘嗣当一把手。燕荣对他的训练全部被他应用到工作实践中去了。

隋炀帝发布对高丽的战争宣言后，派遣元弘嗣到山东东莱海口监造战船。东莱在今天的山东莱州。那些工匠则是从全国征集来的。元弘嗣为了工程进度，令民工们日夜泡在水里赶工期，许多人腰部以下泡得生出蛆来。《隋书》说，民工死亡率达到了百分之三四十。

不同的史书在谈到隋炀帝的这些工程时，不约而同地讲述了死亡人数比例很高的情形，并且基本采用了谴责的态度。这样，人们很容易明白：一个繁荣富庶的大隋帝国，为什么十几年时间就被葬送掉了。

与前面发生的情形类似，隋文帝杨坚的另外一项优良遗产，如今，也令人黯然神伤地发挥出反面的效用，加速了整个帝国的崩盘。

观察杨坚的治国实践，可以看出，他不但成功地制定出适合当时国情的法律，而且还用自己的努力，譬如对皇亲国戚、高官显宦以及自己亲生儿子的处置，成功地确立了这些法律的尊严。在冷酷和无情方面，杨广无疑继承了父亲的禀赋与做派；但在行使权力时理性地克制自己的欲望方面，他却与先皇帝相去甚远。这样一来，当他几乎无限制地滥用权力时，威严的法律便令人悲伤地变成了他的帮凶。

杨广发布战争宣言后不久，便来到涿郡。在那里，他发布了一系列指示号令天下：

——命令天下军队，不问远近都要在指定时间内到达涿郡指定位置；

——命令江淮以南调集一万名水手、三万名弓弩手到达指定位置；

——命令遥远的岭南地区调集三万名武器制作的专业人员排镩手到达指定位置；

——命令河南、淮南、江南制造五万辆军车，送到位于河北的前进基地，供战士运送各种装备；

——命令河南、河北民夫前往涿郡运送军需粮草；

——命令江淮以南民夫船只赶到洛阳附近，向涿郡运送军粮；

最后，杨广在军事上无与伦比的蠢猪般布置，在大隋帝国和他本人的棺材上，砸下了最后一根铁钉。

后代的战争史学者经常会有一个疑问：虽然杨广没有真刀真枪地打过仗，但他确实不止一次地当过领兵统帅；这次对高丽发动的大规模战争，为什么怎么看都像是一场盛大演出，而不像是要打仗呢？

到大业七年年底，帝国大军共有三百多万作战部队和后勤保障人员集结到了涿郡。这差不多是全国人口的十五分之一，是全国青壮年男性的四分之一。当时，整个高丽全国的人口可能都没有这么多。

大业八年正月初二，杨广下达总攻击令，并将整个作战部署全部予以公布。

百万大军分为左右两翼，共二十四路军，出发时，必须等到前一路军全部走完后，后队方可启动。全部开拔完毕后，共用了四十多天时间。大军首尾相连，鼓角相闻，旌旗遮天蔽日，队伍整整排了九百六十华里长。最后，皇帝亲自统帅的六军，每军前后长八十里，加上前面二十四军的长度，正好形成一千零八十里的吉祥数字。

杨广在各军中设置了一个受降使，可以在确认敌方投降后，节制大将的军事行动。也就是说，各军是否投入军事行动由受降使而不是军事长官决定；同时，杨广命令各军的任何一个军事行动，都必须向皇帝本人报告后，方可进行。为了严明军纪，他还发明了世界上最早的“军记带”，王公以下的所有人员都要佩戴在领子上，一看就知道是哪个部队的、是什么级别的干部。实际上比后来的臂章、肩章或领章包含的信息还多。这使所有人都不敢轻举妄动。因为，带着那玩意儿，太容易被人检举揭发了。

从正月初三第一路大军出发，到三月十四日皇帝到达辽河岸边，正好比第一路大军到达辽河岸边的时间晚了四十天。

三月十五日，百万大军全部集结到辽河边上时，高丽军队并没有投降或动摇的意思。皇帝这才命令工部尚书造浮桥三座，准备发起渡河作战。负责建造浮桥的工部尚书名叫宇文恺，是一位极有名的工程技术专家，当时帝国的许多重大工程包括整个洛阳城都是在他的主持下设计建造的。此次，当他造好浮桥并架设到辽河上时，才发现那浮桥短了一大截，只能架到距离对方岸边还有一丈多宽的河里。由此可以知道，当时，不但皇帝最高战略决策班子里没有了解高丽情况的参谋人员，在战役与战术单位里，没有熟悉敌方情势的干部，甚至就连基本的山川形势、地形地貌都没有侦察清楚。结果，一窝蜂冲到浮桥上的隋军损失惨重。隋朝有一位以神勇而极负盛名的大将军，叫麦铁杖，从浮桥奋力跳到岸上后，被高丽军队团团围住后活活打死。

麦铁杖是一位极有传奇色彩的将军。他出身于江南地区的贫寒之家，却练就了一身惊人的神力武功，而且还有一项绝活，可以日行五百里，很像那位绰号“神行太保”的梁山好汉。早年，他在南陈宫中当差，经常在晚上下班后，到百里之外的南徐州去干些打家劫舍的勾当，得手后不慌不忙地返回京城，竟然很长时间都没有被人发现。后来，有一个受害者认出了这个飞毛腿，把他告到宫里。结果，谁都不肯相信，因为很多人可以为这小子提供不在现场的证明。于是，有一位聪明的官员设了一个局，说是要连夜把一份紧急公文送到南徐州，次日清晨能够带回对方信息者，将受重赏。麦铁杖不知是计，轻轻松松地钻进了圈套，就此，被坐实罪名，关进了监狱。最后，因为这项特殊的本领，受到特赦，继续为皇家效力。

南陈灭亡后，麦铁杖成为杨素的部下。起初，杨素不知道他的本事，没有拿他当回事儿。他就总是步行跟在杨素飞驰的战车旁。几天后，杨素天天下车都能看到这个貌不惊人的小子，这才知道原来真有身轻如燕的轻功一说。此后，麦铁杖屡立军功，很快被提拔成了柱国将军，成为帝国勋位中第二级的高级将领。

有一次，负责考查官员政绩的窦威一本正经地拿他开心说："麦子这玩意儿也能做姓吗？"麦铁杖也一本正经地回答说："麦子和豆（窦）子本是一路货色，你这个姓窦的难道连这个都不知道吗？"他生病时，不肯吃药，对医生说："一个军人怎么能吃药死在女人怀里？"来到辽东前线后，他对自己的几个儿子说："我受皇帝大恩，随时准备为国捐躯。我战死后，你们就可以享有荣华富贵了。"

在隋炀帝时代，有一批类似麦铁杖这样下层出身、文化程度很低的人，他们对皇家忠心耿耿，是隋炀帝内外政策包括战争政策的坚定支持者。

如今，将军果然战死了，他的儿子们也确实得到了荣华富贵，只是时间很短暂而已。因为，他奋勇捐躯的这场战争很快就将帝国拖进了一场真正的灾难之中。

战后，隋炀帝花费巨资把将军的遗体买回，并为他举行了规格极高的葬礼。据说，隋炀帝从头到尾目睹了麦铁杖拼死格斗直到战死的壮烈场景，很罕见地流下了热泪。而那位堪称杰出的工程技术专家宇文恺，则在如此重大的一次丢人现眼后，回到洛阳，很快就郁郁寡欢地死掉了。

种种情形表明，杨广似乎是在导演一场盛大的阅兵式，他很有可能一直试图用御驾亲征和百万大军的威势，在心理上压倒对方，从而达到不战而屈人之兵的神武境界。结果，屡屡贻误战机，百万陆军没有拿下一座城池；海军则在平壤城下先小胜而后大败；渡过鸭绿江的九路大军共三十多万将士，最后败退回到辽东的只有两千七百多人。堆积如山的军备物资丧失殆尽。

一征高丽失败后半年，大业九年正月杨广再一次征调天下兵马集结涿郡；四月，再征高丽。皇帝允许领军将领不必事事请示报告，可以根据军情便宜处置。无奈，高丽军民拼死抵抗，双方死伤惨重。隋军正在准备使用最新攻城器械时，后方突如其来地传来帝国重臣杨素之子杨玄感起兵造反的消息。杨广连夜撤兵，再次将堆积如山的军备物资尽皆遗弃。

此时，起兵造反的反政府武装已经遍布全国各地，人们习惯上称之为“四十八处烟尘”。实际上可能远远超过了这个数字。有人统计说，活动在各地的暴动武装，至少在一百二十支以上。大隋帝国体无完肤矣。

大业十年，杨广第三次征讨高丽。此时的高丽也已经困窘不堪，高丽王遣使求和。总算挣来了一份面子的杨广遂下令撤军。

当年十月，回到京师的杨广召高丽王入京朝见。高丽王置之不理。无上尊严再次受到伤害的杨广，命令将帅整装待发，准备第四次征讨高丽。但是，世界已经不是过去的世界了。此时此刻，基本失去了人民信任与支持的杨广，距离失去自己的国家，已经没有多少时间了。

作秀可以是治国的一部分，有时会是无伤大雅且很有趣的一部分；而治国若成了作秀的一部分，麻烦可就大了。若作秀做得表面风光，内地里令人作呕，那可能就没法要了。

除损兵折将之外，一征高丽还有一个滋味很糟的副产品：当时，为了让各个友好国家的元首或使节们看看大隋帝国的国威与军威，皇帝把所有逗留在帝国首都的外国国王和使节，一起带到前线观战。结果，帝国金玉其外、只会做表面功夫的情形，在战争面前暴露无遗。后来，突厥反目成仇，高昌头也不回地离去，可能都与这次观战密切相关。

公元六一二年是为大业八年。这是一个黑色的年头。不但一征高丽遭遇惨败，还继前一年黄河决堤之后，大旱，瘟疫流行，死了不少人，山东灾情尤其严重。几百万人上前线，生产遭到彻底的破坏。天灾人祸之际，府库充盈的帝国政府几乎没有进行有效的赈济行动。没有人知道未来应该怎么活。

从各种史料上判断，杨广与他的妻子萧皇后感情甚好。然而，《隋书》作者在隋炀帝大业八年结尾处记录到：皇帝密诏江南、淮南诸郡，挑选民间美丽少女，每年贡之（《隋书》卷四，帝纪第四 炀帝下）。这表明遭遇惨败后的皇帝也不知道自己应该怎么活了。《隋书》作者对此未加任何评论。

08

如今做人有点难

公元六一六年，是为隋炀帝大业十二年。

到这一年五月，隋朝早已天下大乱。暴动的反政府武装可能已经达到一百多支，几乎遍布全国各地。可是，皇帝非常讨厌听到有人造反的消息，那对他的尊严可能是一个特别大的挑战。他曾经处死或用棍子痛打过向他报告这种消息的人。因此，他最信任的大臣没有人敢于向他报告真实的消息，大家的标准做法是：将各地报来的军情予以淡化和喜剧化处理，成倍地缩小各地暴动规模和人数，用以增加皇帝的快乐指数。

皇帝当然要根据这些报告做出决策。于是，每次派出去平息暴动的力量，都比实际需要相去甚远。其自然而然的结果是：各地情况越来越糟。

面对日益恶化的局面，终于，皇帝也觉得不对了。

一天，杨广询问自己最信任的宇文述：“各地到底有多少盗贼？”

宇文述回答说："目前正在逐渐减少。"

皇帝追问道："比过去少了多少？"

宇文述答："现在还不到过去的十分之一。"

实际上，当时的情况已经比过去严重了十倍还不止。

宰相苏威一看宇文述又在编谎，便悄悄向殿堂里的柱子后面挪，希望皇帝能够忘掉自己。结果，反倒使皇帝注意到了他。皇帝点名问道："苏威，你的看法呢？"

苏威回答："如果皇上准备再征辽东的话，可以赦免造反的盗贼，大约可以得到几十万人马。给他们立功赎罪的机会，可能比动员军队要好。"宰相这是在委婉地告诉皇帝，如今至少有几十万人在造反。

皇帝听后很不高兴。苏威退下去后，御史大夫裴蕴对皇帝说："苏威实在太不像话了，怎么可能有那么多盗贼？这是对皇帝的大不敬！"

皇帝气愤地说："这个老滑头最奸诈，竟拿盗贼来吓唬我。我是强忍着，要不然真想扇他耳光。"（《资治通鉴》卷一八三）

不久，皇帝下令罢免苏威的职务。此时，距离隋炀帝被哗变的皇家卫队绞死，不到两年时间。

从杨广的众多诗文中可以断定，他具有深厚的文化素养、丰富的情感世界，于历史典籍和佛教哲学均有不俗的造诣。他绝顶聪明，对于外界事物具有敏锐的感知能力。

写作《剑桥中国隋唐史》的西方汉学家认为，杨广是一位政治美学家——

"隋炀帝杨广毕竟是一位美好事物的鉴赏家、有成就的诗人和独具风格的散文家，他可能有点像政治美学家，这种人的特点可以用以下的语言来表达：'的确，自欺欺人也许是一个规律，因为带有强烈的艺术成分的政治个性具有一种炫耀性的想象力，他能使其个人的历史具有戏剧性，并使一切现实服从野心勃勃的计划’。”（《剑桥中国隋唐史》第二章“隋朝”）

这个评论很新奇，也不乏准确，带着一种隔岸观火式的冷静和优雅。因为和这块土地上的所有苦难没有关系，所以，表现得很像那种盎格鲁—撒克逊绅士！不过，如果走得更近一些打量杨广和他周围那些人时，感觉可能会复杂得多，也强烈得多。

杨广写过不少诗，风格优美华贵，遣词造句很考究，用典极多，和他在政治上的许多举措一样，确实带有很强的炫耀性。不过，他的诗作缺少才华灵性，很少见到富有意境和表现力的佳句，因此，读过之后，让人能够记住的并不多。

白马金贝装，横行辽水旁。
问是谁家子，宿卫羽林郎。

辽东海北翦长鲸，风雪万里清；
清歌凯捷九都水，归宴雒阳宫。

上述《白马篇》和《纪辽东二首》算是杨广比较言之有物、清新且豪迈的作品了。可惜，随之而来的却是政治上、军事上的一塌糊涂。

杨广具有一流的文化训练，艺术上的才华灵气也许勉强可以达到二流。对比之下，他在此方面的自我感觉，给人留下的印象倒是深刻得多。有一次，和身边的侍从们聊天，杨广极为自信地告诉他们：“即便通过才华考试来选拔皇帝，我也会是当之无愧的天子。”在中国古代和今天，有这种或类似自我感觉的人很多，但如此直白地把它说出来并且遵循此种思路行事的皇帝，杨广可能是第一个。

文无第一，武无第二，本是自古皆然，也是人性使然。问题在于，如果皇帝这么感觉，并且要用手中的权力来证明这种感觉的话，后果可能就会变得特别严重。

我们知道，世界上有三样东西可以让人膨胀得没边没沿，甚至忘记自己姓什么：这就是权力，金钱和名声。在这些东西的作用下，一个人可能会变得特别可怕，变成让人完全认不出的另一个人。当了皇帝之后的杨广，与没当皇帝之前的他，几乎是截然相反的两个人，大约就和这种变化有关。

中国皇帝的地位至高无上，权力巨大无边；而且除了生理的限制之外，基本没有任何其他制约。就时间和空间两个参数看，这种政治文化传统在人类历史上可能是独一无二的。能够拥有如此漫长、如此广大的世界之最，我们实在应该为此感谢历代帝王将相和儒家意识形态工作者们的不懈努力。

因此，在中国历史上，便时常可以见到一个景象：每当皇帝们自我感觉特别好时，生活在他身边的人们和他治下的人民就会感觉特别不好。这几乎已经成了一个类似枪可以打死人这样绝对的规律与真理。杨广那些政治、经济、军事方面的大手笔行动，宏大华丽而代价高昂，基本可以看作是皇帝这种自我感觉的宣泄和证明。为此，和皇帝生活在同一时空中的人们，便遭遇到了迥然不同的命运。

高颎、贺若弼和薛道衡的遭遇，可以看成是这些不同命运的一类典型。

这三个人才能卓著，在先皇帝杨坚时代很受重用，曾经享有崇高的地位和威望。尤其是高颎，辅佐杨坚夺权、创建隋朝而立有大功，随后，担任了二十年宰相，隋朝的许多制度建设、革故鼎新都与他密切相关，是中流砥柱般的一代名臣。当时和后代史家认为，隋朝之所以能够繁荣昌盛，达到天下大治，乃“颎之力也”——都是高颎之力（《隋书》卷四十一，列传第六 高颎）。

高颎推荐和选拔人才的故事很有名。史书上说，隋朝经过他慧眼识英雄而建功立业的人，几乎是数不胜数。当时，许多大名鼎鼎的人物都是在他的提携下，方才获得施展才华的天地。包括苏威、贺若弼以及后来不可一世的杨素等人。

高颎对待贺若弼的故事，很能说明他的行事品格。

在高颎的推荐下，贺若弼成为平定江南、统一全国的一路前敌统兵大将。他向杨坚献上了平陈十策，杨坚大为赞赏，特意赏赐给他一把宝刀。

在长江防线上，每次部队换防时，贺若弼都要弄得声势极大，仿佛要举行什么重大军事行动似的，搞得长江对岸的陈朝军队特别紧张，每每为此调动大军，进入一级战备状态。时间一久，他们习以为常，自然便松懈下来。结果，当贺若弼率领大军真的横渡长江时，陈朝的江防部队根本没有觉察。最后，贺若弼与陈军主力血战，获得大胜，并一举打进南陈首都的江都宫。

贺若弼的这一套战法，和高颎事先给隋文帝杨坚出的主意很像。因此，在庆功时，杨坚问高颎：这功劳应该怎么算？高颎回答：贺若弼献十策在先，苦战破敌在后，我只是一个文职官员，哪里敢和大将军论功劳？

有一个叫刘旷的县令，连史家都不知其为何许人也。这个人当县令时，单骑赴任，在任期中获得治下百姓的爱戴，后来他离任时，该县的男女老少一路痛哭，将他送出去数百里之遥。高颎了解到这个情形后，向皇帝举荐，将这位刘旷破格提拔为一个州的刺史，差不多相当于从县级干部一下子提为省级领导。刘旷由此成为“清明善政为天下第一”的名臣，以至于青史留名（《隋书》卷七十三，列传第三十八 刘旷）。

这样的故事很多，因此，《隋书》作者认为，高颎胸怀开阔，有文武大略，是一位以天下为己任的真宰相。

前面已经谈到，高颎被撤职，和得罪了独孤皇后有关，也和太子的废立有关。但是，他最后被杀死，则肯定是缘于隋炀帝杨广的特殊心态。因为，二十年前，他曾经因为公务得罪过杨广。

公元五八八年冬天到五八九年初春，正值隋文帝杨坚平定南陈、统一中国之际。当时，晋王杨广被任命为行军元帅，是这次重大行动名义上的一把手；高颎则是元帅长史，名义上是杨广的秘书长，实际上是该行动的总指挥。原因是杨广那时还不满二十岁，具有代表皇帝亲征和加以培训、历练的性质。因此，很自然地，前敌各路将领与幕僚们遇事都向高颎请示汇报，很少有人理会杨广。他们大约没有人会想到，自己无意之间的举动，竟伤害这位青年王子的自尊心达到如此严重的程度，令他在时过二十多年、手握皇帝大权以后，实施严重之报复——他们要为二十年前缺少预见的行为，付出生命的代价。

史书中记载了一个情节：南陈被拿下之后，陈后主躲在皇宫院子里的一眼枯井中。搜索皇宫的人们发现枯井中有人，无奈怎么叫也没人答应。最后，上面的人们商量着要往枯井里扔石头，陈后主才出声回答上面的问话。后来，用绳子往上拉陈后主时，其重无比，拉上来才知道，下面吊着三个人：陈后主和他的两位宠妃，其中一位就是在后世民间文学中极有名的张丽华。

张丽华妩媚兼风情万种，是位善解人意且明艳不可方物的女子。杨广听说她已经成为俘虏，便下令将其送到自己这里来。高颎比杨广先一步进入南陈都城，他认为张丽华是红颜祸水，可杀不可留，并举出古代姜太公杀妲己的故事为例证。据说，周武王伐纣时，捉到了妲己，姜太公下令将她处死。不料，行刑的士兵看到妲己的面孔后，谁都不愿意成为杀死这位美丽女子的凶手。

结果，太公命令把妲己的脸蒙起来，才算完成了这个艰巨的任务。如今，高颎不买杨广的账，下令将张丽华处死。听到这个消息后，杨广脸色都变了，说："过去人们讲'无德不报'，我必有报答高公的那一天。"（《资治通鉴》卷一七七）从此埋下了高颎被杀的祸根。

一千多年来，人们很少怀疑司马光的这段记载。近几年，有人全面为隋炀帝翻案，开始认为这段记载有问题。不过，由于缺少新的证据，说起来让人很难信服。高颎、贺若弼、薛道衡都是死于杨广之手，这三个人，全都是当年平陈之役的重要参与者；而且，杨广不止一次说起他们当年对自己的忽视，二十多年过去，言下仍然痛恨不已。因此，想要推翻这些言之凿凿的记载，恐怕一定得有更权威的发现和论证才行。

杨广当了皇帝后，将被他父皇开除了公职的高颎召回朝廷，让他担任太常卿。太常卿是个三品官，品级不低，职责则是掌管祭祀、礼乐之类的清水衙门。高颎在先皇帝杨坚那儿当了二十年宰相，一直和皇帝一样克勤克俭，从上到下过着苦日子，才令国家繁荣起来。如今，新皇帝意气风发，接二连三开办各种宏大项目，令他看得心惊肉跳，可能也百感交集、苦不堪言。很快，皇帝就命令他们，将天下乐户召集起来，恢复散失已久的百戏之乐。高颎认为，这恐怕是个劳民伤财的举动，建议皇帝不要行此无益之举。皇帝不听。于是，四方散乐，乃大集于京师。

大业三年，杨广置数千人大帐，以百戏招待突厥启民可汗。高颎认为太过奢侈，再次劝阻，皇帝没有理他。高颎很无奈，对手下的一位官员叹息道："周宣帝就是因为过分热衷这些玩意儿，才把国家弄丢的。殷鉴不远，哪里可以重蹈覆辙？"

不久，高颎又一次劝阻皇帝，希望他不要大兴土木修筑长城。这本来是一个完全可以讨论的话题，几乎构不成任何罪名。结果，皇帝的反应出乎所有人意料：下令将高颎、赞成高颎意见的贺若弼与另一位高级官员一同处死。酿成了整个隋朝历史上谁都无法理解的第一大冤案（以上事见《隋书》卷四十一，列传第六 高颎）。

当年，有人以图谋不轨的重大罪名控告高颎，先皇帝杨坚知道高颎在帝国臣民中威望太高，杀掉他对自己的形象不利，于是，只将他开除公职了事；如今，高颎还是这个高颎，罪名则几乎根本就构不成罪名，这杨广却不由分说就把人们公认的大隋朝第一位功臣杀掉了。这真是个特殊乖戾不祥的举动，是个应用常识、常情都很难解释的举动。因此，有人将高颎被杀看作隋的亡国之兆，这种看法显然是有其理由的。

名将贺若弼的被杀，同样很蹊跷。

贺若弼的父亲贺若敦是宇文泰时期的高级将领。宇文泰死后，贺若敦发牢骚得罪了宇文护，结果被宇文护找借口杀死。在刑场上，贺若敦叫儿子贺若弼伸出舌头，在上面狠狠咬了一口，然后告诫儿子：你父亲因为舌头丢了脑袋，你要牢牢记住这个教训。

也许是遗传基因的缘故，贺若弼并没有记住这个惨痛教训。在平陈之役中，贺若弼立下大功，隋文帝封他为宋国公，将陈后主的一个妹妹送给他做妾，还奖励给了他许多财宝。贺若弼是个性情中人。他受高颎的推荐，才得到脱颖而出的机会，二人的私交很深。但在高颎得势时，他却并不巴结，还会时不时地冷言冷语几句，说高颎只是个吃干饭的材料，若由他贺若弼当宰相，会比高颎高明许多，等等；然而，当高颎遇到危难时，他毫不犹豫地挺身而出，为高颎仗义执言。这种性情在官场上并不总是讨人喜欢；当他中肯地品评人物时，便很有可能是招人讨厌的了。但是，不管怎样，除了在平陈之役中，他无意之间冷落了杨广之外，同样看不出杨广有什么理由一定要杀掉他。而杨广却也真的以他支持高颎是“诽谤朝政”为理由，将这么一位智勇双全的大将军愣是干掉了（以上事见《隋书》卷五十二，列传第十七 贺若弼）。

薛道衡则是另外一种类型的人。此人从小就有神童之称，十三岁时写出的一篇文章曾经在全国读书人中引起轰动，后来成为名气极大的学者型官僚，并成为皇帝身边的第一支笔，专门负责为皇帝起草各种诏书文告。

他写东西时很好玩，必须一个人躺在卧室，面对墙壁静静构思；但凡外面发出一点点响动，他都会跳起来大发雷霆。因此，他写出来的东西总是能够得到隋文帝杨坚的赞赏，说是薛道衡最能说出自己的心里话。后来，皇帝吩咐下去，让薛道衡家里可以使用红色大门，门口允许排列兵器仪仗。这是宰相府方才可以享受的待遇，致使薛道衡对隋文帝杨坚感激涕零，当杨坚将他外放做封疆大吏时，他老泪纵横，对离开皇帝身边，表现出了真诚的眷恋不舍。

隋炀帝杨广继位后，薛道衡已经六十多岁，上书皇帝请求告老还乡，杨广不同意，召他回到京城。这位老先生很是动感情地献给当今皇帝一篇赋，题目叫《高祖文皇帝颂》，相当真挚地怀念并赞美了当今皇帝的父亲——已故先皇帝。令所有人都无法理解的是，杨广看了之后，很不高兴，对苏威说："这个薛道衡什么意思？是借以前的由头讽刺当今吗？"于是，就开始寻那老先生的晦气。

这种苗头连不相干的人都看出来了，私下里劝薛道衡多加小心，千万别让人家抓住什么把柄。薛道衡却书生气十足，认为劝他的朋友是杞人忧天。有一天，在朝堂上，大臣们议论一个什么规定之类的东西，很久都定夺不了。薛道衡就发了一句感慨说："要是高颎还活着的话，这个规定早就开始执行了。"皇帝听说后，当时就下令把他抓进了监狱。

皇帝对身边的近臣说："以前平陈时，我和这老东西共过事，当时他就欺负我年轻，和高颎、贺若弼们一起不拿我当回事。这一次，他的罪行看起来不明显，其实从内心里就是大逆不道！”

这边，皇帝在为干掉老先生做着准备；那边，老先生自己还觉着没什么大事，吩咐前来探监的家人多准备一些好吃的，预备着回去后款待客人。结果，他等来的是皇帝命令他自杀的一道圣旨。他无论如何也不相信这会是真的，坚决不肯领旨谢恩，最后被活活勒死。而他的全家也和高颎家人一样被流放到了边地。史书评论道：“天下冤之。”（以上事见《隋书》卷五十七，列传第二十二 薛道衡）

有历史学家注意到了一个细节：杨广对自己的文学才华十分自负，如前所述，他在此方面的自我评价可能和实际情况有不小的差距。当时，薛道衡文名极盛，“空梁落燕泥”是他的诗中名句，流传甚广，且受到极高的赞誉。他被杀死后，杨广曾经说过一句话：“看你还能不能写‘空梁落燕泥’？”这就有点其心可诛了。

还有一位诗人，名气很大，名叫王胄，曾经长期在杨广的晋王府中工作，是有名的扬州学士之一。他的诗文深受时人喜爱，后学晚辈时常将他的诗文作为楷模，杨广也曾经给予过极高的评价，认为王胄的诗气高致远。后来，杨素的儿子杨玄感起兵造反失败，王胄受牵连被杀死。杨广知道王胄的死讯后，吟诵着王胄的名句“庭草无人随意绿”，心理很阴暗地说道：“这回你写不出这样的好句子了吧。”（以上事见《通鉴纪事本末》卷二十六，炀帝亡隋）

由此可以知道，文化修养和政治地位之类，并不会让人自动地高尚起来；相反，权力有可能会将人心理、性格上的缺陷极度放大、膨胀，达到足够可怕的程度。

如果说，这几位名臣在遥远的过去，因为缺少预见性，于无意之中伤害了未来皇帝的自尊心，因而，他们必须死的话，那么，另一种类型的人必须死的原因，就很是耐人寻味了。因为他们曾经是皇帝极为贴心的腹心之士，是为皇帝走上龙椅立过莫大功勋的人物，譬如张衡。

张衡很早就在杨广身边工作了。据说，杨广最早就是和他商量如何取代太子哥哥杨勇的。他将宇文述推荐给杨广，并可能参与了所有夺取太子东宫的策划与行动。隋文帝杨坚病重时，又是他被派到杨坚的寝宫，将其他工作人员全部隔离开。随后就传来了皇帝的死讯。许多人认为，病中的隋文帝杨坚根本就是被这个张衡掐死的。

杨广继位后，张衡愈见亲重，出任御史大夫。当时，这是一个特重的权位，秦汉以来，与宰相、太尉一起，位居三公之列，负责监察百官，其职权相当于副宰相。

大业三年，于辉煌灿烂之中胜利巡视了北部边疆的皇帝，在返回东京的途中，决定绕道清源，驾临张衡的家乡，给这位有功之臣一份特殊的荣耀。

这一次，皇帝确实是给足了张衡面子。日理万机，肩负全国人民幸福与希望的皇帝，在张家府上一住就是三天。据说是因为张家庄有几眼甘甜的泉水，方才令皇帝如此流连忘返。皇帝下令，将附近的三千亩土地赐给张衡，还把只有皇家才可以使用的御用餐具等珍宝赏赐给张衡。张衡连连推辞，不敢接受。皇帝很大度地告诉张衡："皇帝到一个地方被称为幸，就是因为他要赏赐很多东西，大家觉得幸运的缘故。如今，我给你，你就收下，用不着跟我客气。"这分明已经拿张衡当自家兄弟看待了。

不久，杨广和张衡商量，打算重新修建汾阳宫，希望张衡拿个方案出来。张衡觉得，自从皇帝登基以来，几年间开发了太多大项目，建议皇帝不妨先放一放，让老百姓休养生息一下。这本来是忠心耿耿替皇帝在打算，不料，一句话说出来就哽在了皇帝的心头。张衡退下去后，杨广对身边的人说："此人自以为我是靠他的计谋得天下的，所以才敢这么对我说话。"于是，当年八月，就找个理由把张衡贬到条件很艰苦的榆林去做太守。

第二年，隋炀帝又来汾阳宫，张衡连忙赶来参拜皇帝。见面前，皇帝认为张衡一定会因为失宠而憔悴不堪，谁知，如今跪在他脚下的张衡还是一副红光满面的劲儿，这使皇帝大为恼火，认为这小子并没有因为失宠而懊悔，显然没把皇帝的宠爱放在心上。于是，皇帝冷冷地告诉张衡："看你和往日一样肥头大耳的模样，想必这地方对你很合适，你就在这儿多干几年吧。"

又过了一段时间，张衡被调到扬州去监造那里的宫殿。那里，曾经是他们君臣长期亲密共事的地方。有一天，杨素的儿子杨玄感到扬州来出差，张衡在杨玄感面前说了一句："薛道衡死得真够冤的。"没想到，这杨玄感回头就向皇帝打了小报告；扬州的另一个官员也向皇帝报告说：张衡克扣宫殿的支出，削减了其中的设施。杨广大怒，下令将张衡拖到扬州闹市区斩首示众。随后，想想不对，命令将他开除公职，放逐回老家。最后，赐张衡在家中自尽。

据说，皇帝的圣旨传达后，张衡对着皇帝派来的官员大声喊道："我为人主做过那种事情，难道还想活得更长吗？"前来监督张衡自杀的官员命令随行人员一律堵上耳朵，不许他们听张衡说话。那些刽子手赶快塞着耳朵杀死了张衡（以上事见《隋书》卷五十六，列传第二十一 张衡；《资治通鉴》卷一八一）。

就此，参与过杨广很多很多机密的张衡，给人们留下了一个绝大的疑问：他究竟为杨广干了什么？临死时的那句话，给人们留下了无穷大的想象空间——那背后，到底藏了些什么秘密？

和张衡同属一个类型的另外一个超级重要人物，则是杨素。

无论当世还是历史，杨素都比张衡要重要得多，他很早就成了民间传奇中的重量级角色，是整个隋朝第一号权势显赫、势焰熏天的人物。和张衡一样，他的死，也颇具戏剧性；临死前，他也曾经留下一句意味深长的话，加上他位居高官的儿子们扯旗造反，遂成为隋王朝历史上的另一个重大谜团。

出身弘农就是今天河南灵宝的杨氏家族，先祖是汉代杨震，后来形成特别显赫的门阀世族。隋朝皇室自称出身这个门第，和唐皇室自称出自陇西李氏一样，都是假冒尚不算伪劣的冒牌货；而杨素这一门，倒是货真价实的弘农杨氏传人。他的祖父是北魏的辅国将军；父亲是北周的刺史，后来力战不支，成了北齐的俘虏。

生在动荡世道，杨素养成落拓、奔放的性情。从史书上看，此人襟怀很宽，才华横溢，更兼胆大如斗。他擅长辞赋作文，能写出不俗而颇受时人好评的诗词；能写一手好字，尤其擅长草书和隶书；懂星相占卜，时不时地装神弄鬼，搞点歪门邪道；还仪表堂堂，长了一把号称美髯公的辉煌大胡子。这么一位文人兼诗人，偏偏又是整个隋朝最重要的军事将领。他杀人如麻，几乎指挥过隋朝中前期所有重大军事行动，且百战百胜。在整个隋朝历史上，除了高颎之外，杨素的作用几乎无人能比。同时，他也是个亦正亦邪、亦忠亦奸式人物：夷凶靖乱，功臣莫居其右；奇策高文，足为一时之杰；却又陷君于不义，致国于倾危，是为隋朝覆灭埋下深远伏笔的罪魁祸首。

史家曾经把他和高颎做过比较，认为：若是论起才艺、风致、格调，杨素显然优于高颎；而若是论起宰相襟怀、见识、处事公忠体国、为人公允得当的话，杨素比起高颎来，差得就不是一星半点了。在隋唐诸般人物中，这个杨素最有嚼头，令人百样滋味一言难尽。这也就难怪后世传奇文学中，要把那侠义美貌的传奇女子红拂愣和他扯到一起了。

杨素最早脱颖而出，是在周武帝宇文邕时代。当时，他给皇帝上书，为去世的父亲痛陈不平。他认为，父亲被俘前，曾经拼死抵抗，朝廷不给他平反有失公道。周武帝宇文邕不肯接受他的看法，他便死缠烂打，咆哮公堂，誓死不服。宇文邕大怒，命令将他拖出去处死。杨素大声呼喊道："我为无道昏君效力，死也是应该的呀！"周武帝宇文邕大奇，觉得这小子还真不简单，不但刀下留人，还给他父亲平反，追认其为大将军，赠谥号为忠壮。

后来，有一天，宇文邕让杨素起草一份诏书，杨素不假思索一挥而就，文采飞扬且内容扎实。宇文邕很是赞赏，拍拍他的肩膀鼓励说："你好自为之，不要担心将来的富贵。"杨素再次不假思索地回答："我只怕富贵逼臣，从来不担心得不到富贵。"敢这样想事情的人，就令人没法对他不另眼相看了。

杨素出生在一个大文化官僚世家，他本人的文化素养很高，诗文写作格调不俗。偏偏此人在军事上的表现也特别突出，成了隋朝历史上的一代名将。据说，杨素治军极为残忍。每次临战，他都要刻意吹毛求疵，把那些被抓住过失的人斩首示众，多时一次会杀掉上百人，最少时也是十几人、几十人，在喷溅的鲜血面前，这个人屠夫一般，面不改色，谈笑自若。

两军对阵之际，他每次都先派出一二百人冲击敌阵，如果不能陷阵，所有退下来的人一律就地处死；然后再派二三百人发起第二次冲击，将临阵退下来的再次杀死。就这样，令所有的将士打消还想活命的念头，让他们带着必死之心前去冲杀。靠着如此严酷的纪律，杨素训练出来了一批令行禁止、视死如归的战争机器人。

杨素位高权重，皇帝对他言听计从；其他部队打了胜仗之后，各级部门的官吏们层层刁难、层层克扣，将士们很难按时、足额拿到奖金。唯独杨素不同。哪怕他的部下有极微小的功劳，杨素也一定会让他们得到奖赏。因此，史书记载说，虽然杨素残忍无比，但将士们还是愿意跟着他打仗。由此，杨素战无不胜，称为名将（《资治通鉴》卷一七七）。

历史上，中原地区的气候水土不适合马匹的大规模繁殖，因此，骑兵和对付骑兵的战术始终是个弱项，以步兵为主的军阵每每会被骑兵大兵团冲击得稀里哗啦。

杨素之前，隋军对突厥骑兵作战时，基本以消极防御为主，将骑兵、战车和步兵混编在一起，四周再布满各种障碍物，以防止骑兵奔突。杨素认为，这种战法完全可以自保，却基本无法取胜。他下令将骑兵列阵，排在最前面直接冲击敌人，后面继之以大部队集团攻击。突厥可汗看到隋军改变了阵势，认为这是上天恩赐给他消灭隋军的良机，还专门下马拜谢上天。不料，杨素根本没给突厥骑兵进攻的机会，他趁对方立足未稳，立即下令骑兵方阵发起冲锋，随后继之以大规模集团攻击，导致突厥军队遭遇重创。据说，突厥达头可汗是痛哭着离开战场的。

从隋文帝杨坚夺权开始，到隋炀帝杨广继位，二十多年间，杨素几乎参与或指挥了隋朝所有重大军事行动，不论对内还是对外，也算是打遍天下无敌手了。直到临死前一年，他还十分干净利落地为杨广平息了汉王杨谅的军事挑战。大概就是因为这个缘故，后来的民间传奇，比如《隋唐演义》《说唐》，把他描写得十分恐怖。其实，杨素死在大业二年，那时秦叔宝、李世民们可能刚刚换下开裆裤；到隋唐交替之际，杨素已经死了十几年，基本没有机会见识瓦岗寨英雄们的风采。

《剑桥中国隋唐史》的作者认为，以当年的标准衡量，杨素算得上是隋朝皇室忠实的仆人。他是任何权势者都用得着的打手，随时准备执行主人的命令而不管死多少人。在中国政治文化传统下，这种恶犬型忠仆远远不是只受皇室的欢迎。

杨素在历史上口碑不好，可能大体上是由于下列情形造成的：

首先，如前面曾经讲过的，在杨广取代杨勇成为太子的问题上，杨素发挥了不小的作用。

其次，在隋文帝杨坚十分可疑地去世和隋炀帝杨广继位的过程中，杨素同样扮演了一个强有力的角色。因此，当隋王朝迅速垮在杨广手中时，杨素自然负有很难推卸的责任。

此外，还有几件事情，也是杨素遭到后世史家诟病的原因。

杨广成为太子之后，对自己的弟弟蜀王杨秀十分忌惮，因此，与杨素合谋，制造了许多杨秀犯罪的证据，导致杨秀被杨坚废黜。

据说，杨秀从四川回到京城后，杨坚对他十分气恼，根本不和他说话，为此，杨广曾经和其他皇室成员到杨坚面前痛哭流涕地为杨秀求情，杨坚不为所动，下令杨素牵头，成立专案组调查杨秀的罪行。

结果，发现了两个重大罪证：一个是在华山一座寺庙里，发现了两个埋藏在地下的偶人，上面写着杨坚和他最小的儿子杨谅的名字，偶人心口插着钢针，双手反绑在身后。这种做法历朝历代无数次发生，《红楼梦》中也有类似的故事，古人认为是极为有效且恶毒的杀人手段。另一个罪证也很吓人，说是在杨秀的文集中找到了一篇檄文，认为当下是逆臣贼子当道，皇上徒有虚名，只要稍做准备，便分分钟可以进京问罪。在这样的罪证面前，隋文帝惊讶得无以复加，连连发问：“天下怎么可能有这种事情？”

最后，杨坚发布诏书，历数自己这个儿子的十大罪状，随后，将他囚禁起来。直到天下大乱后被杀死。后世史家大都相信，这些罪状，绝大多数是杨素按照杨广的旨意捏造出来的。

我们曾经说过，隋文帝杨坚是一位特别节俭的皇帝，这是隋朝能够成为繁荣富庶的小康社会的重要原因。

开皇十二年，杨坚想要修建一座离宫，作为自己和独孤皇后修养身心的地方。杨坚下令由杨素负责这件事。结果，杨素大兴土木，建设了一座极为豪华壮丽的仁寿宫。据说，在这次工程中，因为督役严厉，死了许多民工，他们死后，就被直接填埋进了工地。这种情形很像杨素在战场上的做派。

当时，杨坚派高颎负责验收，高颎告诉皇帝：宫殿修得过于豪华，使民工大受伤害。杨坚很不高兴，认为杨素的做法表面为自己好，实际替自己招来了天下的怨恨。

杨素则并不直接面对皇帝，而是做独孤皇后的工作。他对皇后说："按规矩，帝王都有离宫别馆；如今天下太平，造这么一座宫殿，实在算不了什么。"渐入老境的独孤皇后，也早已不是当年面对八百万钱明珠的那位皇后了，她十分喜爱这座华丽的宫殿。结果，经过她的开导，杨坚不但没有惩罚杨素，反而给了他一大笔奖励。

从多种史料中，我们大体可以知道，杨素具有极高的智商和多方面才能，对皇帝具有很大影响力。因此，当时的人们认为，杨素的权势富贵是几百年都没见过的。

譬如，当时帝国东都洛阳总共只有一百零三个坊，杨素一家就被皇帝赏赐了整整一个坊，他家里光是姹紫嫣红的姬妾艺伎就达千人以上。

《隋书》在描述他的作为时，使用了"作威作福"这个字眼。前面谈到的史万岁、贺若弼等人的命运，和杨素背后捣鬼有不小关系；而经他推荐提拔的官员中，许多人的才能与德行都很可疑。这种极度复杂的个性和作为，的确让人很难对这个人物做出积极而且正面的评判。在民间传奇中，侠义而又美貌的奇女子红拂对他弃之如敝屣，可能代表了人们对他极度复杂而又不屑的看法。

在唐人传奇中，红拂认为：杨素"尸居余气"。意思是说，此时的杨素，只是一个还剩一口气的行尸走肉。其实，这个说法很有可能不是事实。杨素临死前一年，号称拥有天下精兵的汉王杨谅，起兵挑战他已经做了皇帝的哥哥杨广，结果，极短的时间里，就被杨素打得一败涂地。

临死前不久，杨素给薛道衡写了一首五言七百字的长诗，史书对这首诗的评价是：气势恢宏，韵味隽永；当时的人们纷纷传诵。薛道衡阴阳怪气地评论道："古人说，人之将死，其言也善，大约就是说的这种情况吧。"

杨素之死发生在隋炀帝大业二年七月，距离杨广登上帝位正好两年时间。就在这一年，越国公杨素被改封为楚国公。表面上看，楚国公爵位同样尊贵而显赫；实际上真实的原因是，有关部门报告皇帝说：当年随地将有大丧。在当时的天文地理观念中，随与楚属于同一分野。隋朝天下起家于随，杨广改封杨素是为了让他替自己挡灾。所以，《隋书》才会这样评论杨素与杨广君臣之间的关系：杨素"特别为帝所猜忌，外示殊礼，内情甚薄"——表面上给他特殊尊贵的礼遇，实际上巴不得他马上就死。从杨广一生行事品格判断，这种说法很有可能是符合当时实际情况的。不久，杨素就真的死了。

史书记载说，杨素生病后，杨广表面上指令宫廷御医用最好的药材为他医治；背后，却特别关心杨素什么时候可以死。杨素的表现则十分耐人寻味，与他为人的某一方面很是吻合：他不肯吃药，完全不爱惜身体，并且多次对他弟弟杨约说"我岂须更活耶"——我难道还能够再活下去吗？

当时，有一个流传很广的小道消息，说是杨广曾经安排人准备毒死杨素。结果，在一次宫廷宴会上，侍宴的宫女拿错了酒，把皇帝为杨素预备的毒酒端给了太子，导致太子毒发身亡。临死时，太子叹息说："想不到我要为杨素去死，这也是命中注定吧。"因此，杨素后来才不肯吃御医为他配制的药。是否如此，姑且存疑。

但是，无论如何，杨素临死时说的那句话，显然包含了极为丰富的内容，给人们留下了极大的想象空间。

杨素死后不到七年，他身居高位的儿子杨玄感起兵造反，杨素那些处身荣华富贵的儿子们，几乎全部参与了这场对隋炀帝的挑战。

隋朝的元老重臣中，在隋炀帝身边能够保住个人名节，并且最后得以善终的，似乎只有牛弘一个人。

牛弘身材高大魁伟，相貌威武，却是一个彻头彻尾的文化人。他之所以能够在隋文帝杨坚和隋炀帝杨广这两代帝王那里，都得到信任与重用，固然与他知识渊博有关，更重要的则可能因为他与世无争，有一副特别好的脾气。

牛弘的弟弟是个酒鬼，每每喝醉酒后都要耍酒疯。有一次，这小子又喝高了，拿起弓箭就把牛弘驾车的牛射死了。牛弘下班回家，一进门，妻子就急急忙忙地告状说："小叔子把咱家的牛给杀死了。"牛弘毫不在意，回答说："是吗？做牛肉干吃吧。"到书房坐下来后，妻子跟进来说："小叔子忽然杀了咱家的牛，这事儿太不正常啦。"牛弘回答了一句："我知道了。"然后就打开书本，再不理会这件事儿了。

作为一个真正的文人，牛弘对于历代战乱损毁图书表现出了真诚的痛心疾首。杨坚并不是一个文化素养很高的皇帝，但对牛弘收藏整理图书的建议，却很是支持。随后，在牛弘的主持下，几年时间里，政府藏书就达到了三万多卷，到杨广继位时，更是多达三十多万卷。收藏整理图书成为一时间的文化盛事，为当时的社会增添了许多光彩。

牛弘的知识极为渊博，对古代典籍、礼仪、音乐等均有深入研究，再加上他为人谦和，对上司事之以礼，对下级十分宽厚仁慈，因此，受到人们的普遍尊敬。他曾经担任过吏部尚书，掌管全国的干部升降、人事大权。他坚持使用干部德才兼备的原则，后世史家认为：隋朝用人，以牛弘做吏部尚书那几年最为出色。为此，隋文帝杨坚和隋炀帝杨广对他都很敬重，将他晋封为奇章郡公。

杨素富有才干，平时盛气凌人，为人颇为傲慢，唯独对牛弘，很是温和有礼。

有一次，他受命统率大军征伐突厥，临行前，来和牛弘辞行。在一般人看来，杨素是巴结都巴结不上的大贵人；牛弘却全不在意，只是按照礼节，把杨素送到中门。杨素说："大将军就要到前线去厮杀，特意来跟你话别，你连多送几步都不肯吗？"牛弘只是一边作揖一边向后退去。杨素大笑道："奇章公真是智可及而愚不可及。"牛弘仍然是全不在意。

大业三年，隋炀帝杨广北巡，曾经把牛弘召到自己的御帐中，和皇后一起同席用餐，这在当时是极高的礼遇，一般人早就轻狂得不可一世了。牛弘仍然只是一丝不苟地按照礼仪行事，并不感到如何受宠若惊。

他满腹诗书，口才却很糟糕。有一次，杨广让他向群臣传达口谕，他刚刚走下台阶，就慌得把所有词句都忘掉了，只好返回向皇帝谢罪。杨广没有怪罪，还安慰他："没关系，传话只是小事，不是宰相重臣的职责。"此后，越发地欣赏他的质朴厚重。

《隋书》认为，牛弘讷于言而敏于行，怀旷远之度，有淡雅之风，是一位真正的大雅君子。整个隋王朝的元老重臣，只有他一个人能够善始善终，实在是有他的道理。可惜的是，这个道理大约永远都无法成为人类社会的普遍现象。譬如，牛弘死后不久，隋朝便开始天下大乱；他的一个儿子就参与了在扬州杀死隋炀帝杨广的那次兵变。

而另一位元老重臣，本篇开始时就提到的宰相苏威，则以自己的经历，更加曲折地说明了这个其实特别简单的道理。

苏威是苏绰的儿子。我们知道，苏绰帮助宇文泰奠定了西魏—

北周乃至隋唐时期的宏大格局，是一位在中国历史上受到长久尊敬的名臣。苏绰死时，苏威只有五岁。长大后，北周当权的宇文护十分欣赏他，不由分说地就招他做了自己的女婿。苏威并不巴结这位权势极大的岳父，远远地躲到深山里过隐居生活。后来，在他叔叔的压力下，不得不出来做官，却仍然一有机会就要躲出去读书。宇文邕杀死宇文护后，没有为难苏威，苏威也自然远离权力中心，过着与世无争的悠然岁月。后来，发生了一件事情，使他进入了人们的视野：

当时，不知为什么事情，他的堂妹夫元雄与突厥人结了仇，而北周朝廷正在希望与突厥人结盟，以便对付北齐。突厥人趁机要求把元雄夫妇引渡给他们，北周政权答应了突厥的要求。苏威知道后，把自己的所有家产变卖掉，将元雄夫妇赎了回来。这种慷慨义气给人们留下了很深的印象。

杨坚取代北周建立隋朝之后，在高颎的推荐下，苏威迅速脱颖而出，很快与高颎一道，成为帝国重臣。

当年，苏绰辅佐宇文泰时，为了增加财政收入，在狼顾虎视之下站稳脚跟，规定了很重的赋税徭役之法。为此，苏绰常常叹息，觉得自己对不起治下的百姓，希望后世君子能够把这绷得过紧的弦松开。苏威在政治舞台上崭露头角之后，以此为己任，多次请求隋文帝杨坚降低赋税，减轻人民负担，杨坚一一采用。民间富有了，国家才可能真正强盛，这是一个再简单不过的道理，也是隋朝能够迅速富强繁荣起来的重要原因。

有一次，一个臣子把杨坚惹火了，杨坚在盛怒之下要杀掉那个人。苏威劝阻，杨坚不听，还要冲出去亲手干掉那位大臣，苏威挡住杨坚的去路，杨坚绕过苏威就往外闯，苏威死死拦在前面坚决不肯后退。杨坚没有办法，拂袖而去。过了很久，杨坚派人来把苏威召去，对他说："您能这样做，我不用担心自己犯错误了。"

不久，杨坚又一口气让苏威兼任了五个重要职务，他对苏威说："船大载重多，马好跑得快，你就能者多劳吧。"然后，告诉那些反对者："苏威兢兢业业，志存远大，你们不要妒忌他。不是碰上我，苏威没有用武之地；我没有苏威，也没法贯彻我的意图。杨素的学识口才无人能比，但要是论起借鉴历史规划今天，他比苏威可差远了。"《隋书》评论说：高颎和苏威同心协力，革故鼎新，因此，数年之间，天下大治。应该说，隋朝的蓬勃发展，的确与杨坚重用高颎、苏威这些人有着重要关联。

此后，随着国家的日益强盛，隋文帝杨坚的年龄越来越大，而朝廷中央的政治斗争也越来越复杂、越来越激烈。位高权重的苏威不可能不被推到风口浪尖之上。

苏威的儿子名叫苏夔，很年轻时名气就不小，并且在读书人和士大夫中颇有号召力。他是宰相公子，可能也确实有才华，形成这种局面应该并不奇怪。当时，中央政府正在制定各种法规与礼仪制度，音乐是其中重要内容。苏夔参与了对礼乐制度的讨论与修订，其间，与一位名叫何妥的国子博士发生争论。二人谁也说服不了谁，只好让文武百官发表意见。结果，不知是人们拍苏威马屁的缘故，还是大家真的赞成宰相公子的看法，反正绝大多数人都表示支持苏夔。那位倔头倔脑的国子博士并不认输，他一张状子，就把宰相苏威告到了皇帝那里。理由是，他认为苏威拉帮结派，才会出现这种结果。

在中国政治文化传统之下，臣僚结党历来是皇帝第一大忌。杨坚立即下令组织专案组进行调查，并让苏威阅读史书中关于大臣结为朋党的记载。苏威很惶恐，向皇帝请罪。皇帝说："现在才知道请罪，晚啦！"遂下令将苏威撤职，回家闭门思过。史书记载说，当时受牵连的知名人士有一百多人。

一年后，皇帝大约觉得苏威已经改过自新，或者问题没那么严重，又恢复了他的工作。皇帝告诉大臣们说："苏威是个好干部，只是个性太强，太喜欢争论，容不得不同意见，这是个大毛病。"算是给苏威做了个政治结论。结果，从此以后，那苏威还真的没什么个性，也不和人争论了，而大隋朝的国势却也一步步开始向万劫不复的路上滑去。在这个过程中，苏威再也没有能够发挥他本来能够发挥的重要作用，他变得越来越像一个明哲保身但求无过的老奸巨猾的人。

杨广继位后，开始推行他那些宏大的项目。在杀高颎与贺若弼时，苏威再一次被卷入政治旋涡，与那三位被杀掉的重臣比较，他算是太幸运了，只是被撤职罢官，没有丢掉脑袋。

一年后，他再次被起用，并很快又成为宰相。这时的苏威，说话越来越委婉，甚至委婉到了这种程度——充满浪漫情怀的皇帝常常听不出来他到底想说什么。比如，在杨广发动对高丽的战争期间，杨素的儿子杨玄感起兵造反。杨广十分恐慌，他问苏威："杨玄感这小子很聪明，这件事情是不是个大麻烦？"苏威回答说："只有明白是非懂得成败才能叫聪明。杨玄感大大咧咧，成不了事儿，根本不用担心。需要担心的是他开的这个坏头儿。"

当时，因为杨广的那些大项目和对高丽的战争，民间已是动荡不安，早已发生了许多暴力对抗。苏威想提醒皇帝注意这种情形。结果，因为他说得实在太过隐晦，杨广根本就没听明白他是什么意思。

此后，苏威基本保持了这种风格，在八方风雨、四处狼烟之际，他温柔委婉，点到为止。比如，全国已经乱成一团时，所有的人都不敢向皇帝报告实际情况。皇帝点名问他，到底有多少暴动武装？他回答说："这件事情不是我负责的，我实在说不清楚。只是他们好像离我们越来越近了。"皇帝说："你什么意思？"他说："以前他们在山东那边，现在郑州这儿好像也有了。"皇帝很不高兴。后来，皇帝过生日，大家都向皇帝献礼，基本都以皇帝喜欢的各种珍玩为主，唯独苏威献上了一部《尚书》。有人认为他是用其中某些内容讽喻皇帝，又不知道他的真实意图到底是什么，让人觉得他有些阴阳怪气。

到本篇开篇时，苏威终于把皇帝惹火了，皇帝气得差点抽这位八十多岁老宰相的耳光。皇帝身边的近臣们趁机落井下石。他们收集并制造了一些苏威的罪证，建议皇帝从严处置。苏威则对隋炀帝杨广做了最后的陈述："我侍奉两代君主长达三十多年，在这么长的时间里都不能让皇帝感受到自己的精诚，而罪过错误却屡屡发生，我确实是罪该万死。"《隋书》记载道，杨广听了，很可怜他，把他开除公职，废为平民，算是给这位几起几落的老人留了最后一点体面。

乖戾的帝王政治文化传统，造就了乖戾的君主臣民，这是没有办法的事情。

公元六一七年，是为隋炀帝大业十三年。隋炀帝杨广住在扬州的江都宫中。

杨玄感之乱平息之后，他下令对于追随者严惩不贷。根据皇帝的指示精神，仅仅在东都洛阳附近，就有三万多人被处死。杀了这么多人，皇帝的心情并没有好过起来。史书记载说，皇帝几乎每夜都无法成眠，一定要几位宫女轻轻摇动着，才勉强可以入睡。不知道什么原因，他时常会控制不住地痛哭失声。

从明媚到阴郁，其转变的速度之快，似乎只是在皇帝的一念之间就宣告完成。

而在那个阴郁的岁月里，生活在这个国家里的人们，没有什么人的日子是好过的。

09

中原遍地是狼烟

公元六一一年，是为隋炀帝大业七年。

在皇帝杨广的号令下，涿郡即今日北京附近变成了帝国有史以来最大的军事基地：在那里集结了一百一十三万三千八百名男丁组成的作战部队，还有至少二百万名民夫组成的后勤保障部队，围绕着作战部队忙碌。其中，包括六十万独轮车夫和三十万辆独轮车。他们的任务是：每两人一辆独轮车，从这个基地出发，将三石军粮运送到大约一千二百华里外的前线基地去。

皇帝的号令，宏大到了天下，细致到了一辆独轮车，整个安排看起来无懈可击，具有极高的观赏性和审美价值，其激动人心之处自不待言。然而，当这一切落实到操作层面时，事情就变成了一场名副其实的灾难。

在皇帝神奇的号令之下，四面八方川流不息，各地到处都是赶往前线的人流。开通不久的运河里，粮船前后连接长达千里；

通往今日北京和东北的道路上，日夜都有人在赶路；累死病死的民夫倒在路边，尸体散发出恶臭。没有人顾得上多看那些尸体一眼。大家都很忙。军法无情，“失期当斩”——延误日期是要杀头的。

那些倒霉的独轮车夫们，两个人一辆独轮车，一个人推一个人拉，负责运送三石军粮。推过独轮车的人会知道，即便是今天有了轴承、橡胶充气轮胎、水泥或柏油路面，长距离地装运三百斤左右粮食，也已经差不多是那独轮车的极限了。何况是当年硬邦邦的铁制或木头轱辘，走在崎岖不平的沙石土路上。这还不算，一千多华里的路途，恰好需要翻越间隔华北平原与东北平原的、漫长的燕山余脉和辽西丘陵地带。想想今天踏青郊游时偶尔走过的那些山间土路吧。就算是皇帝开恩想得周到，让两个人对付一辆独轮车，那也绝对是一件足以把两个人都折磨得发疯的活计。

在渐次进入雨季的时节里，道路变得格外凸凹不平，泥泞难行。在这经常是荒无人烟的千里长途上，独轮车夫们纷纷发现：出发时携带的口粮不够吃。他们慌了。不吃自己运送的军粮，他们就得饿着；吃了那军粮，后果更严重。因为，粮食不能准时运到指定位置，按照军法要杀头；运到指定位置数量不足，按照军法也要杀头。于是，他们所能做的选择只能是先填饱肚子，然后，到了目的地再想办法补上被自己吃掉的军粮。

然而，最糟糕的情况出现了——他们千辛万苦运到目的地的军粮，哪怕是足额运到的，也没有多少人能够通过验收这一关。因为，那些阴沉着脸的验收官员们，可以找出许多关于质量上的理由，拒绝接收那些一路风雨运来的米。

验收通不过，独轮车夫们就只有三条路：其一，等着官府来治罪——杀头；其二，在当地买米，填补路途中当口粮吃掉的米，或者替换验收通不过的米；其三，搞掂那些验收官员。不幸的是，此时，当地的米价已经飞涨了百倍以上。这些独轮车夫们本来就生活在社会的最底层，他们口袋里的钱财和他们的尊严一样，早就被剥夺得所剩无几，大约只剩下一身皮和一副骨头了。如今，你就是打死他，他也拿不出能够填补军粮或者让官员们满意的钱财来。于是，这种情形毋庸置疑地预示着，上述三条路全部通向同一个境地，那就是没有什么悬念的——绝望。

在帝国的朝代轮回中，有一个绝非不重要的因素，如今也适时地出来发挥作用，令帝国崩溃具有了无可避免的宿命色彩。这就是黄河决堤。

公元六一一年即隋炀帝大业七年，正当全国军民在皇帝的调动下，向北京集中时，太行山以东的黄河决堤了。以山东为主的三十几个郡成为一片汪洋。在这种情势之下，几乎所有的人都只剩下了一条活路——逃亡、造反、“相聚为盗”。对此，史书描绘道：“百姓困穷，财、力俱竭”，“车牛往者皆不返，士卒死亡过半”。奉公守法的良民不是累死、饿死，就是被官府逼死、杀死；倒是逃亡后抢劫，可能还有一线生机。

王薄是山东邹平的一个农民，号称“知世郎”，做了一首歌，叫作《无向辽东浪死歌》。歌中告诉人们：反正到辽东去也是一个死，不如跟我上山吃獐鹿，下山吃牛羊，官军来了跟他干一场，说不定还能痛痛快快活出个人样；就算死了，也比去辽东“浪死”强。这首歌的歌词原文是：

长白山前知世郎，
纯着红罗绵背裆。
长槊侵天半，
轮刀耀日光。

上山吃獐鹿，
下山吃牛羊。
忽闻官军至，
提刀向前荡。
譬如辽东死，
斩头何所伤！

就这样，辽东前线还没有开战，国家已经在人心的层面上解体了。

这一年，以王薄在山东章丘区境内长白山上揭竿而起为标志，帝国实体层面上的解体，也只是时间问题了。

发生在窦建德身上的故事，可以准确地告诉我们：皇帝和他身边的高级官员们日子很不好过，而普通百姓更是被逼上了绝路，除了造反，他们已经别无选择。

窦建德是漳南县人。漳南县属贝州管辖，治下在今天的山东德州西南部，当时，是遭受洪涝灾害的地区之一。此时，正值隋帝国繁荣富庶达于顶峰之际。然而，隋炀帝杨广一门心思地沉浸在那些前无古人的伟大功业之中，各级政府部门基本没有对灾民进行过什么卓有成效的赈济。相反，由于山东地处运河沿岸，胶东半岛与高丽隔海遥遥相对，因此，这个饱受灾荒之苦的地方，反而成为负担极重的、征伐高丽的最重要战备基地。

窦建德有一个同乡，名叫孙安祖，家里田园房舍被洪水淹了，妻子儿女也都在灾荒中死去。家破人亡的孙安祖没有得到救助不说，还被政府征召必须到辽东前线去服役。孙安祖来到县政府，请求县长宽免。县长驳回他的申请，下令把这个不服从国家召唤的刁民按在地上，在屁股上狠狠打了一顿板子，然后，责令他必须按期报到，否则军法从事。就此，孙安祖恶向胆边生，半夜翻墙进入县衙，将那位县长杀死，然后逃到窦建德家躲藏起来。

还有一种说法，认为孙安祖是个偷羊贼，所以才被官府捉去打屁股。这是唐代官方的解释，可能和李渊、李世民广泛招降纳叛，却一定要杀死窦建德有关。是故，人们并不相信这种说辞，姑且存疑（事见《通鉴纪事本末》卷二十七，唐平河朔；《新唐书》卷八十五，列传第十 窦建德等）。

窦建德虽然是个农民，但却不是一个寻常的农民，而是一位颇受乡民拥戴的农民。据他自己说，他的家族乃大汉安成侯窦充之后裔。历史上，知道这位窦充的人不会很多，而他的女儿则名气极大。因为这位窦家姑娘是汉文帝的妻子、汉景帝的妈妈、汉武帝的奶奶，是那位经历了汉初五代帝王、赫赫有名的窦太后。

这是一位颇不简单的女士。当年，她粗茶淡饭节衣缩食，全心全意帮助丈夫和儿子治理国家。直到全国已经相当富裕了，她主持的后宫里，衣裙仍然有长度限制；从她开始，妃嫔宫女们不穿绫罗绸缎，不用锦绣花边装饰，不佩戴金玉珠宝。对于拥有全国第一权势富贵、号称“以天下养”的女人来说，这真的很不容易。显然，中国历史上第一个伟大盛世——辉煌灿烂的文景之治中，有这位女士的不少心血。

不论真假，窦建德能够和她搭上关系，可能是他在乡里包括起兵造反后，受到广泛拥戴的部分原因。还有一种说法对窦建德很不利，认为他的“窦”，是鲜卑族纥豆陵部落的“豆”，和大汉窦太后属于八竿子打不着的关系。是否如此，姑且存疑。

另外的部分原因，则肯定与窦建德的为人密不可分了。

从各种史料上判断，窦建德胆略过人，武艺高强，从青少年时代起，就重然诺，行侠仗义，“为乡党所归附”。有一次，一位贫穷的老乡家里死了人，没有钱安葬。当时，窦建德正在田间耕作，听说后，长叹一声，让人把自己的耕牛牵走，卖了作丧葬费用。官修正史《新唐书》描述这件事情时，使用了一个很怪异的说法，叫“乡党异之”，大约就是给乡亲们的感觉很不一样，从而让人另眼相看的意思。

事实上，这种急人所难的慷慨仗义，颇有古侠士之风；于乱世之中，很容易形成强大的号召力。在未来的岁月里，我们将会看到，在遍布全国的暴动好汉中，窦建德能够脱颖而出，迅速成为最为重要的力量之一，与这种侠义古风很有关系；他在中国的政治舞台上难有更大的作为，也与此密切相关；而李渊李世民父子不能容他，必欲杀之而后心安，应该是基于相同的考虑；甚至他死后，仍然给李渊李世民留下不小的麻烦，这个因素可能同样起了很大的作用。《说唐》《隋唐演义》甚至《水浒》等后世民间文学中，那些脍炙人口的侠义故事，很多都是从窦建德们的事迹里铺陈引申而来的。

有一天，一伙盗贼到窦建德家抢劫。窦建德躲在门边，把先进来的三个贼杀死。外面的蟊贼知道遇上了麻烦，不敢再往里闯。他们央求窦建德把伙伴的尸体还给他们。窦建德让他们扔一根绳子进来拖，然后，他把绳子拴在自己的腰上。蟊贼们把他拖出房门后，他一跃而起，将那些盗贼杀得鬼哭狼嚎。

孙安祖前来投奔他时，窦建德正好也被政府征召去辽东前线服兵役。当时，征兵官很欣赏他的勇武，任命他为二百人长，相当于今天军队的连长。窦建德告诉孙安祖：如今民不聊生，人情危骇，离天下大乱不远了。大丈夫要建功立业，不能一辈子做个逃犯。窦建德建议孙安祖：现在，像你这样的人很多。不如大家抱起团，一来可以自保，二来静观时局变化，说不定可以干成一番大事业。随后，窦建德帮助孙安祖召集了几百个弟兄，躲进高鸡泊——一个类似水泊梁山的地方，开始了以暴力图生存的事业。

随后，发生了一件当时谁都没有想到的变故，导致窦建德再无退路，只能加入造反的行列。孙安祖进入高鸡泊之后，窦建德行侠仗义的大名很快传遍了四面八方，使各地类似孙安祖的绿林好汉们，无不对他心怀敬意，情形就和几百年以后《水浒传》中的及时雨宋公明差相仿佛。这些好汉们表达敬意的方式之一，就是所有人打家劫舍时，都不约而同地绕开窦建德的家乡。由此，已被暴力反抗弄得焦头烂额的地方政府官员们一致认定：窦建德和这些盗贼是一伙的。

有一个规律，几乎贯穿秦汉以后的全部中国历史：为了把自己的政绩弄得好看，地方政府的官员们基本没有什么不敢干的事情；为此，他们的胆量和魄力之大，常常远远超出人们的想象。

窦建德家乡的地方官就是如此，他们将窦建德全家男女老少全部抓起来，并不由分说地统统当作土匪杀死。发生了这种事情之后，下面的故事就很容易想见了：已经来到帝国军队中服役的窦建德，听到这个消息，悲愤莫名。他率领自己领导的二百个弟兄，逃离部队，杀回了家乡。从此，大隋帝国已经糟不可言的时局中，又加进来一个相当可怕的敌人（以上事见《通鉴纪事本末》卷二十七，唐平河朔；《新唐书》卷八十五，列传第十 窦建德等）。

当此时，从黎阳即今日河南省浚县到涿郡即今日北京附近，再从涿郡到辽东怀远镇可能是今日之辽宁北镇市，在长达一千多公里的水陆运输线上，到处是逃亡的士兵与民夫。到后来，不光是普通的兵、民逃亡，就连许多隋朝的官吏也加入这支逃兵大军之中。比如，李世民长孙夫人的叔叔长孙顺德就是一例。

这种人冒着被抓住后必死无疑的大风险逃亡，表明了隋炀帝的对外战争政策引起的后果有多么严重。他们害怕官府的追捕，不敢返回家乡；在外乡游荡，又没有生存之地；因此，只能相聚为盗。于是，从河南浚县到北京附近，沿着大运河一线——当日最重要的水陆运输要道东侧，即今日山东省西北部与河北省交界的地带，几乎遍布相聚造反的逃亡者。

从当时的情况看，如果帝国决策层能够迅速调整政策，改弦易辙，重新实行与民休息的话，应该说，那时的帝国政府还有很大的回旋余地，完全有可能改变这种局面。可惜，隋炀帝就是隋炀帝。面对如此严重的局面，他既不认为有什么了不起，也不认为自己的方针政策有什么需要检讨与反省的地方。在一征高丽遭遇惨败并带来严重后果的情况下，他以无人能够阻挡的权力，继续发起了后果更加严重得多的第二次、第三次远征。后来，在整个国家已经陷入风雨飘摇的境地时，他还曾经一度准备发动第四次远征。

就这样，隋炀帝用他至高无上的权力和对天下大势视而不见的顽强意志，终于将山东、河北地区运河沿线的逃亡，培育成了遍布全国各地的暴力反抗。导致帝国曾经具有的巨大战略回旋空间丧失殆尽，帝国的崩溃由此变成再也没有人能够挽救的宿命。

就这种对外战争政策的制定与实施来看，隋炀帝杨广很有可能患有相当严重的偏执型精神病。这种心理疾患，临床表现为极度的自命不凡和主观固执，为了追求自己认定的真理，哪怕倾家荡产也在所不惜。隋炀帝的表现，在不进行任何修饰的情况下，原封不动地搬上来，就可以成为现代心理疾患教科书上的经典病例。

由此，我们可以知道：当一种政治文化与制度，只有通过天下大乱或者亡国，方才能够制止这种最高权力的病态运行时，要想把对这种帝王、制度和政治文化传统的赞美说出口，的确需要具备超人的、常人很难想象的心理素质才行。

在对待国内动荡不安的局势时，隋炀帝的表现和大多数帝王没有太大的不同——在各种诏书文告和公开谈话中，杨广展示了慈父兼严父一般的仁慈与严厉；在实际操作层面，则表现出了对自己治下人民视如猪狗草芥一般的深切蔑视。

隋炀帝大业九年，即公元六一三年，杨素的儿子杨玄感起兵叛乱被平息后，杨广对身边的一位近臣说："杨玄感登高一呼，竟有十万人响应。可见中国人不能太多，多了他们就要干坏事；不杀光这些家伙，就没有办法制止后来者的效仿。"（《通鉴纪事本末》卷二十六，炀帝亡隋）

按照皇帝的指示精神，这一次，在洛阳附近有三万多人被处死，六千多人被流放，他们的家产全部被没收。史家认为，其中大部分是被冤枉的。

杨玄感起兵后，一度包围了帝国东都洛阳，其间，他曾经打开粮仓赈济灾民。杨玄感失败后，经过层层揭发举报，那些接受过赈济的人，全部被集中到洛阳城南集体杀死，人数可能多达数万人（同上书）。

此后，知道了皇帝真实想法的地方政府官员们，大开杀戒。对此，史书是这样记载的："郡县官因之各专威福，生杀任情矣。"（《通鉴纪事本末》卷二十六，炀帝亡隋）就是说，各级各地政府官员可以按照自己的喜怒哀乐来杀人了。就此，在江南、淮南和山西等地区，都曾经发生过数万民众被政府军灭绝性屠杀的事件。

实事求是地说，这些政府官员们实在没有理由不这样做。因为，杀死的人越多，他们的功劳就越大。而且，所有被杀死人们的家财田产，都要经这些官员们来抄家没收；上下其手之间，诱人之处可就不是一般的多了。在这个世界上，古往今来，想必还没有任何一种发财方式，能够比此种做法的速度更快、效率更高。

考察古代中国社会时，有一个可以令观察者八九不离十的方法——当许多政府官员们热情地投身一件事情时，就大体可以确信：肯定有为数更多的民众要遭殃了。翻翻史书，你就会知道，此种观察方法，即便说不上百发百中，也至少称得上是虽不中，亦不远矣。

两年后，皇帝再次回到东都洛阳时，看着大街上熙熙攘攘的人流，阴阴地对身边侍臣说了一句：“犹大有人在”——还是有不少人哪（《资治通鉴》卷一八二，炀帝大业十一年）。意思是，当时杀得太少了，人还是太多。

遥想当年，这锦绣中华，已经变成了标准的人间地狱。

杨广可能无论如何也想不到，这种做法实际上相当于通过杀人来自杀。从他做出上述表示的大业九年，到大业十三年，经过四年多的严厉处置，“干坏事”的人不但没有减少，反而干柴烈火一样烧遍了全中国，号称有“十八路反王，三十六路烟尘”。官修正史《旧唐书》中，记载了四十八起群体暴动事件，《说唐》《隋唐演义》等民间文学据此编出了四十八家烟尘的故事。其中，李元霸、裴元庆、宇文成都、白袍小将罗成之类人物与故事，虽然纯属虚构，可是那充满了孩童般凶狠想象力的杀人情节，却也大体反映了那时候的乱世景象。

后世的历史学家研究后发现，实际上，当时共有将近一百三十起暴动武装，分布在全国所有地区。《剑桥中国隋唐史》附有一幅反映此种情形的历史地图，但远远不够完全。然而，即便经过大大简化，那密密麻麻的反政府武装据点，看上去也足够叫人倒吸一口冷气了。

看完这幅地图后，至少我本人心中，唯一的感受就是：能够把一个如花似锦的国家糟蹋成这副模样，也真是够不容易的。那该需要何等全然不顾人心大势的一意孤行，才能造成如此严重的局面；又需要多么坚强的神经，方才能够承受得了这样的折磨。

时隔一千四百年，平心静气地反观当日情势，应该说，隋炀帝杨广从根儿上并不想把国家搞成这么一副凄惨模样。除了任何人都有的私欲之外，在开运河、修驰道、筑长城、巡游天下等和秦始皇极为类似的宏大举动中，的确可以看出希望国家长治久安的良好愿望。甚至就连对高丽的战争政策中，也无法完全排除他维护国家利益与尊严的考虑。然而，诚如真理走过一步就会变成谬误一样，当制度和文化为他提供了完全没有边际的权力，当他过分迷信并滥用这种权力，杀鸡取卵般耗用社会资源时，就像我们不停看到的那样，事情便会必然地以极度乖戾和暴虐的面目呈现出来。

弦绷得过紧会断。压力过大，对于施压者和承受者都不轻松；没有什么人，也没有什么社会能够或者应该无限期地予以忍受。

链条总是在最薄弱的环节断裂。对于当时的最高权力者来说，政治链条中最薄弱的环节有两个，一个来自社会底层，另一个则相反，来自社会上层。

今天人们口中的所谓弱势群体，就是最底层的社会环节。他们远离权力中枢，如末梢神经一样，对来自权力的不公不义感受得最为直接与灵敏。原因在于，他们的生存状态极为脆弱，是几乎所有社会性不公不义的最终承受者。他们的反抗，常常可以形成一种预警机制，显示社会压力已经到达临界状态。比如，前面谈到的“知世郎”王薄、孙安祖、窦建德，等等，均可以作如是观。但凡明智一些的统治者，都会据此调整自己的政策，以避免危机爆发。可惜，中国历史上面临改朝换代时的所有统治者，几乎都会在对于权力的迷信中，膨胀到变态的程度，如隋炀帝杨广一般，导致事态升级到无可挽回的程度。

当底层无法继续被统治下去之时，也常常是上层无法继续统治下去之日；由此，形成了对皇权威胁最大的另外一个薄弱环节。

在绝大多数时刻，上层统治集团是社会性不公不义的制造者和受益者，维护政治链条的稳固本来是他们的利益所在。但是，他们与最高权力的距离最近，这个权力对其诱惑最为强烈，他们获取这个权力的可能性也相对最大。这使他们自然而然地最容易想入非非、躁动不安。因此，社会危机爆发时，对于他们来说，时常意味着崭新机遇的降临；他们的举动，每每会对最高权力产生巨大的、有时是致命的影响。中国历史上的皇权更替，许多时候就是在这种情形下发生的。

对于中国皇家来说，来自社会底层的反抗，只是疥癣之疾；来自统治集团内部的威胁，才是腹心大患。两者之间常常具有共生和互动的性质。当杨广无法修补好社会底层那断裂的链条时，他就势必需要面对来自上层的挑战。杨玄感、李密、宇文化及和李渊李世民父子起兵反对隋炀帝杨广，大体属于这种情况。

这时，有一个重要的传统因素，很有可能发挥了极大的影响与作用。我们知道，隋王朝是从北周演化而来的，北周则脱胎于西魏。西魏的奠基人宇文泰是在情势危急之中，由武川镇军事集团推举出来的。在宇文泰及其继承者手中，随着西魏—北周的发展壮大，武川镇军事集团逐渐演变成关陇贵族集团。他们作为一个庞大的利益共同体，几乎垄断了北周—隋唐时期所有决定性的政治权力。此后，当宇文泰的后代把北周搞得乌烟瘴气时，杨坚就是在这个集团的支持下，抛弃宇文家族，以隋朝取代了北周。这个过程，虽然带有很大的偶然因素，却也具有浓厚的推举意味。如今，杨坚的儿子杨广又把隋朝天下弄得乱七八糟，出来收拾残局的还是这个关陇贵族集团。

事实上，杨玄感、李密、宇文化及和李渊李世民父子，全部具有关陇贵族集团核心势力的背景。其中，李密的曾祖父李弼、李渊的祖父李虎，同列西魏时期的六大柱国，政治地位远在隋炀帝的祖父、位居十二大将军之一的杨忠之上。宇文化及的父亲宇文述，是关陇贵族集团的重要骨干，曾经在杨广谋取太子地位时发挥过不小作用，后来成为隋炀帝最为倚重的亲信臣僚。

在亲缘关系方面，杨玄感是杨素的儿子，当时，杨氏家族的权势富贵号称数百年所未见；他的母亲是隋炀帝舅母的妹妹，二人是并不太远的舅表兄弟；前面已经说过，李渊的母亲和隋炀帝的母亲是一对儿亲姐妹，同是六大柱国之一、匈奴族老将军独孤信的女儿；李渊与杨广则是近得不能再近、身上流淌着同一个母系血液的表兄弟。

知道了这些背景，再来观察当日的情势，我们就会发现：窦建德们的反抗，并没有动摇隋王朝的根基；他们的作用，只是为一次政治博弈的重新洗牌，提供了必要条件。真正使隋炀帝遭遇重创的，是杨玄感和李密的挑战；最终要了隋炀帝老命的，是宇文化及的背叛；而令隋王朝彻底出局并取而代之的，则是大隋朝唐国公李渊。

这是一个连贯的过程，可以看作是关陇贵族集团面临政治危机时的一次紧急状态下的危机处理。虽然这次选择没有了推举制的表面形式，但其深层之精神，却与杨坚以隋代周没有什么本质上的不同。因此，才会有学者认为："李渊取代隋，有如杨坚的取代北周，是贵族政治的产物"（樊树志《国史十六讲》，中华书局 2006 年 4 月第 1 版，第 98 页）；更多的学者则认为，隋唐三百多年，根本就是一个连贯的完整的时代。信哉斯言。这可能是最贴近当时情形的一个判断了。

其实，看看唐朝开国时占据垄断地位的统治集团构成，再看看众多隋朝地方政府传檄而定、能臣骁将纷纷归附的情形，对此应该很容易明白。

杨玄感事件之后，杨广切齿痛恨，变得越来越丧心病狂，越来越不可理喻，越来越像一只惶惶不可终日的丧家狗，原因端在于此。只有到了这个时刻，这位自我感觉极好、确实做过不少好事、却也习惯于自说自话自欺欺人、又在无边的权力中膨胀到了极点的蠢东西，总算弄清楚了问题的严重程度。只是，他明白得实在太晚了。当天下大乱促使众叛亲离，使他变成真正的孤家寡人时，当他周围几乎所有人都决定抛弃他时，他可能才知道什么叫大势已去。哪怕贵为天子，他也已经无力回天。

这时，只有到了这时，我们才会知道：那曾经强大得似乎完全不可战胜的天之骄子，当他不懂得审时度势、自重自爱时，原来竟然会在短短几年时间里，从繁花似锦变得全如枯木朽株一般，根本不堪一击！

现在，让我们走近一些，尽可能仔细打量一下当日的情景。

杨玄感是杨素的儿子。小时候，发育得很迟，亲戚朋友们看了，都以为他是个痴呆儿。唯有父亲杨素，很坚定地告诉人们：这孩子一点儿不傻！长大后，他果然出息得一表人才，体貌雄伟，并且和父亲一样，生了一副很漂亮的大胡子。不仅如此。他喜爱读书，弓马娴熟，十分骁勇，算得上是个文武双全的人物了。他还有一个特点也很像父亲杨素：性情倨傲。但因为他爱重文化，所以很多知名人士都愿意与他交往。

由于父亲军功卓著，杨玄感很年轻就进位为柱国，并和杨素一样，官居崇高的二品阶级，每当朝会时，都可以按照礼仪制度，和父亲并排站在朝班当中。隋文帝杨坚觉得不是回事儿，就把他降了一级，让他站到父亲的后面去。他拜谢皇帝说："想不到皇帝对我如此厚爱，就连在朝廷上，都让我有机会表达对父亲的敬爱之情。"

杨玄感曾经出任过郢州刺史，属于当时最高级别的地方长官。他派了很多特务充当耳目，私下里打探下属们的政绩和隐私，对人们芝麻绿豆大的屁事儿都了如指掌，弄得大家什么事情都不敢在他面前隐瞒，上上下下对他又敬又怕。结果，搞得所有人都认为他特别能干。

杨素死后，他继承了父亲的爵位，成为楚国公，并升迁为礼部尚书，跻身帝国最高管理层。杨氏家族累世尊荣显贵，有盛名于天下。满朝文武将佐中，很多人都受过杨素的提拔赏识。这可能是杨玄感敢于首先向隋炀帝发难的重要原因。

另外的部分原因，应该就和情感因素有关了。

杨素死后，隋炀帝曾经对身边的近臣说："杨素要是不死，早晚有一天会被灭族。"杨玄感很清楚地知道这一点（《资治通鉴》卷一八二，炀帝大业九年）。官修正史《隋书》谈到杨玄感造反时，避开了杨素十分可疑的死亡这个话题。实际上，这应该是杨玄感憎恶杨广的一个很重要原因。

大业五年，杨素死后三年左右，隋炀帝和他的帝国正处于烈火烹油般的鼎盛时期，那时，杨玄感就曾经想要找机会干掉隋炀帝。他的叔叔杨慎认为："眼下，人心没散，国家也没有乱，不是做这件事情的时机。"杨玄感这才克制住了自己（《隋书》卷七十，列传第三十五 杨玄感）。杨氏家族的重要成员，包括杨玄感的亲兄弟们几乎全部参与了针对隋炀帝的图谋，证明杨素之死可能确实和杨广大有干系。

大业九年，继前一年惨败之后，杨广倾全国之力，发动第二次远征高丽，并命令杨玄感前往黎阳负责督运军需物资。当时，运河沿岸已经到处都是逃亡的士兵与民夫；窦建德等反政府武装闹得如火如荼，人们对政府的怨恨，已经达到了天下思乱的程度。杨玄感认为时机已经成熟，遂登高一呼，向杨广发起了来自帝国高层的第一次挑战。史书形容当时的情形说："从乱者如市。数日，众至十余万"——人们就像去赶集一样跟着他，几天之内，就达到了十几万人（《隋书》卷七十，列传第三十五 杨玄感）。

杨玄感把大家聚集起来，召开誓师大会说："我身为上柱国，家产亿万，富贵已极，没有什么可求的了。如今冒着家破人亡的风险，就是为了解天下倒悬之苦，为了拯救黎民百姓的生命。”史书说：“众皆悦”——大家都很喜悦兴奋。

当时，颇有几位重要人物参与了杨玄感的事业，还有多达四十余人的关陇贵族集团高层人士后代，也归附进来。这是一批真正的高干子弟。他们投入杨玄感阵营的动机十分复杂，很难一概而论。但是下列几个因素，大约起了相当重要的作用：

其一，隋炀帝杨广逆人心而动，搞得实在太不像话，弄得大家都很讨厌他，应该是最基本的原因。

其二，宇文泰被推举出来创建西魏政权之后，在理论上，权力由著名的八大柱国共同执掌。宇文泰是首席柱国，还有一位由北魏皇室成员挂名，有名无实。其他六大柱国不但拥有实权，而且拥有实力。因此，当时的西魏—北周政权具有浓厚的贵族共和制色彩。他们分布在各个重要岗位和要害地区，为了共同的利益，拼死搏斗，在西魏—北周从小到大、从弱到强的过程中，发挥了极为重要的作用。

在六大柱国下面，有十二大将军，每两位大将军分属一位柱国统领。当时，六大柱国和十二大将军的权力很大。比如，他们属下和地方官员的任命、升降、奖惩，等等，基本由他们说了算。由此带来的利权不言而喻。关陇贵族集团的上层核心部分，就是由此构成的。隋文帝杨坚的父亲杨忠，只是这十二位大将军中的一个。

杨坚取代北周建立隋朝后，对这种情形进行了大刀阔斧的变革。他所创立的三省六部制度，将主要行政权力，特别是军权和人事任免、升降、奖惩的权力完全收归中央政府，实际上，就是收到了皇帝的手上。在极大提高行政效率的同时，也极大削弱了各级官吏特别是上层贵族集团的权力。

隋炀帝继承了他父亲的思想，继续调整干部人事制度。大业元年秋天，杨广继位不久就发布文告，强调国家建设，应该把教育放在首要位置。因此，他命令要破格选拔那些学业出众和动手能力强的人出任政府官员；并多次要求各级各地官员在全国范围内搜罗、选拔、推荐有才学的人。

第二年，他下令：凡是没有通过科举考试取得官职的人，必须要有特别突出的才能，方可被荐举提拔。

这些措施在事实上顺应和推动了社会发展的大潮，对后世，包括对大唐盛世的形成产生了巨大影响，毋庸置疑地应该归入德政之属。可惜，也对隋炀帝本人产生了不小的杀伤力。原因是，这些政策确实为全国优秀人才特别是出身贫寒的人才，打开了脱颖而出的大门；却也毋庸置疑地在很大程度上剥夺了贵族阶层及其子弟在官场上的特权地位。数量不少的高干子弟加入杨玄感的行列，可能与此甚有干系。

其三，隋炀帝曾经在不小的范围内裁撤官职，譬如将很多州的总管一职取消，把地方官文武职权剥离，消减世袭贵族的特权，包括撤销和降低他们的贵族爵位，提高他们后代继承爵位的标准与门槛，等等。这些肯定会有效增加他们的憎恨。

其四，隋炀帝的妻子萧皇后是南梁皇室的后裔，生长在江南地区，有极高的文化素养。杨广与妻子的感情很好。青年时代，杨广出镇扬州，在那里生活了十年时间。这些，可能构成了他很重的江南情结。杨素死后，杨广陆续杀死威望崇高的高颎、贺若弼、薛道衡等元老重臣，并将一批江南人士包括贫寒家庭出身的人物，提拔到了帝国最重要的政治、军事岗位上。这些人中，有的的确十分优秀，还有一些就不大好说了，有的甚至说得上很糟很烂。这种情形，足以令关陇贵族人士们痛心疾首。

就这样，好坏杂糅，情势复杂已极。

但不管怎样，杨广一意孤行所导致的天下大乱，肯定给了他们足够的理由，使他们敢于聚集到杨玄感的大旗之下；并令这面大旗下的阵势，变得分外声势浩大。

一个月后，身在辽东前线的杨广，接到杨玄感叛乱的报告，一下子就慌了手脚，立即将随侍在身边的苏威叫来，满脸忧惧地询问他对此人此事的看法。苏威到底是苏威。这位已经年逾八十的老宰相，一生当中，风浪无数，阅人无数。他对杨玄感其人其事的看法一针见血，极为到位。对杨玄感这个人，他认为：审成败，懂是非的人，才是真聪明。杨玄感粗枝大叶，根本就成不了事儿，完全不用担心。而对于这件事情本身，苏威虽然只说了一句话，却看得极为深入透彻。他说：此事“但恐寝成乱阶耳”——这件事情怕就怕开了个坏头，蔓延开来，引起大规模连锁反应。

谁知，隋炀帝杨广粗枝大叶的程度，完全可以和杨玄感相媲美。他根本不去仔细思索苏威话里的深意，将堆积如山的粮草器械丢弃不顾，慌慌张张地就下令全军连夜撤兵。遂使耗费巨大国力的第二次征讨高丽，功败垂成。

而苏威则一语成谶，两个要点全都被他说中了。

杨玄感骁勇善战。每次战役，他都手持一根丈八长矛，身先士卒，冲锋陷阵。史书形容说，杨玄感在战场上怒吼如雷，令他的敌人无不心惊胆战。他还极善于号召群众。翻检起兵后他所发表的言论，应该说十分雄辩，几乎每一句话都能说到人们的痛处。

他特别会驾驭自己的部属，“士乐致死”——将士们都愿意为他不惜一死。因此，起兵后，杨玄感连战连捷，战无不胜。打到后来，政府军真的被他打怕了，以至于一开战，政府军方面的士兵们，就会放下武器，坐在地上，弄得他们的长官毫无办法，只能带着自己的亲兵们逃走。后来，人们谈论起杨玄感时，都把他类比为西楚霸王项羽。可惜，他缺少战略头脑又刚愎自用的缺陷，也和楚霸王堪有一比。当年，项羽不听亚父范增的劝告，终于导致自刎乌江的结局。如今，杨玄感不听自己亲密战友李密的劝告，也同样走上了兵败身亡的不归路。

李密是西魏开国元勋、六大柱国之一李弼的后代。他的父亲李宽骁勇善战，历经北周到隋朝的许多战争，官居上柱国，封蒲山郡公，号称一时之名将。李密承袭了父亲的贵族爵位，属于关陇贵族集团中的重要成员。

史书说李密识见雄远，多策略，“散家赀养客礼贤不爱藉”。就是说，他不但见识不凡、很有谋略，还颇有点战国四君子不爱钱财、礼贤下士的风范。

当时，人们对相面术非常着迷。在皇帝身边工作的人，都要由精通相术的大师审查相貌。据说，隋炀帝杨广本人也精通此道。为此，他对李密的第一印象很不好。史书是这样形容李密相貌的：前额尖，额骨方，瞳仁黑白明澈。按照制度，勋贵子弟李密需要担任宫廷侍卫。没想到，他刚刚上岗，就惹得皇帝很不开心。

杨广看到陌生的李密后，问御林军长官宇文述：“左边仪仗下那个黑皮小儿是什么人？”

宇文述回答说：“是蒲山郡公李宽的儿子李密。”

杨广吩咐说：“那小子的眼神儿不对，不要让他到宫里来。”

几天后，宇文述找到李密，对他说：“你的家世那么高贵，应该通过读书来大显身手，干吗来当这个破侍卫？”

李密一听，大喜，很快就办了病退手续。然后，真的回家拜名师，开始发奋读书。

有一天，他骑着一头牛，屁股底下坐着一个蒲草编的鞍垫，把一本《汉书》挂在牛角上，慢悠悠地边走边读。恰好杨素路过身边，他勒住马缰绳，跟在李密后边看了一会儿，然后问：“哪儿的书生这么用功？”

李密一看，是赫赫大名的越国公，连忙跳下牛背行礼。杨素问他读的什么书？他回答："《项羽传》。"两个人就此聊了起来。结果，杨素对李密的见识大加赞赏。回家后，他对儿子杨玄感说："我看李密的见识气度可比你们强多了。"从此，杨玄感倾心结交李密，二人成了莫逆之交。

有一次，这两个坏小子私下谈论大逆不道的话题。杨玄感问李密："今上的小心眼儿太多，大隋的天下看来是长不了了。有一天天下大乱，你我会怎么样？"

李密回答说："若论起在战场上叱咤风云，威震敌胆，我不如你；要是谈到招徕、驾驭天下英雄，令远近归附，你可就不如我了。"

如今，这一天真的来到了。仿佛真有天意似的，就在杨玄感准备派人去召唤李密时，李密却突如其来地来到了杨玄感面前。

杨玄感很喜悦地问李密："你老兄不是一直要拯救天下吗？现在机会来了，你觉得我们应该怎么办？"

李密对当前的局势看得相当清楚，他为杨玄感规划了上、中、下三策——

上策：皇帝远在辽东出征，距离帝国首都长安有五千五百多华里，距离东都洛阳也至少在四千四百华里以上。按照当时正常的行军速度，这段路程至少要走三四个月。而且，有很长一段距离，南面是大海，北面是戎胡，中间只有一条狭窄的通道，已经置身于军事理论上的极度艰危之地。我们如果出其不意，长驱直下山海关（当时叫临榆关），就死死扼住了这条通道的咽喉。这样，他们前有高丽强敌，后无退路，十天半月之内，必然弹尽粮绝。远征将士不是投降就是崩溃，将别无选择。我们一定可以不战而胜。

中策：关中乃四塞之地，百二秦关，天府之国，留守的长官又是个笨蛋，基本不需顾虑。我们只要一路急行，不去理睬那些沿途的城镇，长驱奇袭，直捣长安。然后收揽豪杰，安抚百姓，据险而守之。就算皇帝回来，他也失去了京都根本之地。我们自然形成了万全之势。

下策：如果想就近便先取东都，以此号令天下，也未尝不可。只是洛阳城池坚固，如果久攻不克，把我们拴死在坚城之下，天下之兵再四面而至的话，我就不知道后面会发生什么了。

除去军事上瞬息万变这个因素，即便以今天的眼光来看，李密的上策也足够大胆而且高明，具有极强的战略洞察力。杨玄感如果采纳了这个方略的话，杨广很有可能会手忙脚乱，甚至死得很难看，而不需要等到四年之后。

即便是中策，也很有见地。八百年前的汉高祖刘邦就是这样拿下咸阳，并由此开始创建大汉帝国；三年后，当今皇帝的表哥李渊也是这样拿下长安，并真的就创建了大唐帝国。

可惜，苏威对杨玄感的判断没有错，他偏偏就选中了李密自己都颇有保留的下策。杨玄感的理由是：如今，文武百官的家属都在洛阳，只有拿下洛阳，才能动摇他们的人心士气。因此，你李密的下策才真正是上策！至于中策，要是不拿下沿途城镇，怎么才能显示我们的威力？

显然，这小子还根本就没搞明白什么才是真正的威力。平心而论，李密真是够没眼光的，怎么会觉得可以舍命和这种人共天下大事？

李密不幸而言中。此后发生的一切，和他的预计几乎一模一样。杨玄感真的被拖在了洛阳坚城之下，各路政府军也真的从四面八方包抄而来。杨广更是从辽东前线急急赶回的路上，派遣最精锐部队，由最能干的将军统领，急速向洛阳赶来。结果，形势立刻急转直下。

曾经战无不胜的杨玄感，如今连吃败仗。那些当初赶集一般投靠他的人们，如今流星雨一样向四处飞速散去。杨玄感蒙了，问大家该怎么办？人们劝告他，立即脱离东都洛阳战场，马上杀向长安；亡羊补牢，犹为未晚。这回他听了，开始实行李密的中策，向长安进军。

不料，走到中途，一座城池的负责人为了拖住他，站在城头臭骂了他一顿，杨玄感就又不走了，再次开始攻坚。理由和以前一样：这样的城池不打下来，我还有什么威风！

三天之后，城池没打下来，政府大军团团追到，他想走也走不了了。曾经热热闹闹的十数万大军兵败如山倒，只剩下了他和自己的亲弟弟两个人。

杨玄感对弟弟说：我不能活着让人侮辱，你来杀死我。他的弟弟将他杀死后，自杀未死，被政府军俘虏。

隋炀帝可能实在是太恨了，除了前面谈到的在洛阳所进行的屠杀之外，他把自己登上皇位不久亲自取消的酷刑，比如车裂、凌迟等重新恢复起来，用以对付那些试图推翻他的臣子们。杨玄感已经死掉了的事实，可能令皇帝有些失望。于是，他下令，仍然要对死人再凌迟处死一次。刽子手遵照皇帝的指示，在东都洛阳最繁华市区，将杨玄感的尸体剐成碎片示众，三天后将其收拢起来，烧成灰，再把那些灰撒向四面八方。

杨玄感的亲人和参与叛乱的高层人士，则被绑在柱子上，让大家用弓箭活活把他们射成刺猬，然后再烧成灰。

有一位相当于国防部常务副部长的高级官员，被凌迟处死。文武百官们不但要前去观刑，还要在他受刑没死时，活着生吃他的肉，并且由官员们自己操刀割肉来吃。为了让皇帝知道自己的忠心，史书上记载说，有的官员甚至用以前同事的肉，吃饱了肚子。与杨玄感之类“叛贼”比较起来，冠冕堂皇的皇帝和这些文武官员们，倒更像一群衣冠禽兽。

史书没有忘掉记载下来的一点是：权势富贵数百年所未见的杨素家族，就此灭绝。

然而，一切并没有到此结束。原因是，正如苏威所说，事情真的“寝成乱阶”了。

在此前后，南北方都出现了响应杨玄感的大规模暴力反抗事件，并迅速蔓延到全国各地。《剑桥中国隋唐史》中描绘的那幅全国各地暴动地图，就是从这一年——隋炀帝大业九年即公元六一三年开始的，从此一发而不可收拾，直到隋炀帝死后很久，方才止息。

从史书记载上看，隋炀帝杨广沉默寡言，端庄凝重，在群臣面前很少说话，一旦张口，便威严可观。杨玄感事件之后，他从辽东前线返回后，先是停留在涿郡，就是今天的北京附近；然后到上谷即今天的河北易县，久久不愿返回洛阳。他的心灵似乎受到了极大创伤。随后，他来到父亲曾经工作和战斗过的博陵，就是今天的河北定州。

当年，杨广的父亲杨坚就是在定州西门入城，演绎出了这个城门非圣人不开的天命神话。在那些神话的照耀下，杨坚当上了至高无上的皇帝，然后就是杨广。

可是，如我们在前面已经看到的，就像受到了魔鬼的诅咒一样，这个帝国第一家庭从此失去了欢乐；所有这个家庭的成员，全部在极度的权势富贵中，遭遇着极其悲惨的命运；直到一百多年后，他们最后仅存的三个子孙，被唐明皇李隆基下令赐死。从此，这个家庭血胤断绝。假如围绕杨坚登上皇帝宝座的那些神话，真的是出自天意的话，这天意也实在是太不可琢磨、太可怕了一点儿。

此次，隋炀帝重游故地，流连忘返。有一天，素来庄重俨然的皇帝突然泪流满面，抽泣着对群臣们说："我八九岁时，跟着父亲在这里生活，转眼之间三十多年就过去了，前人往事再也不会回来了。"说时，悲不自胜。所有在场的臣子都流下了热泪。我们无法知道他们在想些什么，就像我们自己有时都不能够正视自己心中的想法一样。

仅仅几年时间，繁花似锦无比强盛的伟大帝国，转瞬间便山河破碎满目疮痍，快得就像做了一场噩梦。就连曾经与中原地区亲如一家的突厥部族，也在启民可汗死后，越来越讨厌隋王朝的自作聪明、强横霸道，露出了将要反目为仇的模样。

当年，启民可汗为了在西突厥的威胁下生存，与隋朝两代皇室的关系极为友善。隋朝皇室遂将宗室女义成公主嫁给他为妻，以至于启民可汗甚至请求改穿中原服饰，像一家人一样相处。经过烈火烹油般的大业五年之后，不久，启民可汗病死了。他的儿子始毕可汗按照民族习俗，娶没有血缘关系的庶母为妻，义成公主遂成为两代可汗妻子。是故，隋炀帝杨广和始毕可汗是很近的亲戚。

谁知，过了没有几天，隋炀帝在他的外交官员怂恿下，试图把另外一位公主，嫁给始毕可汗的弟弟，并鼓动他也做可汗。潜台词十分明确，就是想挑拨他们兄弟之间打起来。结果，这个提议不但遭到可汗弟弟的拒绝，也凭空招来始毕可汗的恼恨。

不久，隋朝官员又设圈套，告诉始毕可汗的一位主要谋臣，说是有一批皇家珠宝想要出售，骗他前来交易。这个家伙很高兴，急吼吼地赶来发财，结果被杀掉了。隋朝官员骗始毕可汗说，这个谋臣想背叛可汗，我们替你把他干掉了。始毕可汗很快知道了事情真相，立即断绝了双方的官方往来。

杨玄感事件平息后，杨广发动了第三次远征高丽。已经打得焦头烂额的高丽国王，再也打不动了；同样焦头烂额的隋炀帝就坡下驴，双方达成停战协议，约定建立藩属关系。就此，杨广终于赢来了天朝上国的尊严，可以体面地回头收拾自己那残破不堪的家园了。

公元六一五年即隋炀帝大业十一年八月，正是秋高马肥时节。隋炀帝来到塞北草原，希望再来一次如火如荼的塞外盛会，意思是安抚或震慑一下始毕可汗那遭受伤害的敏感心灵。

不料，徜徉在清凉爽朗的草原上，杨广刚刚舒出一口闷气，就接到了义成公主的密信。公主告诉他：赶快回家去！可汗已经召集了十万铁骑，正准备长途奔袭，一举擒获自己的这位皇帝亲戚。

隋炀帝立即掉转马头，率领浩浩荡荡的随行人员向家乡狂奔。无奈，突厥骑兵的速度实在太快。当皇帝一行逃进雁门关时，始毕可汗的骑兵大兵团已经排山倒海般穿过定襄就是今天内蒙古和林格尔，掠过马邑就是今天的山西朔州，将大隋帝国皇帝团团围在了雁门郡的孤城之内。

几天之间，在突厥铁骑暴风骤雨般的攻击下，雁门地区的四十一城中，已经有三十九城宣告陷落。当我们的皇帝走出宫殿，来到室外时，敌人如雨样密集的箭矢，甚至越过城墙射到了皇帝的脚下。皇帝再一次失去从容淡定的风采，抱着自己最年幼的儿子，在众人面前痛哭失声。

按照突厥民族习俗，可汗的妻子被称为可贺敦，有权力参与所有军国大事。这是世界上众多游牧民族的共同习俗。当年，汉高祖刘邦被匈奴冒顿单于团团围困在平城，即今天山西大同附近时，史传，陈平派人携带一幅汉族美女图，前去拜见单于的妻子阏氏，告诉她，汉地有很多这样的美女，单于如果俘虏了汉家皇帝，就会得到大批这样的女子，请阏氏考虑考虑后面会发生什么样的情形。据说，阏氏派人报告冒顿单于说，西北方向有警。冒顿单于遂解围而去。

如今，皇帝被围的雁门离汉高祖刘邦被围的平城近在咫尺，二人解围的方式也颇为异曲同工——杨广派人请求义成公主施以援手。公主立即派人告诉可汗：家乡的北方有异常情况，可能有外敌要来捣蛋。此时，正值隋朝勤王兵马陆续赶到，始毕可汗遂解围而去。

在围城中苦苦坚持时，皇帝曾经激励将士，只要打退敌人，大家将得到优厚的奖赏；同时，皇帝答应不再对辽东用兵。谁知，敌人刚刚撤退，皇帝回到安全舒适的皇宫后，这两个承诺就都不算数了。一位颇受皇帝赏识的高级官员请求皇帝兑现给大家的奖赏，皇帝严词责问他，是不是想要收买人心？吓得这位高官再也不敢废话。

当年年底，高丽国王拒绝前来向皇帝朝贺新年。皇帝下令，进行全国动员，准备第四次征伐高丽。此时，大隋帝国已是遍地狼烟，隋炀帝有心无力，已经没有什么可能对别的国家发动攻击了。

我们的皇帝病了，病得还不轻。他每天晚上都睡不着觉，需要好多宫女抱着、摇着，方才可能入睡。即便如此，还时常会在噩梦中惊叫着醒来。对于皇帝来说，他所面临的局面实在是太糟糕了：

——社会上流传着许多居心叵测的政治谣言，核心的意思是预言大隋朝的江山行将倾覆。愚夫愚妇们带着几分幸灾乐祸口耳相传，令皇帝的心绪更加愤懑。

——杨玄感的主要助手李密，逃脱了官府的追捕。如今昼伏夜出，正潜行在通往瓦岗寨的路上。

——皇帝的表哥唐国公李渊，表面上吃喝玩乐，收受贿赂，乌烟瘴气。实际上，每天都在睁大双眼，密切注视着皇帝和周围的一切。他的二儿子李世民，不久前，曾经随着勤王部队，来到雁门城外，参加了解救皇帝的战斗。那里所发生的一切，在这个十七岁小青年的心里，激起了万丈波澜。

——宇文述那个不成器的儿子宇文化及，在郁郁寡欢中，琢磨着如何才能逃脱父亲的严厉管束。

这些人，没有一个是省油的灯。

杨广，唉，杨广！这曾经充满浪漫情怀和宏大抱负的皇帝，噩梦什么时候才是个头儿呢？

010

天，大体上是这样塌下来的

隋炀帝生命的最后时光，是在扬州的江都宫中度过的。

那是一段凄怆阴郁的岁月，几乎所有的人都抛弃了他。好在他那贤淑而富有教养的妻子萧皇后，一直陪伴在身边，或许使他感受到了很多慰藉。

在江都宫里，皇帝时常会身穿睡衣短褂，拄着一根杖，一个人在后宫花园里，自言自语，漫无目的地走来走去。经常要到暮霭四合时分，才回到室内。

有一天，江都宫里的一个侍姬告诉萧皇后："外边的人们议论纷纷，有很多人想造反。"当时，皇帝身边的近卫军中，的确有人在商量着谋反，人数很多；后来甚至到了公开谈论的程度。

皇后问："怎么办呢？你有什么好办法？"

那人说："我觉得应该让皇帝知道。"

萧皇后说："你自己看怎么合适就怎么做吧。"

没想到，那个可怜的女子向皇帝报告了自己知道的情况后，皇帝大怒，认为这个女孩子的做法很不得当，下令将她处死。此后，不停地有人向皇后报告类似的消息。皇后很忧伤地告诉她们："事情到这个地步，已经没有办法了。不用再多说什么，免得白白增加皇帝的烦恼。"

种种迹象表明，隋炀帝夫妇对于江都宫中可能会发生兵变，显然是有思想准备的。他们大约已经决定放弃，决定听天由命了。出来混，总是要还的，愿赌服输。他们没有许三多那样的思想境界。

谶谣是一种神秘的文化现象，在中国具有极为悠久的历史。谶，是预言、预兆的意思；谣就是歌谣、谣传。很久很久以前，几乎从不可考的年代起，我们的祖先就开始用一种朗朗上口、易于传唱的歌谣来预言未来。在后来漫长的岁月里，谶谣成了官场和政治斗争中杀伤力极大的利器，时常会对政治情势与社会心理产生极大影响。甚至就在今天，此类或类似玩意儿，对中国人的心理影响，仍然堪称巨大无比。

大约在杨玄感事件前后，有一首谶谣开始在人们的窃窃私语中出现，并迅速流传开来，扩散得极为广泛。

歌谣曰：

桃李子，
皇后绕扬州，
宛转花园里，
勿浪语，
谁道许？

一个类似今天气功大师的人物，名叫安迦陁。他告诉皇帝：这首歌谣，预言一个姓李的人将与皇帝争夺天下。大师建议皇帝：

为了保证隋家天下千秋万代永不变色，应该杀光天下姓李的。

就算杨广的权力再巨大、想象力再宏伟，想必他也不敢接受这样的建议。于是，皇帝命令严密排查，务必找出这个姓李的家伙。最后，皇帝的外甥女婿李敏和李敏的十叔李浑被揪了出来。

李浑是隋朝开国元勋申国公李穆的第十个儿子。前面我们介绍过，李穆曾经在战场上救过宇文泰的命，因此，被赐给铁券（就是民间所谓的免死牌），可以免死十次。杨坚准备取代北周建立隋朝时，李穆指挥着当时最为精锐的天下精兵；他的态度对杨坚至关重要。杨坚派李浑前去做他父亲的思想工作。李穆让儿子把一个熨斗献给杨坚，表示支持杨坚熨平天下。因此，成为隋朝的第一号开国元勋。在官修正史《隋书》中，李穆在列传中排名臣子的第一位。李家也成为当时最为显赫的家族。

李穆的长子比父亲死得早。因此，李穆死时，他的长孙李筠继承了祖父的爵位与家业。李穆在世时，李浑时常到父亲家揩油蹭饭吃。李筠继承家业后，很会过日子，对自己的十叔不太买账。李浑极为恼怒，竟然私下里指使人把自己的这个侄子干掉了。随后，凶手远走高飞，导致凶杀案迟迟不能告破。当时的皇帝杨坚恼火至极，下令禁止李家的亲戚升迁。这个李浑索性混到底，他一不做二不休，嫁祸于人，把祸水引到了一位和李筠有仇的亲戚头上，致使那个人就此莫名其妙地丢了性命。

随后，李浑开始谋取侄子留下的申国公爵位和家产。

当时，在政治上，李浑属于太子杨广一派，颇受杨广的信任。我们知道，宇文述为杨广入主东宫成为太子，立下过极大功劳，是杨广的心腹重臣，他的三儿媳是杨广的大女儿南阳公主；而李浑的妻子则是宇文述的妹妹。是故，李浑和宇文述二人之间的关系曾经非常好。为此，李浑请求大舅哥宇文述帮忙，答应事成之后，以封地收入的一半相赠。结果，宇文述通过太子杨广，还真的帮他达到了目的。

此后，鸟枪换炮的李浑端的今非昔比，不但日子过得极为阔气，还官运亨通，在杨广继位之后，升迁为骁卫大将军。这厮本来就是个小人，如今自然一阔脸就变。两年后，他黑不提白不提地赖掉了当初答应宇文述的账。宇文述是个很能打仗的将军，却也以酷爱钱财闻名。自己帮过大忙的妹夫如此不仗义，他心里不可能舒服。有一次，在酒桌上，他喝酒喝高了点儿，就放出狠话说："李浑这小子竟敢耍我，我到死都不会忘记。"一来二去，这些话传到李浑耳朵里，二人遂反目为仇。

宇文述是负责皇家安全警卫的最高领导，成天在皇帝身边晃悠。如今，皇帝要修理姓李的人，他想到的第一个名字自然而然就是李浑。于是，他很从容地告诉皇帝："我看安大师的话很有道理。李浑是我的妹夫，听说，最近他很反常，经常偷偷摸摸地和李敏几个人聚会，有时到半夜了还不睡觉。不知道他们在商量什么。他们家世代显赫，李浑又是皇宫禁卫部队的头儿。皇帝要多加关注才好。"杨广一听，马上命令成立专案组，由宇文述牵头，负责查明真相。

宇文述手握尚方宝剑，让一个中级军官出面告发李浑等人谋反。当天就派人抄了李浑的家，并把李浑等一批人抓进了监狱。

李敏是皇帝的外甥女婿。他被牵连进来，十分冤枉，却也因为皇帝的一个梦，属于在劫难逃。

李敏是李浑的堂侄，属于烈士子女。他的父亲李崇战死沙场时，李敏只有七岁。作为烈士遗孤，先皇帝杨坚把他收养在皇宫里。长大后，他仪表出众，不但骑射武功不错，还精通管弦歌舞，是个多才多艺的才子。

杨坚的女儿杨丽华，本来是北周宣帝的皇后。年纪轻轻的周宣帝死时，还不到二十岁的杨丽华成了皇太后。随后，不到一年时间，杨坚便取代周宣帝的儿子周静帝，做了隋朝开国皇帝。杨丽华一变，又从几天前的皇太后，变成了当今皇帝的女儿。虽然说周静帝不是杨丽华所亲生，可杨丽华作为大行皇帝的正宫皇后，却也是这八岁小皇帝的嫡母皇太后。如今，外公夺了外孙的皇位，杨丽华很不以父亲为然，多次要找杨坚理论。杨坚在女儿面前毕竟有点儿难为情，就把前太后封为乐平公主，并给予优厚的待遇。

杨丽华只有一个独生女儿，名叫宇文娥英，备受宠爱。为了给女儿选个好女婿，杨丽华让杨坚下令，将所有贵公子集中到弘圣宫来，由她为女儿选美。杨丽华坐在纱帘后面，每天过目数百个贵族子弟，不但要目测他们的身材相貌风度气质，还要进行智力测试和才艺比赛。最后，于千挑万选之中，终于相中了玉树临风、既文武双全又色艺俱佳的翩翩浊世佳公子李敏。

李敏与娥英的婚礼是按照皇帝嫁女儿的规格进行的。

正式举行婚礼时，杨丽华叮嘱李敏说：“我把天下都给了皇帝，只剩下一个女儿和女婿。皇帝要是给你封官，除了柱国之外，其他的你一定不要接受。”李敏唯唯。

在婚礼后的宴会上，隋文帝杨坚心情极好，亲自弹琵琶，为李敏的歌舞才艺表演伴奏。随后，沉浸在喜悦中的皇帝，问杨丽华：“李敏现在是什么官职？”杨丽华回答说：“只是一个白丁。”皇帝立即下令，授李敏为仪同三司，李敏毫无反应。杨坚说：“不满意是不是？好，授你开府仪同三司。”李敏还是没有反应。杨坚说：“你岳母对我有大功，我怎么可能吝惜给她女婿官职？今天就授你柱国。”这是帝国十一个等级勋位中的第二级。一般说来，仅仅于国有大功劳是拿不到这么高勋位的，必得于国有一连串大功劳方才可能。如今，小青年李敏仅仅通过一次成为皇帝外孙女婿的婚礼，便将这崇高之勋位一举拿下。史书记载说，李敏这才舞蹈拜谢。

杨坚死后，继位为帝的杨广和姐姐的关系很好。杨丽华临死时，拜托皇帝弟弟，看在姐姐只有一个女儿的分上，照顾照顾外甥女婿。杨广答应了，并且按照姐姐的意思，将她生前的所有富贵、待遇全部转给李敏夫妇承袭。

如今，宇文述之所以敢于把李敏和李浑一起扯进这桩大案，却是因为杨广曾经做过一个噩梦。杨玄感事件之后，有一天晚上，杨广梦见洪水淹了京城。巧的是，那李敏的小名恰好叫“洪儿”。这使杨广心里很不舒服，怎么想怎么觉着李敏这小子可能不是个好东西。为此，杨广曾经特意召见李敏，把自己的梦和对李敏小名的看法当面告诉了李敏，意思是让他识趣一点，自我了断。

谁知，那李敏虽然恐惧已极，却不肯为皇帝凑趣，还几次三番地请教李浑等人，自己应该怎么办？对这些内情，宇文述很清楚，于是，就由他来为皇帝凑趣，在收拾李浑的同时，就手儿把李敏牵扯进来。

这桩无中生有、天外飞来的罪名，实在太过重大，李浑、李敏等人不可能承认。宇文述就把李敏的夫人、皇帝的外甥女娥英请了出来。宇文述告诉她：“李敏他们的姓名上了妖谶，谁也救不了他们。夫人是皇帝的亲人，应该自救。只要划清了界限，李敏死后你还愁找不到好人家吗？”大约是从小在富贵娇惯中长大的缘故，或者就是和李敏感情不好，娥英这位皇家公主竟然毫无见识，她按照宇文述的口述，写了一封揭发信，并在信封上亲笔写上了加密字样。结果，自然成了李敏一干人的催命符。据说，杨广读过这封信后，极度震惊，失声痛哭着对宇文述说：“我家社稷险些倾覆，多亏亲家翁发现得早哇。”

随后，皇帝下令将李敏、李浑等三十二人处死，李氏家族不分老幼全部流放岭南。娥英也没能逃脱厄运，几个月后被用毒酒赐死（以上事见《隋书》卷三十七，列传第二 李穆李浑李敏等）。

这件事情发生在公元六一五年，即隋炀帝大业十一年三月六日。

此后一段时间里，隋炀帝心情很好，因为谶谣里那个姓李的祸根已经拔除，他可以不用担心有人来抢自己的天下了。

几天后，另外一个喜讯传进他的耳朵，令他的心情更加舒畅喜悦。负责皇宫警卫的一批官员报告皇帝：有一对凤凰，从郊外西苑，一路飞到了皇城根儿的朝堂前。皇帝大喜，立即派人前去验看。结果，凤凰已经飞走。但至少有十几个在场的人发誓：他们确实亲眼看到了那吉祥的鸟儿。他们推测，凤凰乃百鸟之王，西苑是皇家动物园，这一对儿鸟中帝王一定是先去那儿，看望了自己的百鸟下属，然后，再来皇宫向人间帝王致敬，留下了漫天祥瑞。后来，有人私下说，其实是皇家动物园走失了一对孔雀；这帮子龌龊官儿献媚心切，口吐莲花地愣把它们说成了中国人谁都相信有，又谁都没见过的凤凰。

然而，既然这么多人信誓旦旦地亲眼所见，皇帝自然深信不疑。他实在太需要这样的好消息了。于是第二天，皇帝下令：在凤凰停留过的地方修建一座新宫殿，取名仪鸾殿；然后，分别给有幸看见百鸟之王的小子们赏赐；领头儿的名叫高德儒，不但得到了物质奖励，还当场加官晋级。

谁都没有想到的是，这个格外幸运从而叫人分外眼红的高德儒，没过多久就为此丢掉了性命。

高德儒本来只是皇宫警卫部队中的一个中低级军官，他带头把孔雀愣说成凤凰后，皇帝将他破格提拔为西河郡丞。结果，上任才满两年，就撞上了李渊起兵。西河之役是李渊起兵后，由李建成李世民兄弟二人负责指挥打的第一仗。从出兵到攻破城池，只用了九天时间。李渊高兴极了，说：“要是这种打法，想纵横天下也没什么难的。”

城破后，高德儒被俘，李世民问他那凤凰长什么样？羽毛什么颜色？这回，高德儒无论如何也不敢信口开河了。李世民认为：皇帝本是好皇帝，都是被高德儒这样的马屁精给误导坏了。他宣称：起兵的目的，就是为了诛杀像高德儒这样的谄媚小人。随后，下令把所有俘虏全部释放，唯独处死了高德儒一人。

由此看来，在咱们中国博大精深的政治文化传统之下，就连献媚这件事儿，都不是随便就能拿捏准的，需要对时机、对象等有极高的鉴别能力，有时候风险还真不小。

就这样，三月十七日，皇帝满怀喜悦的心情出发，很轻松地去太原附近的汾阳宫避暑。推测起来，几个月后的八月初五，他之所以前往塞外，准备和突厥的始毕可汗再来一次草原盛会，很有可能与这些喜事带来的轻松心境有关。因此，始毕可汗把他围在雁门，差一点要了他的老命，对他的心理打击可能是致命的。

当年十月，突厥骑兵撤围，隋炀帝返回。以前打造的庞大龙舟船队，在杨玄感兵乱中已经毁得差不多了。皇帝回到洛阳后，立即下令重新打造，形制规模要求得比上次还要庞大。值此连天烽火之际，这个做法真是有点丧心病狂的味道了。不过，考虑到皇帝现在的心境，这也是没有办法的事情。

从后来发生的情形看，到这个时刻，皇帝的意志可能已经垮掉了。

我们知道，从晋王到太子，从太子到皇帝，杨广是在死了很多人、流了很多血，经过众多的阴谋、血腥、杀戮之后，方才走上皇帝宝座的。他的整个家庭——父母、兄弟、姐妹、子孙都付出了沉重的代价；他的臣僚、他的人民、他的国家更是尸积如山血流成河。如今，皇帝似乎已经决定了，决定要放弃履行国家元首的职责。因为，从此以后，在关于隋炀帝杨广的所有记载中，就很难再找到他正儿八经处理国家事务的事例了。

公元六一六年即隋炀帝大业十二年元旦，在一年中最为隆重的正旦大朝会上，不但众多外国君主使节没能前来捧场，就连国内各地，都有二十多个郡的朝集使无法来到东都洛阳，原因是烽火遍地，许多地区到首都的道路交通已经断绝。

杨广本来就不喜欢长安，如今，连曾经受到过他高度评价的洛阳，也令他无法忍受。经过十个月的紧张施工，公元六一六年即大业十二年七月，新的龙舟船队交付使用，皇帝杀了一连串试图阻止他的人，之后，头也不回地去了扬州。在那里，他一口气住了一年零七个月。这是杨广十四年皇帝生涯中，在同一个地方安安静静地待着的最长一段时间，直到被杀死在那里。

仔细检视起来，应该说，皇帝基本上是在无所作为、得过且过中度过的这段时光。用行尸走肉这四个字来形容帝国国家元首的最后岁月，应该算是虽不中，亦不远了。

在某种意义上，杨广是对的。因为，另外还有两个姓李的家伙，比李浑、李敏叔侄两个可要厉害多了。如今，他们将要给皇帝带来的麻烦才刚刚开始。

"桃李子，皇后绕扬州，宛转花园里，勿浪语，谁道许？"这不祥的谶谣，神秘兮兮又阴阳怪气，真是如同魔咒，在令皇帝无法挣脱的同时，也在这两个李姓家伙的心中，激起了万丈雄心。他们，一个是杨广当年看了一眼就很不喜欢的黑皮小儿李密，另一个就是不久后起兵的、皇帝的表哥李渊。

杨玄感兵败时，李密在兵荒马乱中逃离战场，昼伏夜出潜回长安老家。官府很快接到举报，立即将他逮捕。当时，杨广从辽东前线仓皇撤回，正在故地重游并伤感不已。他将博陵改名高阳，就是今天的河北定州，在那里逗留了很长时间。李密和十几个同案犯一起，被押送前往皇帝的行在高阳处置。

路上，李密悄悄对那些垂头丧气的同案犯说：“到了皇帝那儿，我们肯定要被剁成肉酱。大家想想办法，说不定还能找到一条活路。”同病相怜的人们深以为然。于是，大家拿出随身携带的金银珠宝，交给李密，委托他见机行事。李密对押送他们的官员说：“我们此去，必死无疑。将来，请您老人家用这些钱，好歹把我们的丧事办了。剩下的您别嫌少，就算我们报答您的恩德。”想来，那大约是一笔不小的钱财。

史书记载说：“使者利其金，许诺，防禁渐弛。”意思是，押送者——可能是皇帝专门派来的使者，很想得到那笔钱，答应了他，对他们的看守越来越松懈。并且允许他们采购酒肉，大家经常推杯换盏，竟然吃喝得煞是热闹。终于，走到河南安阳附近时，押送者被这帮家伙灌得酩酊大醉，这帮重案要犯于夜半时分，“穿墙而逸”——翻墙狂奔，跑了（《新唐书》卷八十四，列传第九李密；《资治通鉴》卷一八二，炀帝大业九年）。

皇帝专门为此事派来的使者，面对天大的案件，竟然敢于为了钱财而如此玩忽职守！国家法纪荡然无存到了什么程度，当不难想见。其实，不需要很费劲，只要随便翻翻史书，就会发现：每当某个政权解体之前，都会出现没有人拿法纪当回事儿的局面。届时，几乎所有人心里都在想着同一件事情——如今，真金白银只有装进自己的口袋里，才是真的！但凡出现了这种情形，不必有太高的智商，大体上就可以确认：倘不花大气力整治，这个国家离天下大乱改朝换代不会太远了。

此后，经过一年多的努力，大约在大业十二年上半年，在逃犯李密终于找到了组织——瓦岗寨。在此之前，这位天将降大任于斯人的李密，着实经受了一番磨难：他隐名埋姓，东躲西藏，几次险些被官府抓获。最困难的时候，这位在荣华富贵中长大的贵公子哥儿，要在深山老林里靠剥树皮来填充肚子。

有一次，他逃脱官府的追捕，躲躲藏藏跑到了自己当县长的妹夫家。县长妹夫不敢留他，偷偷把他介绍给了以豪侠仗义著名的王秀才。这位王秀才倒真是侠气冲天，不但在危难中收留他，还把女儿嫁给他做妻子。李密隐名埋姓住下来，刚刚松了口气，没想到，县长妹夫的侄子去更高的官府告了密。那一天，官府前来抓捕时，李密正巧不在家，侥幸躲过一劫。他的县长妹夫一家、大侠王秀才一家和他那新婚没几天的妻子，全部被官府杀死。

他试图投靠的绿林英雄们，也多次拒绝接收这位王孙公子。其中，有人直截了当地告诉他：我们啸聚山林，只是为了吃饱肚子；并没有什么别的意思。官府要是知道您老人家来了，我们可就真的死无葬身之地了。史书记载说，满腹经纶、胸怀远大、曾经长时间毫不吝啬地大把挥洒金钱来结交天下贤才的好汉李密，仰天号哭，泪如雨下。

其实，那些曾经被给予过极高历史地位的英豪们，包括李密之类，在政治上的识见程度大抵如此。如果说有什么区别的话，也仅仅是在某些方面程度不同罢了。文化人时常对他们进行两极化的想象——不是将他们说成推动历史前进的动力，就是斥之为天生作恶的贼寇——此中情形，正可以用两句话概括：不是糊涂蠢蛋，就是别有用心。原因很简单。作为一个群体，除了极为短暂的时日之外，知识分子们大体如司马迁所言，是被“倡优畜之”的。要求宠物一样的“倡优”具有独立思想的能力，显然是过分了些。

不过，李密面前这位坦率的绿林好汉相当仗义。他对李密说：“我没有您那样的远大抱负。我们这种人里，翟让最是人多势众，我送您到他那儿去吧。”然后，慷慨赠送一匹马，亲自把李密送到黄河边上，把酒话别。李密就这样上了瓦岗寨。

瓦岗寨的位置在今天河南省滑县南部。这里发生的故事颇有传奇色彩，对中国后世民间的影响特别深远。在各种史书中，关于梁山泊好汉的故事记载甚少，而瓦岗寨英雄们的事迹却记录了很多，包括在所谓官修正史里都是如此。一个应该不太离谱的推测是：宋江、李逵等兄弟们的传奇，很有可能是从李密、翟让、徐世勣、王伯当等瓦岗寨英雄的故事中演绎来的。这些故事很有意思，通过这些事迹，我们大体可以知道中国豪杰们的思维方式与行为方式。

翟让不是一个没有见过世面的人。上瓦岗寨之前，他曾经做过东郡的法曹，这是一个中级司法官员，大约相当于今天地级市主管司法的领导。后来，不知犯了什么事儿，他自己被关进监狱并判了死刑，显然，他犯的事儿罪名不轻。

负责看押他的狱吏名叫黄君汉，十分佩服翟让，史书上的原话是“奇其骁勇”，意思是惊异于翟让的雄健勇气。

有一天晚上，黄君汉值夜班，他悄悄对翟让说：“翟法司，天时人事也不是不可知，难道您就想老老实实待在监狱里等死吗？”

翟让十分惊喜，叩头道：“我翟让就像牢圈里的猪，是死是活全凭您黄长官做主。”

黄君汉二话不说，打破翟让戴着的枷锁，就把他放出了牢狱。翟让再次行大礼拜谢道：“蒙您的再生之恩，翟让大幸！可是，黄长官您怎么办？”

说着，翟让流下泪来。

黄君汉怒曰：“我本来觉得你是个大丈夫，能够拯救百姓的苦难，所以才不顾死活地放您出来。怎么反倒鼻涕眼泪的，像个没出息的小儿女？您就放心施展您的本事吧，不用顾虑我。”（司马光《资治通鉴》卷一八三，炀帝大业十二年）

就这样，前政府司法官翟让逃到瓦岗寨，当上了那儿的强盗头儿。

三年后，李渊建立唐朝。后来，唐军中，有一位在《新唐书》《旧唐书》里都被提到过的重要将领，名字叫黄君汉，官居总管，相当于今天大军区司令级别，他曾经在李靖指挥下，参与过扫平江南及南方地区的军事行动（见《新唐书》卷九十三，列传第十八 李靖；《旧唐书》卷六十七，列传第十七 李靖）。不知道此黄君汉是不是彼黄君汉。从放翟让时所表现出的胸怀、见识上看，那位心胸不俗、气概非凡的狱吏，成为后来这位独当一面、叱咤风云的大将军，应该是很正常的事情。

单雄信是翟让的老乡兼部下，骁勇雄健，善于在马上使用长矛，后来差点要了李世民的命，在民间传奇中名气极大。

徐世勣是山东人，字懋功，应该就是民间文学中瓦岗寨军师徐茂公的原型。此人后来成为大唐帝国开国元勋级的人物；让隋炀帝杨广丢了天下、令唐太宗李世民大吃其苦头的高丽，就是被他打败并收入大唐版图的；武则天之所以能够大展拳脚，也和此人轻飘飘的一句话有关。这些都是后话，权且按下不表。

上瓦岗寨时，徐世勣只有十七岁，号称富勇略，有不小的名气。他本来生活在一个富有之家，却相当另类，很不同于那些有点儿钱的土老财、暴发户。他和他父亲两人，乐善好施，挥金如土；而且周济别人时从不管亲疏远近，从不问回报大小。在乱世即将到来、所有人都没有安全感的时刻，这种志趣性情实在高人不止一筹，显然是不成大事也难。整个一部隋唐史读下来，这位徐世勣，大约是隋末唐初那个大时代中最有味道的人物之一。

这样一些人投奔了翟让，令瓦岗寨显得颇有不同凡响之处。到李密加盟瓦岗寨时，翟让的队伍已经扩大到了万人以上的规模。

王伯当也是山东人，是另外一帮绿林好汉的头目。对于他和李密的关系，史书上有不同的说法。但是有一点是可以肯定的，那就是王伯当对李密最真诚，忠心耿耿到了死心塌地的程度。在李密走向辉煌的过程中，王伯当出过大力；后来李密山穷水尽，王伯当明明知道继续跟着他只有死路一条，却仍然义无反顾地陪着李密，直到和他一起死去。在官修正史《旧唐书》中，先记载李密被杀死，紧接着，说王伯当“死之”。这种说法表明，王伯当可能是为李密自杀殉死的。

中国的所谓官修正史，其实基本上是假话连篇的帝王将相家谱和歌功颂德史。在那通篇冠冕堂皇之中，王伯当既是个小人物，也谈不上什么功业，相反，还是个失败者，是个为叛逆者殉死的失败者；对他的记载全部加起来，大约也不到一页纸。然而，诚如鲁迅先生所言，他是一个敢于抚着叛徒的尸体痛哭的人，是撑起一个民族使之不至过分堕落的脊梁。他的有情有义有担当，称得上是民族心灵史中最为动人的华彩乐章（见《旧唐书》卷五十三，列传第三 李密）。

史书记载说，李密逃避通缉时，往来于各路豪杰之间，试图用自己的满腹经纶说服这些占山为王的家伙们，结果大家谁都不信。时间长了，渐渐地开始有人嘀咕：“这李密，是个王孙公子大户子弟，言谈举止上都和平常人大不一样。现在，人们都说姓杨的天下快玩儿完了，接着该是李家兴起。俗话说，吉人自有天相。这家伙三番五次大难不死，说的该不会就是他吧。”

李密第一次见翟让，是王伯当引见的。此后，李密说服各路豪杰陆续加入瓦岗寨的旗下，王伯当可能起了不小的作用。这种情形令翟让很愉快，于是开始亲近李密，有什么事情也愿意和李密商量了。

恰在此时，有一个名叫李玄英的人——从名字上判断，大约是个神神鬼鬼、修道炼玄的人，他从帝国东都洛阳逃出来，遍访各路好汉，目的就是找到并渴望一见李密之真容。据他说，李密就是将要取代隋家天下的人。人家问他为什么？他铁口直断，将那首流传甚广的谶谣解释得清清楚楚明明白白：

"'桃李子'，指的就是逃亡之中的李姓之子；'皇后绕扬州，宛转花园里'，皇与后皆为上古君主之意也，说的是皇帝在扬州不会回来了；而'莫浪语，谁道许'，说来说去不就是一个不能说也没有人能够说清楚的'密'字吗？"

可以想见，对于当时的人来说，这种宣讲，其威力真是不亚于一枚能量巨大的精神原子弹。

这颗原子弹，显然在翟让身边也发挥了不小的作用。翟让的军师名叫贾雄，是一位类似气功大师的人物。与今天那些半吊子大师不同的是，贾军师通晓阴阳占候。因此，翟让对他敬若神明，言听计从。我们无法知道他对上述谶谣是如何认识的。不过，史书上倒是记载得很清楚："密深结于雄"，就是说，李密、贾雄二位结交得极深。

李密曾经鼓动翟让："当年，刘邦、项羽都是普通百姓起家而为帝王的。如今政治昏暗，百姓怨声载道，国家精锐部队在辽东丧失殆尽，本来亲如一家的突厥也反目为仇。那皇帝又待在扬州，把京都弃之如敝屣。这正是刘、项奋起，千载难逢的机会啊！以您的雄才大略，横扫长安、洛阳二京，诛暴虐、亡隋氏，应该不在话下。"

翟让谦谢说："我们只是一帮小蟊贼，苟且偷生在这深山老林里。您老兄所说的，不是我们能够做得到的呀。"

随后，翟让把李密的这番话，说给贾雄听，征求他的意见。贾雄说："要是按照李密的话去做，将会吉不可言。"贾雄告诉翟让："如果您立自己为首，恐怕做不成这件大事；您要是立这个人为首，就没有做不成的事业！"

翟让说："既然如此，蒲山公李密自己做去好了，干吗来投靠我？"应该说，这是相当凶狠的一问。无奈，大师贾雄哪里会被这种话问倒？他对此的解释充满中国文化元素，真正称得上是富有中国特色。

他说：“事情互为因果。将军您姓翟，翟者，泽也；李密世袭蒲山公，蒲没有泽是无法生长的。所以必须要有将军您哪。”

史书记载说：“让然之，与密情好日笃”——翟让认为贾雄说得太好了，从此，与李密的感情一天比一天好（见《资治通鉴》卷一八三，炀帝大业十二年）。

此后，李密为翟让精心策划了几个大手笔动作。这些策划无论在战略还是战术层面，都称得上高明至极。实事求是地说，瓦岗寨之所以能够载入中国历史，之所以能够在隋唐之际耀眼夺目，之所以能够对后世具有如此巨大的影响，大体上需要归因于李密谋划并成功实施的这些个动作。

在这一连串军事行动中，最重要的是两项：一项是以弱击强，重创张须陁率领的政府军；一项是夺取了帝国政府几个最重要的国家级大粮仓。这些动作，令大隋王朝陷入了几近倾覆之被动境地。

张须陁是隋朝晚期最重要的高级将领之一，作战作风极为凶悍，在对内对外的军事行动中，战绩辉煌，号称战无不胜。河南地区乃帝国东都之所在，诸如瓦岗寨一类的反政府武装越闹越凶，当地的高级官员却束手无策，所以，皇帝专门把他调来对付这些武装叛乱。在此之前，翟让曾经与张须陁交战过许多次，有些被打怕了。如今，听说老冤家又来了，翟让非常恐惧，准备带着手下人马躲起来。李密坚决阻止。他对翟让说：

“张须陁勇猛却没有谋略，他的部队又刚刚打了胜仗，凶狠的骄兵，可以一战擒之。您只要列阵以待，我保证为您干掉他。”

翟让迫不得已，听从了李密的安排。

结果，完全没有把翟让放在眼里的张须陁，真的被李密引进了包围圈。这位张须陁不愧是位名将。他本来已经冲出了重重包围，但是，看到手下的将士没有出来，他又杀回去解救自己的部下，而且是连续四次杀进杀出。最后，终于战死在战场上。张须陁死后，他所率领的部队日夜号哭，声震山谷，场面极其感人。

这一仗，虽然只是一次局部战役，却打出了瓦岗寨的威风与士气。帝国政府方面震动不已，“河南郡县为之丧气”。李密也在各位老大、三老四少中，树立起了威信。战后，翟让命令李密建立自己的军政体系，号称“蒲山公营”。李密号令严明，而且一以贯之地毫不吝啬钱财，每次缴获的金银珠宝，他自己分毫不取，全部分给部下。史书记载说，大家都很愿意为他效力。李密终于站稳了脚跟。

这次战役的另外一个副产品，则是彻底改变了一个人的命运。这个人，就是后来名气极大、进入中国民间神话系统中的两位门神之一秦琼秦叔宝。

秦叔宝是齐州历城人，就是今天的山东济南人。最早是隋帝国海军最高统帅来护儿帐下的普通士兵。后来，士兵秦叔宝的母亲去世，大将军来护儿专门派遣使者前去吊唁。这是一种极高的礼遇，完全不合乎常规礼仪。有人很奇怪，问海军大将：

“士兵和他们亲属死的很多，从来没听说大将军派人吊唁，为什么独独给秦叔宝这样的待遇？”

来护儿回答说：“秦叔宝不仅仅勇猛强悍，更重要的是，他有志向、有气节。这种人将来会了不得，可不能等闲视之。”（《旧唐书》卷六十八，列传第十八 秦叔宝）

此后，秦叔宝划归张须陁部下，在战场上表现上佳，屡立军功，很快成为重要的领军将领。张须陁战死后，中央政府派来一位大员裴仁基继任河南讨捕大使。秦叔宝收拢余部，迎来了新的领导。不料，这位裴仁基上任没有多久，就在内外交困之下率部投降了李密。就这样，勇猛有志节的帝国将领秦叔宝变成了瓦岗寨中的强盗头儿。

从史书上，看不出秦叔宝和罗艺有什么私人关系，也没有罗成这么一位虚构出来的表弟。当时，秦叔宝有一位名叫罗士信的战友，身穿白战袍，骁勇善战，十五六岁就在战场上厮杀出了名气，后来年纪轻轻就战死沙场。民间传奇中备受喜爱的白袍小将罗成，可能就是以这位罗士信为原型塑造出来的。

秦叔宝在瓦岗寨结识了另外一位战友程知节，是出产驴皮阿胶的山东东阿人，也是隋末唐初的名将。后来，和秦叔宝一起成为李世民手下最重要的将领，也是大唐帝国开国元勋级别的人物。他的原名叫程咬金，不知道是什么原因，这位威名赫赫的大将军，在民间传奇中竟会变成那个装疯卖傻、愚鲁可笑、只会三板斧、动不动就从半道上杀出来、浑身宝气的程咬金。其实，程知节不但勇猛善战，而且很有头脑，此人擅长的兵器是长矛，并不是什么大斧。这种人物的民间文学造型，可能和中国民间喜欢耍宝又经常被耍的心理有关。

公元六一七年即大业十三年春天，李密策动瓦岗军，成功实施了第二个大手笔行动：在一个多月时间里，绕道突击，先后拿下了帝国两个最重要的国家级粮库——洛口仓和回洛仓。

洛口仓位于巩县东南部，距离洛阳约一百华里。这是帝国最大也最重要的粮库。仓城周长二十余华里，有三千座粮窖，每窖藏粮食八千石。回洛仓则是距离帝国东都最近的国家级粮库，位于洛阳北七华里处。仓城周长十华里，内设粮窖三百座。在正常年景，仅仅这两个粮库储存的粮食，就可以支持帝国政府财政开支达十年以上。

后来，唐太宗李世民估计，加上全国各地其他粮仓里的储存，隋文帝杨坚大概为他的子孙储藏了可以使用五六十年的粮食。他可能无论如何也不会想到，自己死后还不到十四年，这一切就成了为别人准备的了。

一般说来，一旦乱世来临，能不能吃上饭就变成了比天还大的事情。中国历史上不止一次发生过一斤黄金换不来一斤大米的事情。因此，不需要富有战略眼光，只要懂得常识就会知道，战乱开启后，保住粮食是最重要的。大业二年，隋炀帝杨广即位伊始，下大力营建东都洛阳，洛口仓和回洛仓就是那时建设的。表明皇帝十分清楚这种战略设施的重要性。如今，正是应该重兵防守，让这些战略物资发挥作用的时候。但是很奇怪，帝国政府并没有采取什么像样的措施。相反，倒是有记载说，皇帝过生日时，很计较文武百官献给他的礼品是否珍奇贵重。老臣苏威献上一本《尚书》，还惹得皇帝心中别扭了许久。以至于除了帝国东都洛阳附近的洛口仓、回洛仓之外，帝国首都长安附近的粮仓，也在李渊起兵后，被同样轻而易举地夺走。这种情形表明，对于这个国家，皇帝心里可能是真的无所谓了。

李密拿下粮仓后，立即开仓放粮，随便人搬取，当时，正值连年灾荒战乱，《旧唐书》上记载说：四面八方到处都是赶来背粮的男女老幼，络绎不绝，达到了数十万人。

本来，在所谓四十八处烟尘中，反政府武装遍布全国，瓦岗寨只是一个很普通很不起眼的小角色。李密主导的这一连串行动，不但具有极高的战略价值，而且产生了特别巨大的政治影响力。一时间，帝国相当高级别的政府官员、地方郡县长官、军事将领、其他山头的绿林好汉、地方豪族大户纷纷依附，瓦岗寨几乎成了全国反政府运动的中心。有史书估计，此时，瓦岗寨拥有的兵马可能有三十万人以上，达到了鼎盛状态。李密也后来者居上，成为瓦岗寨的真正领袖。

从现有史料看，翟让显然不同于梁山泊的白衣秀士王伦，他可能没有争夺天下的所谓远大志向，是一个相对质朴而坦诚的人。奇袭洛口仓之前，李密和他有过几次长谈。从中可以看出，李密对当时的战略态势与战役、战术指导均分析、布置得极为透彻而到位，的确称得上高明二字。翟让听完后，相当诚恳地对李密说："您所说的是英雄之策，不是我所能承担得了的；我唯您之命是从，尽力配合。请您先行，我来为您殿后。"

后来发生的一切，几乎和李密预料的情形一模一样。拿下洛口仓后，洛阳留守政府征集军队，准备讨伐。洛阳城里的官宦和富家子弟，以为不过是去扫荡一群窃粮的"饿"贼，是很好的立功良机，争先恐后地愿意从军出征。于是，迅速组织起来了一支两万五千人的讨伐军，旗帜甲仗特别鲜艳亮丽，士气极为饱满，仿佛要去参加盛大的选美嘉年华一般。结果，和李密早就准备好的几路部队开打之后，这支威风凛凛的大军很快就溃不成军，几乎全军覆没——"士卒死者十之五六"，大军统帅脱掉官服，潜窜在草莽林间才逃回洛阳。

在此前后，翟让已经表示过，自己要让贤，请李密来做这山寨之主。如今，形势迅猛发展，他再一次推举李密为瓦岗军领袖。李密和所有中国人在这种时刻的表现一样，假模假式地推辞不受，然"诸将等固请，乃从之"。

就这样，来到瓦岗寨一年上下的李密，正式成为瓦岗军领袖，即魏公位，称元年，其文书行下称行军元帅魏公府，拜翟让为上柱国、司徒、东郡公，以单雄信、徐世勣为左右武候大将军。据说，各地豪杰纷纷响应，前来归附者不绝于途，"众至数十万"。李密将洛口仓扩建加固为洛口城，形成了一个相当坚强的根据地。就此，李密和他的人生事业达到了辉煌的顶峰。数量不少的人们，包括许多当时大名鼎鼎的人物都认为：取隋而代之的，非李密莫属。这一年，李密刚刚三十六岁。

值此时刻，另外一个李氏之子——大隋唐国公李渊，虽然也没闲着，但显然远不如李密那么红红火火。

到公元六一七年即隋炀帝大业十三年春天，李渊已经整整五十一岁了。有资料显示，当时中国人的平均寿命只有四十岁上下。老而不死谓之贼。按照当日的标准，已经过了知天命之年的李渊就是这么一个“贼”，而且是在官场上打磨得老奸巨猾的“贼”。

我们已经知道，李渊和李密都出身于关陇贵族集团最上层最核心家族。李密的曾祖父李弼、李渊的祖父李虎都名列大隋朝前身西魏—北周时代六大柱国，是帝国真正的开国元勋。除了年龄上李渊比李密大十五岁之外，他们之间还有两点明显的区别：其一，李渊是大隋朝皇室的近亲，他的母亲和隋炀帝的母亲是一奶同胞的亲姐妹，李渊是比杨广大三岁的表哥；其二，从隋文帝杨坚的时代起，李渊就颇受皇家看重，曾经一度手握重兵，眼下仍然身居要职。想想杨坚取代北周建立隋朝的过程，就不会小看这些差别了。在未来的岁月里，这些差别中潜藏着的许多意义，将会一一呈现到我们的眼前。

据说，李渊生下来时和常人不一样，身上有三个乳头。他的父亲和祖父都不长寿，因此，李渊七岁承袭唐国公爵位。隋文帝杨坚和独孤皇后之间的感情很深，因为独孤姨妈的缘故，杨坚对李渊很好，史书形容说，“由是特见亲爱”；并认为，长大后的李渊性情非常好：豪爽豁达，真诚直率不虚假，为人仁慈宽厚，能够包容各种人，交往的人不论贵贱都会喜欢他。未来，我们会发现，这些评价中，有些可能不是事实。

李渊的夫人姓窦。和李渊家由大（犬？）野氏改为李氏一样，窦家这个窦是由鲜卑大族纥豆陵氏所改的汉族姓氏，也是西魏—北周时代开国元勋级别的显赫家族。岳父窦毅是北周上柱国，岳母则是周武帝宇文邕的姐姐襄阳公主。

窦家姑娘自幼喜欢读书，并且过目不忘，极为聪明。周武帝宇文邕非常喜欢这个外甥女，从小把她养在宫中。为了拉拢突厥，宇文邕娶突厥公主为妻，其实心里并不喜欢这位皇后。年纪很小的窦家小姑娘告诉自己的舅舅：

“您要委曲求全，别招惹突厥，这样才能全力对付北齐和南陈。”

宇文邕死后，窦家姑娘从宫中回到自己家，不久，杨坚取代北周建立隋朝，并杀掉了许多北周皇族及亲王。窦家姑娘气愤地说：“我真恨自己不是男儿，不能拯救舅舅一家。”吓得窦毅连忙捂住她的嘴，说：“小姑奶奶，别瞎说，你要害死全家人啊！”

窦毅不愿意这个心肝宝贝的女儿嫁给寻常人等，于是在一扇门屏上画了两只孔雀，宣布，只有两箭能够射中两只孔雀眼睛的少年，才有做自己女婿的资格。窦毅的家族太显赫，因此，这件事情曾经轰动京城，一时间在浪漫的帝国首都传为盛世佳话。当时，据说有数十位少年才俊前来求婚，无奈，技逊一筹，均未如愿。最后，李渊两箭两中，终于娶得佳人归来。

一般说来，除了父母，中国皇帝可以把任何人都当成奴才呼来喝去，哪怕这些人的行辈比自己高。有一次，皇帝看到表哥李渊的脸上长着苦瓜般的皱纹，就在大庭广众之下，称呼李渊为“老太太”。李渊当面不敢说什么，心里不可能高兴。回家后，妻子问他怎么了？他不愿意多说。后来，窦夫人知道事情的原委后，就来祝贺丈夫说：“这可是个吉兆。你是唐国公，唐者，堂也。叫你老太太不就等于说你是‘堂主’吗？”（《唐语林校正》，中华书局 1987 年，第 403 页）言外之意，是说丈夫要当皇帝了。

偏偏有一个叫史世良的家伙，号称善于看骨相，对李渊说：“您的骨相可非同一般，是要当皇帝的。您千万珍重，记住在下的话。”

（《旧唐书》卷一，本纪第一 高祖）想象一下，就是在今天，这种心理暗示也足以令人忘记自己姓什么了，何况当年。由此，大体可以想见李渊的自我期许。

仿佛存心要历练他的经验和才能似的，从很年轻的时候起，皇家就安排李渊在中央政府部门和地方官府任职。到隋炀帝时代，他已经独当一面地担任过三个州刺史和两个郡太守。这是一些差不多相当于今天省级干部的地方官职。随后，调回京城，在中央政府里分别担任过文职与军职。隋炀帝征伐高丽时，李渊负责在辽东怀远镇督运粮草。这里，既是前进基地，又是军转重镇。因此，杨玄感发动兵变时，李渊觉察到了杨玄感在前线的兄弟不正常，立即向皇帝报告。随后，隋炀帝命令他火速赶往陇右，担任弘化郡留守，其治下在今日甘肃省庆阳附近。当时，隋炀帝授权他有权调动指挥陇右各郡兵马，用以阻遏杨玄感可能的西进。

随着天下大乱遍地烽烟，李渊又被任命为山西河东抚慰大使，除了负责考核、奖惩地方官员之外，还可以直接指挥军队镇压当地的反政府武装。在此之前，负责这一地区镇压事宜的高级官员叫樊子盖，是个屠夫型领导，对皇帝的指示精神领会得很深很透。因此，基本采用了烧光杀光抢光的三光政策，将汾水以北的大片城镇村庄夷为平地，对城乡百姓则是灭绝性屠杀，甚至连归顺者也一律集体活埋。有一种说法认为，至少有数万人死在了他的手下。结果，出人意料的是，反叛不但没有平息，反而激起了更大面积、更高烈度的对抗。

李渊接手之后，颇为干净利落地打垮了一支小一些的叛军，对敬盘陀所领导的另一支更大更出名的反政府武装，则采用离间、诱降等手段，软硬兼施。结果，竟然就把敬盘陀的队伍分化瓦解掉了。

就这样，从中央到地方，从行政到人事，从军队到民政，从前线到后勤，李渊差不多把当时帝国国家治理的方方面面都练了一遍，最后，就剩下当皇帝了。

中国人喜欢说一句话，叫运气来了挡都挡不住。另一句话叫走背字时喝凉水都塞牙。对于如今的李渊来说，还有一句话可能更贴切，就是——他正想睡觉，隋炀帝就给他送来了枕头。

可能就在李密和翟让谋划着夺取那几个大粮仓的同一个时刻，隋炀帝杨广命令李渊出任太原留守，时间大约是在公元六一七年即隋炀帝大业十三年正月。从这个任命下达，到李渊于当年五月起兵太原，中间给了李渊大约半年不到一点的准备时间。

后来，李唐皇室、御用文人和后世无聊骚客们极力渲染一种气氛，把李渊辜负隋皇室信任的背叛行为，说成是在隋炀帝猜疑下的被逼无奈之举。这种把天下人都当成傻瓜的做法，实在是可笑又可恶。

事实上，当时，除了身边那几个近臣之外，如果说杨广还有信任的人的话，那个人可能就是李渊了。这种信任的程度有多深重，大体上可以从他对李渊的一连串任命中看出：

公元六一三年即隋炀帝大业九年，隋炀帝杨广御驾亲征高丽期间，命李渊在征伐辽东最重要的前进基地辽东怀远镇，督运军粮，负责大军后勤保障。皇帝御营的后勤支持应该也在其责任范围之内。

当年六月，杨玄感起兵后，杨广命令李渊驰赴弘化郡，逮捕与杨玄感关系密切的弘化郡留守元弘嗣。八月，接任弘化郡留守兼知陇右诸军事，有权指挥调动陇右各郡兵马。陇右地区差不多就在帝国首都长安的肘腋之间。

公元六一五年即大业十一年春夏之交，杨广北巡汾阳宫避暑，并于夏秋之交出巡雁门关外，来到草原，准备会见突厥可汗。先期任命李渊为山西河东抚慰大使，负责当地官员的考核、提拔和贬黜，调动指挥军队镇压当地叛乱。皇帝北巡时所经过和驻跸之地，许多地方都在手握重兵的山西河东抚慰大使即李渊的控驭范围内。

公元六一六年即大业十二年，因为平息叛乱之功，被晋升为右骁卫将军；当年年底或大业十三年年初，出任太原留守，为太原地区最高军、政长官，手中掌握太原、雁门、马邑、楼烦、西河等五郡之兵。

杨广对李渊的信任倚重，在最后这个任命上表现得特别明显。原因就在于太原的战略地位，实在是太过重要了。

太原与西河郡即今日山西省汾阳地区，地处汾水上游之冲积平原，是太行山以西到黄河之滨的腹心地带。甚至从当时算起，向前推一千六七百年的西周时代起，太原地区就是屏障中国北方地区的最重要之重镇。从古代军事理论的角度看，太原控山带河，乃北方中国形势之地，这里一旦出问题，整个北部中国都将陷入形格势禁之战略被动地位；帝国政治、经济、文化的两个中心——长安和洛阳都将面对威胁；华夏开发最早、最富庶的中原地区将无险可守。因此，历朝历代无不在此驻屯精锐重兵，严防死守，以阻遏塞外骑兵大兵团之冲击。所谓天下精兵劲旅尽在并州，说的就是这个意思。

按照当时的政治格局，帝国首都为长安；东都是洛阳；隋朝统一全国后，特别是杨广继位之后，为加强南方的管理，又有了一个江都——扬州；而太原，则是在与突厥的关系中最重要的中心城市，事实上起着帝国北都的作用；后来，唐朝时被正式称为北都或北京。

一年多以前，从隋炀帝被突厥铁骑围困在雁门孤城时的失声痛哭中，我们应该知道，他不可能不明白太原地区最高军政首长这个位置有多么重要。其重要性翻看一下历史地图就可一目了然：

这位首长掌握的五郡之兵及其土地——太原、雁门、马邑、楼烦、西河，从八百年前汉高祖刘邦被匈奴冒顿单于围困时起，就已经成了中华民族的命门之地。如今，突厥铁骑似乎从来都没有这么强大过，动不动就呼啸而来，北方所有重要一点的反政府武装，几乎全部向突厥称臣，寻求突厥的支持与庇护。由此，我们同样应该知道，当时已经摇摇欲坠的帝国中央政府，所面对的最重要敌人，除了自己的腐朽之外，就是突厥可汗！在这种情形之下，隋炀帝可能让一个自己不信任的人去出任太原地区最高军政长官吗？

有一次，隋炀帝召李渊到他的行在去，正巧李渊生病，没有应召觐见。当时，李渊有一个姓王的外甥女在皇帝后宫，杨广问这个女子："你舅舅怎么回事儿，为什么迟迟不来？"那女子告诉皇帝，自己舅舅正在生病。杨广恶狠狠地问了句："会死吗？"李渊知道后，非常恐惧，开始放纵自己沉湎酒色，并且索贿受贿，通过自污解除皇帝的疑忌（《旧唐书》卷一，本纪第一 高祖）。这是史料中唯一可以看到皇帝对李渊不利的事例。

从时间上看，这件事情发生在杨玄感兵变不久。当时，正是杨广心情最坏，停留在博陵——高阳久久不愿离去的时候。

从杨广的一生行事品格看，他智商很高，富有才华，是一个非常聪明、特别敏感、极度自我又自我期许极高的人，感性，情绪化，艺术气质浓厚，他根本就应该做个诗人或者艺术家，而不是当皇帝。中国历史上，差不多所有这种类型的皇帝，都曾经给国家带来过深重灾难。可惜，中国的政治文化传统高度刚性，纠错机制仅仅由阴谋和暴力构成，完全缺少公认的程序化过程。这些灾难遂成了这个国家与民族的周期性宿命。

事实上，杨广这种个性类型的人，其特点之一就是说话尖酸刻薄，不留余地，基本不会考虑别人的感受，何况他还是皇帝。

从杨广与臣子们的众多谈话记录中，完全可以看出这一点。比如，他当众称呼李渊“老太太”；比如，一位重臣希望皇帝兑现承诺，他叱责对方收买人心；比如，斥骂八十多岁的老宰相苏威“老不死的”，要抽其耳光，诸如此类，构不成什么猜忌之类的理由。而且，正是在恶狠狠地问李渊会不会死之后，皇帝授予了李渊一连串重要职权，包括指挥军队。综合上述情节，基本可以确认：那些极力想让人们相信皇帝疑心李渊，李渊不得不造反的说法，大体是在瞪着眼睛说瞎话。

其实，我们讨论这个话题，既不是想为隋炀帝辩护，也不是为了否定唐高祖，而是意图说明：令人讨厌的不是婊子，是给自己立贞节牌坊的婊子，是那些给婊子立牌坊的、还不如婊子的帮闲文人。隋炀帝不是个东西，十四年时间，把一个号称繁荣昌盛“自古未有”的国家送上绝路，他早就该被推翻一百次了，这毫无问题。问题在于，夺了君父的位子，还要把自己打扮成万般无奈的忠臣孝子，还硬要玩儿君君臣臣父父子子这一套，这就有点龌龊了。本来，李渊李世民父子开了大唐盛世的头儿，做得挺不错；唯独在这一点，这父子两个都够恶心的，更别提从那时到现在各式各样吮痈舐痔的文人了。

李渊就任太原留守之后，曾经在一次对抗突厥的军事行动中吃了败仗。当时，李渊正在指挥另外一项军事行动，直接责任者是李渊派遣到前线去的副手。但是，按照帝国法律，最高负责人仍然难辞其咎。所以，曾经有消息说，皇帝准备派人逮捕李渊，押送京城处置。为此，李渊极为紧张，甚至一度准备马上起兵。后来，杨广莫名其妙地赦免了他，表明杨广不但信任而且重用李渊。否则，以他诛杀高颎等元老重臣的心狠手辣、冤杀李浑李敏家族的六亲不认，哪怕有一点点怀疑，他都不会让李渊在太原活得如此滋润。

实际情况可能是：杨广高度信任李渊，将阻止突厥铁骑侵扰两京的希望，寄托到了他的身上，倚重如北方之万里长城。而李渊却活得心惊肉跳，原因应该和那首传遍全国的谶谣有关，和皇帝无情诛杀李浑李敏家族有关。而真正最最重要的原因，一定和他心中充满对皇位的憧憬与热望有关。他和他那些帮闲文人的所有被迫害妄想，其实基本来自他们自己心中骚动的暗鬼——来自李渊太想当皇帝，来自那些帮闲的奴才们太想得到主子的欢心。

有证据显示，早在四五年前，杨玄感尚未起兵时，李渊已经开始极为隐秘地窥探和皇位有关的天下大事了。当时，他从地方官任上调回京城，担任殿内少监，负责宫廷事务，和皇帝的侍从奉御宇文士及结下了极深的关系。这个宇文士及可能是个藏得极深的人物。他是隋炀帝心腹人物宇文述的儿子，是后来发动兵变、杀死隋炀帝的主谋宇文化及的弟弟。李渊和宇文士及两人时常在深更半夜“密论时事”。武德二年，李渊已经当了快两年皇帝，宇文士及前来投靠。李渊对身边近臣们说：这个人和我谈论大事比所有人都早，“至今已六七年矣”（《旧唐书》卷六十三，列传第十三 宇文士及）。

据说，李渊知道自己被任命为太原留守后，情不自禁地对身边人说：“山西是远古圣人唐尧的立国之地。我是唐国公，如今被委派到唐地来，这不是天意吗？”

杨广信任李渊真是错到家了，而且是一种再也没有机会挽回的错。可是话又说回来，李渊是他那么近的亲戚，这样的人都不能信任，他还能信任谁呢？话再说回来，如果我们敢于直面真实的话，那么，古往今来，在中国政治文化传统之下，面对权力与财富的诱惑，人性有令人能够完全信任的时候吗？

晋阳宫里，隋炀帝常年养着全套侍奉人马和后宫女姬。

有一个说法：李世民为了敦促李渊起兵，和晋阳宫的领导裴寂串通，给老爹下了一个套：先给他灌酒，然后让两个侍奉皇帝的宫娥陪他睡觉。按照制度，这叫淫乱后宫，是个差不多可以列入十恶之类的大罪。由此，逼着李渊下决心造反。

其实，喝醉过酒的人都知道，酒并不能乱性；能乱性的是人心。如果打心眼儿里不想做某一件事情，灌再多酒也没用。现代司法制度中，醉酒不能免除法律责任，原因可能就在这里。公元六一七年即隋炀帝大业十三年五月，李渊出任太原留守后五个月左右时，于太原起兵。

可以想见，对于隋炀帝杨广来说，最为黑暗的日子，如今才算真正降临了。